長相憶

長相憶

師友回眸

杜漸 著

目錄

回眸歷史

序一：讀《長相憶》

小思

很早就知道杜漸是書痴、是認真之極的好編輯、是科幻小品小說作家、是翻譯家，當然更愛讀他主持的《讀者良友》、《開卷》及《讀者良友文庫》。自他到了多倫多，閒來讀書，專誠繪畫，我便少見他的博才文字了。他避地加拿大，我曾到他家探訪，進他書齋看藏書，賞畫品茶，乃信王維〈桃源行〉云「初因避地去人間，及至成仙遂不還」之真切不虛，杜漸兄，擺脫人間曾嚐之苦，深得「當時只記入山深，青溪幾曲到雲林」之樂了。

可是，幾次他回港見面，閒話人生經歷之際，我總覺他心頭有隱隱的結未解，也有許多文壇故事，值得一記。我多事，不止一次出言相勸，請他抽些時間，趁記憶力還屬於自己的，動筆寫下來。以他的家世、經歷，雖不至用什麼春秋之筆，也必具可讀可感的力量。

不覺經年，他果然寫成兩本大書。剛讀完他的《歲月黃花——三代人的求索》，那不單是杜漸的個人進入香港文化界的前傳，更是三代人的愛國悲涼故事，讀得我膽戰心驚，幾度掩卷淒然。一個硬骨頭知識青年如斯愛國，卻有如斯遭遇，實在值得深思反省。這也是我用上「避地」一詞，而不用「移民」來描述他離開香港的原因。另一本《長相憶》，則是杜漸歷盡艱辛苦楚才回到香港，進入文化界，發展一番事業的後傳，書中所憶，多與香港七、八十年代文化人關係極大。

《長相憶》應與《歲月黃花》第六部分〈從零開始（一九七一——一九九一）〉連起來讀。不過，此書更仔細描繪了個別香港文化人的個性行事，而讓人物很立體活現讀者眼前。杜漸寫人，總很不避嫌把自己的觀點、感受，都全混在筆下，毫不掩飾他的愛憎。也許，正就是他這種愛憎分明態度，甚至近乎打抱不平的處人處事方法，令被寫的人物優劣清晰可見，而他自己的個性也十分突顯。

由於他進身文化圈，編過書刊，認識文化人多，故寫來自有些「內幕」故事，雖則已事過境遷，今天讀來，還是趣味極濃，又見許多文壇恩怨。我最感興趣的是不見於文獻的「內幕」——不是「八卦」，而是可助某些定點研究。例如〈沙漠裡默默耕耘的拓荒者〉一文透露了侶倫的《窮巷》出版，原來如此一波三折。又知道初步書店負責人胡鐵鳴（胡鋒）的遭遇。〈良師益友說唐人〉則揭出葉靈鳳所藏李察·褒頓英譯《一千零一夜》限定本，是杜漸以銀行僅餘存款一千六百元買下，成了自己鎮齋之寶，遂讓我得知此藏書下落。還有無數編輯出版各書刊的經過、一些作家所用鮮為人知的筆名、一些文化機構的人事矛盾等等，都補足了許多文壇資料。

至於上一輩文化人如黃冷觀、廖安祥、潘靜安、黃慶雲、黃秋耘、秦牧均因父母關係直接或輾轉認識，也非泛泛而談，讀來親切。

書中人物，各具風格，當文史閒話也好，當文壇碎片亦佳，善讀者冷眼熱腸，領悟自多。

序二：為人作嫁衣的樂趣——文健兄的編輯生涯

古蒼梧

最近讀文健兄兩本自傳著作。一本是全傳，細說從頭，我雖知道他家聲顯赫，三代革命，卻從未聞其前半生雲翻雨覆、驚心動魄的事蹟。我們訂交近四十年，他比我年長十歲，對我呵護有加，故我平時呼他為「大佬」，甘作「小弟」。數十年來，親如兄弟，傳中之事卻甚少聽他提起。我佩服他沉着應變的本領，驚濤駭浪，只當風過平湖，偶生漣漪。倒是我讀他的全傳，卻似舊傷新痛，有一種回看此生堪驚之感。

第二本即本書，是他全傳的延伸。用一組特寫鏡頭，掃描他回港後的編輯生涯：所編的書刊，共事的同行，所遇的作者，所訪的名家。《大公報》、《新晚報》、《良夜》、《開卷》、《讀者良友》……都是大家常讀的報刊；羅孚、唐人、陳凡、陳迹、藍真、范用、董秀玉……都是我們熟悉的名編；錢鍾書、楊絳、蕭乾、秦牧、黃秋耘、黃慶雲、安子介、徐訏、舒巷城、林年同、黃繼持……全是海內外知名的作家、學者。最難得的是：他用「閃回」的手法，編輯的角度，去重塑他外公潘達微革命者以外的另一些身份：攝影家、畫家、藝術活動家，使我們了解到清末民初藝術界一些未見於文獻的情況。

文健兄是性情中人，歷盡滄桑而不變。他首先是一個文人，然後才當了編輯。跟一些專業編輯不同，在業務上，他重視的是作家和作品，而不是地盤和公關；他對作家的觀點和立場，有足夠的包容，但對政治教條和上司意見卻不會盲從。他的自信和堅持，保證了他所編書刊的質量，也使他和一些同行有不少磨擦。他是一個「文人編輯」，有自己的個性和固執。在他忍無可忍的時候，他就會爆發其「牛精」性格，「劈砲」外另起爐灶。

文健兄自稱「書痴」，一生所愛是好書，在最窮困的時候，也節衣縮食買書。像前輩范用先生那樣，辦一本提倡「讀書無禁區」的讀書雜誌，也是他的夢想。他自資辦《開卷》，使自己夢想成真。可惜，儘管反應不俗，經營環境卻令他好夢難長，但也堅持了兩三年。主編《讀者良友》算是一段頗長的續夢。那些年，我成了他的作者和特約記者。看見他鼓足幹勁，樂在其中，十分為他高興，也發動朋友，大力支持。他對作者的態度，一貫是看作品不看名位。他主編的《讀者良友文庫》，國內名家如蕭乾，本港作者：長我一輩的黃繼持、我自己及後我一輩的陳輝揚，都在他的叢書系列之中。那時陳輝揚才二十出頭，剛大學畢業。

《讀者良友》和叢書正如日方中，氣勢如虹，香港三聯書店卻有重大的人事和計劃變動。文健也落得「夢斷城中」，從此失去了推介好書好作家的樂趣。但他愛書如故，退休後又重拾畫畫的愛好，繼承他外公的家學。遙祝他在太平洋的彼岸，好夢綿綿……

師友書情

沙漠裡默默耕耘的拓荒者

憶侶倫先生

侶倫這個名字，我很早就認識的。記得是在四十年代末，我那時還是個讀番書的中學生，一天從學校回家，在母親的枕頭旁，發現一本黑色封面的書《永久之歌》，記得那時母親經常看的是望雲的小說，我發現這本黑皮書跟望雲的小說不同，出於好奇，就拿來細讀，立即就被作者細膩的文筆和深沉的感情吸引住，放不下來了。

母親見我喜歡看這本書，就對我說：「你喜歡逛書店，給我把這個作家的書全找回來，我很喜歡看這種小說。」

我感到奇怪，母親平日喜歡看望雲的小說，常要我在書報攤發現望雲的小說就給她買回來，為什麼現在突然會換了口味，看這樣的文藝小說呢？我到書店去給她買回來另一本這位作家寫的書《無盡的愛》。母親看完後曾對我說：「這個作家的小說寫得很感動人，我看得都流了眼淚。」於是我也跟着

侶倫，攝於 1983 年

閱讀，結果日本侵略者佔領香港時的生活，一幕幕像放電影一樣展開在我眼前，我也為書中亞莉安娜的悲慘遭遇流了眼淚。

這兩本書在我心中留下了難以磨滅的印象。它們是戰後描寫香港淪陷生活的最早的作品，故而成了當時最暢銷的小說。香港人在戰後，幾經劫難，九死一生，苦難生活記憶猶新，自然愛讀這樣的作品了。

七十年代我在《新晚報》工作的時候，幹的是電訊翻譯，後來受命編輯周刊《良夜》。這段時間我閱讀的大多是外國文學作品，也搞些小說翻譯。也許是因為在知識禁錮的國內呆了那麼長一段歲月，沒有機會閱讀外國文學，現在有機會只好努力惡補，狂讀外國文學作品，所以比較少去看香港本土作家的著作。直到我離開了《新晚報》，着手籌辦《開卷》雜誌，才發現自己苦於不認識多少香港的作家，我只有向唐人嚴慶澍求救。

嚴老總聽了我的訴求，想了一陣，拍拍額頭說：「我想你應該去找侶倫，他的小說寫得很好，你可以請他為你的刊物寫一些東西，他是很能寫的，不過寫得不多，你會很喜歡他的文章的，他是個愛書之人。」

嚴老總這個人說幹就幹，當即放下手頭的工作，拉了我往外就跑，帶我到采風社去找侶倫。他把我介紹給侶倫後，就匆匆趕回報館工作去了。

我從前並沒有見過侶倫，在我的心目中，認定這個心儀已久的《無盡的愛》和《永久之歌》的作家，一定是個風流瀟灑、個頭高大的很帥氣的男子。見面之後才發現，原來他是個個子矮細的小老頭，跟我的想像絕對不相符。不過，他很熱情地支持我辦讀書刊物，一口應承為我寫稿。

過了兩天，他就親自送稿到我的辦公室，還很客氣地說：「如果能用就用，不合用就退回給我好了。」

他那篇文章是《一本過時的禁書》，我在《開卷》的創刊號上，為侶倫闢了一個欄目「書趣錄」，專門刊登他的文章。以後每一期都不必催稿，他都會準時親自送上門來，可見他說支持我並非虛言。他越寫越有興致，陸續寫來的稿子有《宮崎寅藏筆下的孫中山》、《琵亞詞侶詩畫集》、《消失了的稿件》、《三十年代的文藝畫報》、《戰時．書與生活》、《六藝與文藝茶話圖》……

為了報答他的熱情支持，我每期雜誌一出爐，就第一時間親自送到采風社給他。我很抱歉地說：

「侶倫先生，很對不起，你也知道，我沒有什麼錢辦這本雜誌，稿費很菲薄，請你原諒！」

他笑着說：「你辦這樣一本雜誌很不容易啊，我不會計較稿費有多少的。我好久沒寫那樣的文章了，一日到晚改寫新聞報導的稿子，能有機會寫寫那樣的東西我很高興呢！」

我和他最初是編輯和作者的關係，但用不了多久，由於我們都是愛書之人，很快就成了好朋友。他並不諱言自己曾長期從事新聞工作，在抗戰前從一九三二年到一九三七年在《南華早報》幹過七年，是編副刊，後來發現這家報紙立場慢慢傾向親日，就離開了報館。采風社是他在一九五五年創辦的，專門向海外華文報刊供應新聞資料，也算是搞新聞工作吧。每天改寫乏味的新聞稿件，並不合他的口味，他喜歡寫寫自己喜歡的東西。他曾對我說：「我從十七歲開始寫作，

侶倫，攝於 1954 年冬

至今已經近六十個年頭了，可我不像有些文藝青年說的那樣玩玩文學，我從來不把文學當成一種娛樂，雖然我不敢說有什麼使命感，這太沉重了，但文學到底是一種很嚴肅的事業。我對文學純粹是個人愛好並沒有什麼野心，我只寫自己能寫和喜歡寫的東西，絕不去寫自己不能寫和不高興寫的東西。說句老實話吧，我這支筆完全是為自己的感情服務的，不是為什麼別的服務，我對政治並不感興趣，我寫的東西不是為政治服務的，我不想追求時髦、趨慕潮流，去寫自己不熟悉的東西。」

我知道他是一個嚴肅的文學家，在香港默默地耕耘，是一個在「沙漠」裡的拓荒者。我發現很多年來，他只自稱「香港文藝隊伍中的小卒」，從不標榜自己是個大作家，也從不向人炫耀自己，很謙和，很低調。

有一次，他送稿子到《開卷》，我拉了他到附近一間很安靜的咖啡室去聊天。

他對我說：「我最近才知道，原來你外公是潘達微，我是很崇拜你外公的。他很有膽識，就拿他收葬黃花崗七十二烈士這件事來說吧，就很了不起，並不是人人敢這樣幹的，這種不怕死的精神確實令人佩服。但我更佩服的是他在革命成功之後，不求名利，不做官，而去辦孤兒院，真正做些對社會改革有益的事，人格很高尚，值得人敬佩！」

我說：「我聽外婆說，當時革命黨內有人推他出來當廣東省都督，孫中山把庫房的鎖匙都交了給他，但他不肯當官，把庫房的鎖匙交還給孫中山，推舉好友胡漢民當都督。他辦孤兒院是得到當時的警察廳長陳景華的支持，陳景華是我媽媽的契爺，同我外公是好朋友。」

他點點頭說：「這麼說起來，我和你真是有些淵源呢！我的大舅父叫做朱基，你聽說過他的名字吧？早年他也是追隨孫中山搞革命的，當時和陳景華是孫中山的左右手。陳景華為了維持革命後的社會治安，採取嚴厲的手段，一時間把那些黑社會鎮壓下去。後來軍閥龍濟光叛變，以『賞月』為藉口，把陳景華和我大舅父朱基騙去，將他們暗殺掉，孫中山失去了這兩個得力的掌握軍政的助手，只好被迫離開廣州了。」

我說：「這麼說來我們都是革命者的後代，我媽媽常說，我們身上有着革命的血統，哈哈，大陸流行過反動血統論，說什麼『老子英雄兒好漢，老子反動兒混蛋』，『龍生龍，鳳生鳳，老鼠生來會打洞』，把人分成九等，大搞階級鬥爭。不過我認為革命血統倒是有的，像你和我這些革命者的後人，受到家庭教育的影響，就是生來嚮往民主革命，不肯做官的人。我確實很佩服外公，視錢財如身外之物，寧願當一個窮畫家，也不去官場鬼混，跟那些爭名奪利的貪官污吏同流合污，所以我也寧願做個窮編輯，看來注定一世挨窮的了，哈哈。」

他聽了也哈哈大笑起來，連聲說道：「深有同感！深有同感！你說得很對，我也寧願挨窮，絕不去做虧心事，雖然生活清苦，但過得心安理得，這樣不是很好嗎？」

又有一次，我們在喝咖啡時，談到「文窮而後工」這個話題，他說：「寫作的人，大多是窮苦的，你見過有哪一個有錢仔會去從事筆耕這種辛苦的事？古代還會有洛陽紙貴這種事，現代資本主義社會根本就不可能發生的，我們花了幾年才寫出一本小說，還得跟出版社求爺爺告奶奶，好不容易才能出版一本書啊！」

我同意這種見解，不過我給他指出：「其實也不盡如此，日本的作家就能靠寫作發達，能夠名利雙收。這大概是日本的讀書風氣很濃，一本書出來，如果暢銷一時，作家很易立即致富。君不見松本清張，初始窮得要命，後來寫推理小說一舉成名，現在收入之富，在日本作家中可說數一數二了。不過除了日本這個例外，在歐美國家的作家也不見得那麼容易過日子，比如法國這個素以文化著稱的國家，對作家可謂推崇備至，可是就連得諾貝爾文學獎的卡繆，也不敢貿然辭去出版社的編輯職位呢。」

侶倫先生點點頭：「縱觀文學史，哪有不必為稻粱謀的作家？把『文窮而後工』的『窮』字，看作貧窮解，也是有一定道理的，世界上有多少人能像托爾斯泰那樣是個有錢的貴族，不需要為生活奔波，不必為兩餐發愁，能安心去寫作的？我們這些在香港搞寫作的文人，被叫成『爬格子動物』，如果沒有一份正職的收入，光靠寫作，所得那點點微不足道的稿費，隻身都難以維生，遑論養家了。俄國的大作家陀思妥耶夫斯基就說過，如果他能像托爾斯泰一樣有錢，不虞衣食，可以好整以暇地寫作，就有把握寫出留傳百世的傑作，他這種抱怨也不是沒有道理的。」

「陀思妥耶夫斯基的作品一樣可以留傳百世，並不亞於托爾斯泰的。窮也不見得就是壞事，如果太有錢了，我怕他就寫不出像《罪與罰》、《被侮辱和被損害的》這樣的作品了。」

侶倫先生也同意我這種說法，他說：「當然，像托爾斯泰和陀思妥耶夫斯基這樣的作家，畢竟是極少數的，現在這社會一切都是商業化，書商要賺錢就要看書的銷路，好作品是賣不了錢的，只有那些流行庸俗的作品才能暢銷，但一個有良心的作家怎麼能放棄自己的理想和追求，去寫迎合潮流的東西？我只是個寫作人，是靠支筆來謀生的，我從不敢說自己是個作家，雖然我出過一些書，說得不好聽，我這純粹是『賣文』維生，談不上是個作家。不過，我曾有過一段『自白』，說過這樣的話：我對文學沒有什麼虛榮的野心，也不是把文學當作遊戲，既然在這條路上走下來，也只好繼續走下去了。我至今仍抱着這樣的想法。」

我從一九七六年到一九八六年，在銅鑼灣的大坑居住了足足十個年頭，大坑那時是個窮人居住的地區。本來我住在父親家裡，從半山區搬到這貧民地區居住，有不少親友說我「樹大好乘涼，有福不會享！」那段日子生活雖苦，陋室雖小，但我可以不受干擾，自由自在地書海夜航。為了買房子，我得拼命寫稿，劉以鬯先生幫了我很大的忙，在他編的《快報》給我闢了個專欄，讓我學寫小說。記得有一天一大清早，我還未起床，劉先生的電話把我從夢中驚醒，他說：「文健啊，你那段稿子連載完了，接着要寫什麼？你得把題目告訴我，要預先造一個版頭，稿子你可以過兩天交來。」我當時還未清醒，心中根本沒有一個題目，也未曾想好接下來寫什麼內容，我當時愣住了。抬頭看到掛在牆頭那個銀行送的日曆，上面有個大大的「福」字，我靈機一動就說：「劉先生，就叫《阿福》吧。」劉先生說：「《阿福》？好的，我就叫他們給你造一個《阿福》的版頭，你盡快把稿子送來吧。」於是，就這樣把一個小說連載的題目敲定了。可是我心裡還不知道這小說該怎樣寫，心裡連個譜都沒有呢。

那天下午，我和侶倫先生喝咖啡，我們談着談着，我一想起那個小說連載的問題，心裡就很不踏實，不由得嘆了口氣。侶倫先生問我：「為什麼嘆氣？你像有什麼心事，別悶在心裡，說來聽聽。」於是我把自己胡亂給小說連載起了個題目叫《阿福》這事告訴他，他聽了笑得腰都彎了。

我說：「現在可好了，我騎虎難下，真不知道該如何收科了。」

他語重深長地對我說：「你就寫你生活中所熟悉的人和事嘛，我信奉高爾基曾教導文學青年的一句話：寫你所熟悉的！」

我又嘆了口氣說：「談何容易？我一天到晚在報館工作，上班下班，為了供樓，就像跑狗場那隻狗一樣，拼命去追前面跑的那隻電兔，卻永遠也無法追得上。我住在大坑這貧民窟，有什麼生活呢？」

他說：「那你就寫大坑好了，你在那兒生活，一定對那地方熟悉的，你只要注意生活在你周圍的人，定會發現很多有趣的事，那就是很好的寫作材料嘛。寫你自己熟悉的生活，這一點很重要，我是不去寫自己不熟悉的東西的，更不願為着趨慕潮流而去寫自己不熟悉的東西。為了投機而寫作，只是欺騙讀者，這樣的作品本身也就沒有生命力。」

我說：「可是在我周圍生活的都是些很平凡的人，都是些小市民，他們都在為生活掙扎，並沒有什麼戲劇性，這種小老百姓平凡的生活有誰喜歡看呢？而且，寫這些平民老百姓，說不定那些文學批評家會扣我大帽子，說我寫中間人物了。」

他顯然不同意我這種看法，很嚴肅地對我說：「文學作品是時代的反映，就是要反映社會生活，但文學畢竟是文學，並不是生活的教科書，文學作品本身應該具有一定的思想性和藝術性，要有感染力，千萬不要把文學當成一種鬥爭的宣傳工具，我懷疑它是否能比一本理論的小冊子更有效果。你不要去理那些所謂文學批評家，我寫小說從來就不去理會他們的高見。文學就是『人學』，小市民也是人啊，他們每個人都有各自不同的生活經歷，有悲歡離合，寫出他們的喜怒哀樂，那就能打動讀者的心。能打動讀者，那就是好作品。」

我說：「你這是經驗之談！我就聽你的話，把我在大坑生活的這段日子的所見所聞寫成小說吧。」

他點頭贊同：「對，你應該把你生活周圍那些人的悲歡離合寫出來，只要你留意觀察，一定會發現很多有趣的素材的。我認為一部文學作品只要主題純正，內容情節不低級趣味，不導致讀者墮落，符合這些起碼的條件，也便是健康的作品了。你得好好用心把這連載寫好，我相信你的文筆是能寫小說的。」

謝謝他的教誨和鼓勵，我寫了《阿福》（後來我改名為《大坑兒女》）這本小說。這全是他這番談話促成的。

我在編《讀者良友》的時候，有一次在灣仔的舊書攤，買到了三本侶倫先生的舊作，除了《永久之歌》和《無盡的愛》外，還有一本《無名草》。

我拿了這三本書，請他為我簽名留念，他笑着說：「謝謝你欣賞這些東西，這些書現在早已絕版，沒有人看了。」他臉上露出一種落寞的神態。

我說：「好的書總會有人看的，你放心好了，將來一定會有人對它們作出公正的評價的。」

侶倫的家——「向水屋」

他把那三本書接了過去，默默地點了點頭。

過了幾天，他特地把那三本書送還給我，我幾乎認不出來了。原來他把這三本書重新裝訂過，不只把破舊的地方粘貼好，還用襯紙補貼，把封面貼好，在扉頁上簽了名。我當時快樂得不知該怎樣感謝他。

他說：「我有一個古怪的習慣，喜歡裝訂書籍，不只買新書回來要包個封面，舊書我也喜歡把它翻新，裝訂得漂漂亮亮，有時還給它改裝一個封面，有空你到我家，我把我裝訂的書給你看看。」他就是這樣一個愛書之人。

他知道我喜歡書籍的插圖，專門送了兩本他珍藏了多年的英文書給我，一本是英國女作家艾美妮·白朗蒂的《呼嘯山莊》，另一本是美國作家華盛頓·歐文的《英國聖誕古風》，兩本書都有很精美的插圖。

他告訴我：「《英國聖誕古風》這本書現在早已

絕版了，我是戰後回到香港，在一間叫ABC的書店買的，這間書店在德輔道二十四號，專門賣二手舊書，也賣一些新書。我當時收入很少，見了這本書，愛不釋手，被它那些彩色精印的插圖吸引住，怎麼也放不下，於是咬咬牙，把它買了下來。現在這封面是我重新裝訂的，書脊上我用中文寫上書名。我年紀大了，知道你愛書如命，寶劍贈英雄，以免明珠暗投，能有人珍愛它就好了。《呼嘯山莊》我是一九五五年在九龍城的舊書肆買的，我很喜歡白朗蒂的小說，對人性的描寫深刻極了。我把這兩本書送給你做紀念品，因為我們有共同的愛好，所以有這段友誼嘛。」如今，我摩挲着這兩本書，睹物思人，心裡充滿了又苦又甜的感受。

當我在三聯書店籌辦《讀者良友》時，曾同蕭滋經理有過這麼一段談話。我說：「以前我辦《開卷》時，因為經過文革，大陸剛剛開放，故此比較着重介紹國內的作家，讓在海外的讀者能聽到他們的聲音。現在辦《讀者良友》，我認為重點應該轉移回到香港本土，着重介紹香港的作家。三聯書店出版了《海外文叢》，為什麼不搞一套《香港文叢》呢？把香港作家的好作品出版出來，本土也有不少好作品啊！」

蕭滋經理很同意我的意見，他說：「你這意見是對的，飯要一口一口吃，你先把《讀者良友》搞出來，至於《香港文叢》就要有計劃有步驟，一步步進行，你先弄個計劃出來吧。」

於是，我在《讀者良友》的創刊號，搞了一個「侶倫特輯」，我以本刊記者的名義對侶倫先生做了一次錄音訪問。當我把錄音整理成文字交給他審閱，他很認真地逐字逐句修改訂正。這個特輯不只有訪問，還有對他的作品的書評，和他的創作年表。侶倫先生最重要的作品當推長篇小說《窮巷》，他還寫過《欲曙天》、《特殊家屋》和《戀曲二重奏》；短篇中篇就更多了，除了《無盡的愛》和《永久之歌》外，還有《伉儷》、《彩夢》、《暗算》、《佳期》、《舊恨》、《殘渣》、《都市風塵》、《寒士之秋》、《錯誤的傳奇》、《愛名譽的人》、《不再來的青春》等等；他還寫過不少電影劇本，有《大俠一枝梅》、《弦斷曲終》、《蓬門碧玉》、《喜事重重》、《諜網恩仇》、《強盜孝子》、《最後密令》、《情深恨更深》等等，他寫的散文作品就更多了。

蕭滋也很認真地看了這個「侶倫特輯」，他把我叫到他的辦公室，對我說：「看來你搞這個特輯的方向是對的，香港的確是個藏龍臥虎之地，出個《香港文叢》是很有必要的，你能籌劃嗎？」

我說：「出《香港文叢》的工作量很大，我編《讀者良友》要全力以赴，已經夠忙的了，怕無法擔這個擔子了，不過我會盡全力幫忙搞的，我這人但開風氣不為師，我只求開個頭，你得另請能人去擔當，最好搞一個《香港文叢》的編委會，請多些能人來當顧問。」

他見我這麼一說，就打蛇隨棍上，問我：「你問問侶倫先生，可否把《窮巷》這本名著讓我們收入《香港文叢》，重新出版？這樣有價值的作品是不應埋沒，得讓它重見天日，讓讀者欣賞才對啊。」

於是，我掛電話給侶倫先生，約他到中環飲咖啡，把《讀者良友》創刊號交給他。我問他：「你對這個特輯有什麼意見？」他很客氣地說：「你這樣看得起我，真使我受寵若驚呢！」

我把三聯書店有出版《香港文叢》的意圖告訴他，他聽了表示很贊成，我也就打蛇隨棍上：「你能不能把《窮巷》這本小說交給三聯書店放在《香港文叢》裡重新出版呢?」

他搖搖頭:「這本書已經過時了,沒有人會看的,重新出版是要虧本的。」

我說:「把香港本土作家的好作品匯集成這文叢,當然要把一些好作品重新出版的。搞這套《香港文叢》是文化的積累,是一種文化的建設,讓世人知道,在香港這個文化沙漠有很多人在默默地勤奮耕耘。現在難得的是,有像蕭滋這樣明白道理的『傻人』,肯幹這種有意義的『傻事』。我看也不見得就會虧本,這樣的作品是長銷書,慢慢賣也能賣出去,虧不到哪兒去的,你放心好了,不用擔心,就交給我辦,我敢拍心口向你保證,對於《窮巷》這本書我會負責到底。」

侶倫先生見我這樣說,也頗為動容,就說:「我最初寫作《窮巷》,是在《華商報》連載的,那是一九四八年,當時夏衍在《華商報》編副刊,他和黃谷柳、洪遒都鼓勵我寫,在這報上一共連載了五十多天。後來因為人事變動,連載中斷了,不過當時新民主出版社有意出版它,於是我繼續把小說寫下去。但是一部二十多萬字的小說,並不是那麼快就能寫出來的,加上我那時並不是個專業作家,我還得謀生,只能在業餘時間斷斷續續地寫下去,根本不可能在短時間內完成。過了不久,新民主出版社的出版方針變了,不再出文學方面的書,初步書店的胡鐵鳴徵求我的同意,把出版權轉讓給他。」

「嗨,打住,你說的那個胡鐵鳴我很熟呢!我知道他叫胡鋒,他和他的老婆陳英同我很要好的,我還到過他們在擺花街的家吃過飯呢!」

「對,胡鐵鳴又叫胡鋒,他們開的那間初步書店,就在現在你們三聯書店那條域多利皇后街到皇后大道中轉角處。他是個好人，很熱情，很誠懇，是個很好的出版人。」

「可是在文化大革命時，硬說他是資本家，鬥得他很慘，其實像他那樣開間夫妻店的出版人，在香港最多只是小商小販，算什麼資本家呢？如果按照這種邏輯，那麼鄒韜奮那樣辦生活書店，豈不是大資本家了，簡直黑白顛倒，是非不分啦。」

「其實我還因《窮巷》，欠了胡鐵鳴人情呢，他接過出版權後，我由頭開始大修大改，可以說是從頭再寫過，我生活又不安定，一拖再拖，竟拖了三年。胡鐵鳴很體諒我的處境，他很寬宏大量，隨時在我困苦不堪時，向我伸出援手，鼓勵我把《窮巷》寫完。」

「照我所知，初步書店的經濟也不富裕，胡鐵鳴夫婦的生活也很苦，他們拉我到他家吃晚飯，也只是家常便飯，沒有去加菜斬料，只是青菜和蒸泥鯭魚，他能在你經濟困難時支援你，實在難得。」

「最遺憾的是，等到我終於寫完這本書，胡鐵鳴卻等不及了，他結束了初步書店回內地去，只好把出版權讓給了文苑書店，到一九五三年才印出來，那時胡鐵鳴已經回到內地，看不到它了。」

「你知道嗎？那段時間，他的妻子陳英得了肺病，回鄉下養病，我和胡鐵鳴一直有通信，後來我到北京和哈爾濱讀書，等回到廣州就學時，同他失去了聯繫，這期間又經歷過反右、大躍進……大概是六十年代中，我才在廣州太平南的新華書店碰到他，當時見面匆匆未及細談，誰料到跟着就爆發了文化大革命，我只是在古籍書店工作的余秀珍大姐那兒聽說他的情況，再也沒有見着他了。聽說把他當作資本家鬥得很慘，一個在香港開一家宣傳進步思想的小小書店的人，竟變成了資本家，真是滑天下之大稽啊。」

侶倫先生嘆息一聲：「唉！他是個好人啊！」

我說：「那麼你同意讓三聯書店重新出版《窮巷》啦，有什麼要求？」

「我要時間，讓我重新修改一番，我想請我弟弟畫插圖，行嗎？」

「好，一言為定，我為《窮巷》做責任編輯，總之搞到你滿意為止，要不要勾過手指？」

他聽了大笑，說：「握手為定！別人我信不過，但我信得過你！」

他是個很認真的人，真的由頭到尾大修大改，花了不少時日。舊版出版時曾因故刪去了一篇《序曲》，這次也給補上了，這《序曲》裡有些話很能說明他寫作的宗旨：

香港，一九四六年春天。

戰爭嗎？那已經是一場遙遠的噩夢。

香港，迅速地復員了繁華。也迅速地復員了醜惡！

然而，有歡笑的地方同樣有血淚，有卑鄙的地方同樣有崇高。

真理在哪裡呢？它是燃燒在黑暗的角落裡，燃燒在不肯失望不肯妥協的人們心中！

為了這本書，我這個責任編輯不知和人吵了多少架，出版的過程很長，幾經波折，終於在一九八七年底印出來了。這是《香港文叢》的第一本長篇小說，雖然我是《香港文叢》的策劃者，但也只是這本書的責任編輯，並非整套《香港文叢》的主事者，後來這套文叢都是以人為編，如《舒巷城卷》、《溫健騮卷》、《絲韋卷》……，再也沒見以單本出長篇小說了。

我和侶倫先生在這書的出版過程中，倒是合作愉快，有商有量。我答應過要搞到令他滿意，所以我才會同人吵架，一定要按照我定的規格和要求完成，不准走樣。不少人對我的這種堅持很有意見，這是在所難免的了。

當我拿到剛出爐的樣書，立即掛電話給侶倫先生，他一聽說書出來了，立刻從九龍趕過來。我們兩個翻閱着樣書，相對而笑，心裡感到很滿足。

我問他：「行嗎？滿不滿意？」

他快樂得眼中含着淚水，拍拍我的肩頭說：「駛得！你好嘢！」

我拿出筆，遞給他道：「你給我簽名留念吧。」

他笑着在其中一本的扉頁上面簽了名，把書遞給我。

我說：「謝謝你！」

他也說：「謝謝你！」

我們兩個都忍不住快活地大笑起來，他說：「今天是我好開心的一日！」

《窮巷》可以說是香港第一本如此深刻描寫香港社會現實的長篇小說，正如羅孚說的：「《窮巷》以後，寫香港社會的作品多了起來，似乎至今還沒有超越《窮巷》之作。當然遲早會有超越是肯定的，不過《窮巷》仍將繼續受到肯定，它的時代意義不會因歲月而改變。」

到了一九八八年三月中，我因組稿，要到北京去出差一趟，在行前的一個下午，侶倫先生到我的辦公室來看望我，我見他氣色不很好，問他哪兒不舒服，他說他是去看病，順路來跟我聊聊，我說：「你年紀大了，要多保重，不要累壞啦！」他笑笑拍拍我肩頭：「你要出差，我就不阻你了，等你從北京回來，我們去飲咖啡再暢談吧！」我說：「一言為定，我一回來就打電話給你！」

誰料到，當我從北京回到香港，才一進家門，妻子就告訴我：「你知不知道你的好朋友侶倫先生去世了？」

我聽了這消息，震驚得說不出話來。我這次離港才不過十天，臨走前還見過他一面，相約等我回港一起去喝咖啡聊天，想不到竟天人相隔，再也無法相聚暢談了。痛失好友，欲哭無淚。誠然這條人生道路每個人都會走到盡頭的，但他走得太突然了，我簡直無法相信他已經離去，我總覺得他還活着，就好像往日一樣坐在我面前，我們呷着咖啡抽着香煙，他對我說：「我信奉高爾基曾經教導文學青年的一句話：『寫你熟悉的。』我覺得這一點很重要，因此我不去寫自己不熟悉的東西，更不願為着趨慕潮流去寫自己不熟悉的東西。」

我會永遠記住他這番話，他確實這樣實踐了的，他活了七十七歲，從十七歲開始寫作，足足耕耘了六十年，確是這個被人叫作「文化沙漠」的香港文壇的一個勤奮的拓荒者，正如羅孚說的，「是沒有在半路上拐彎，一直走到底，死而後已的。」

俯仰之間已成陳迹

憶老攝影家陳迹

陳迹，我叫他迹叔，倒不是因為他年紀比我大十多歲，而是這是個親切的稱呼，在報館裡幾乎人人都喜歡這樣叫他。

我在一九七三年踏進《大公報》的第一天，就同迹叔在同一個辦公室上班共事，我的辦公桌在前邊，他的辦公桌剛好在我的後面。

當時副刊主任楊曼秋給我介紹副刊的同仁，指着一個頭有點禿，不停地眨眼的男人說：「這位是陳迹，他是搞攝影的。」

在最初的一段日子，我和迹叔只是點點頭，沒有交談過一句話。這我倒並不在意，因為我是「初入貴境」，人地生疏，一切都陌生，反正還是在三個月的「試用期」內，也不知道自己是否適應這新的工作，我得好好習慣香港報館的環境，學習編輯業務，根本無暇去理其他的事。

迹叔除了跟我點頭笑笑外，也沒跟我搭話。我將心比心，估計他也是在觀察估量我吧？那時我初進報館，陳凡老總硬把我從《新晚報》羅孚手上要過來，說《大公報》副刊要一個「大學生」，經這麼一轉手，我心裡自然產生很大壓力，我是個初入行的新丁，又不熟悉業務，只有埋頭苦幹了。迹叔不知道我是「何方神聖」，也不了解我的個性為人，自然不敢隨便同我交談，誰知道我這個「大學生」是不是領導安插的「馬仔」呢？

其實，陳迹這個名字，我早在一九五六年在南開大學讀一年級時，就已經知道的。記得當年《中國攝影》創刊，我就訂了一份，在剛出爐的創刊號裡面，我看到了兩張署名「香港陳迹」的攝影作品，由於標明這是香港的作品，自然引起我這個「香港仔」的注意。

我發現這兩張攝影作品同當時大陸的攝影風格截然不同，既不像帶有政治宣傳性質的新聞攝影，也不是拍攝荷花大特寫或廬山風景一類追求唯美的藝術攝影，而是拍攝香港街頭貧苦人民的生活，反映香港社會貧富懸殊的真實寫照，其強烈對比，確實震撼人心，我一下子就被這兩張作品吸引住了。它們是那麼平凡，又是那麼真實，確實是我曾生活過的香港之社會景象。我佩服攝影家捕捉的準確和真實，這兩張照片給我留下了難忘的印象。

我怎麼會料到十多年後，竟能和這個慕名已久的攝影家坐在同一個小小的辦公室裡？我雖然對他心儀已久，但因為未曾傾談，不敢冒昧，誰知道他看不看得起我這楞頭小子呢？直到「試用期」結束了，我成了正式的編輯，在我和楊曼秋發生「衝突」之後，我才第一次聽到迹叔跟我講話。

平日每天上班，最早到辦公室的，往往只有我和胡若璿大姐兩個人，胡大姐是負責編「小說林」的編輯，四川人氏。她是《香港商報》經理張學孔的太太，為人很和善，我們頗談得來。跟着大概到十點鐘左右，楊曼秋主任就來上班了。至於陳迹，上午很少見他回到辦公室來，他上午經常跑到外邊攝影，或幫忙港聞版的記者趕拍一些新聞照片，故此下午才見他回來坐在我背後擺弄相機。至於我那位大師兄梁羽生，更是個「冇尾飛砣」，神龍見首不見尾，經常不知跑到哪兒找人下棋去了，只有當「黑手黨」來催稿，排字房的工友等着稿子發排，我們也為之着急，到處找他，最後總是在他同人下棋的地方發現他的蹤跡，大叫一聲：「黑手黨來催稿啦！」他才跑回來，在辦公室坐下，攤開稿紙，下筆如有神地飛快把武俠小說的稿子趕出來。陳凡老總在下午四點左右才會出現的，他回來看排字房排出來的大樣，用毛筆校對簽字畫押，把大樣送回字房改正，然後付印。

我在副刊的頭幾個月，陳凡老總「命令」我坐在辦公室「嘔仔」，翻譯馬爾茲的小說和跟楊曼秋主任學習畫「大公園」的版面。我在辦公室很沉默，不大愛說話，直到那天楊曼秋不知何故與我為難，要我畫了一張又一張的版樣，還是通不過，最後畫的一張還撕碎扔回，破口用粗口罵我，我因他罵了我媽，就和他衝突起來，來而不往非禮也。

第二天早上，我回到辦公室，剛好迹叔和胡大姐也來了，胡大姐好心地勸說我：「楊罵人是常事，你不要和他計較，他就經常罵我是個蠢豬，我懶得和他較真，要不早就被他氣死了。昨天我坐在後面看得很清楚，見你畫了一張又一張的版面，真佩服你的耐性，你要知道楊和陳老總是在訓練你，要你對他們絕對服從呀，像我一樣，只要聽話，他們就不會為難你了，這次你竟然敢頂撞他，你固然有道理，不過我怕你以後會有麻煩，他們不會放過你的。」

陳迹當時站在一旁，只是冷冷地說：「細佬，你來報館日子還淺，報館裡面很多事你還不了解。我也不想你先入為主，所以一直沒有提醒你，慢慢你就會知道的。他們對我也是這樣，聽足他們的話，生魚将湯有得你飲，你唔聽話就擀到你死，你就等着瞧吧，有得你受的。我以為只有我戇居，想不到你比我更戇居！」他說這番話時的表情，在講「擀到你死」時，一面用大拇指在桌面上，像要按死一隻螞蟻那樣，使勁地按了一按，給我印象極為深刻。

事後我觀察，果如他所說，報館裡的人事關係的確相當複雜，真是「黨內有黨，派裡有派」，當領導的要部屬對他絕對服從，這點我可真的不敢恭維，以我的性格我才不會做千依百順的奴才呢，香港又不是大陸，此處不留人，自有留人處，大不了辭職不幹，我就不信會餓死人。我發現不止胡大姐受到壓迫，連陳迹這樣有名的攝影家也是在備受排擠之列，領導對他視若無睹，當他不存在一樣，而陳迹則我行我素，既不會像我樣「來而不往非禮也」，加以反擊，但他也不去理會領導刁難，一心只顧着把玩他的照相機，一副與世無爭的樣子。我看得出他在《大公報》副刊是根本無法發揮所長的。

經過大半年後，我終於調回《新晚報》工作，雖然不再是副刊編輯，而是調到電訊課當電訊翻譯，我倒樂得不再在《大公報》副刊受閒氣了。這時，領導終於拿陳迹來開刀了，那是陳迹體檢時發現得了肺病，報館就以他剛滿六十歲為理由，逼他退休。其實報館裡比他年紀大的，大有人在，為什麼在他得病時就逼他退休呢？主要是領導看他不順眼，當他是眼中釘，誰叫你不聽話？

我這人就是好打不平的死性子，很同情他。要知道在香港地生活不易，手停口停，貧病交加，受得了嗎？我於是找羅孚和嚴慶澍談，我說：「報館這樣子對待迹叔是不行的，如果不處理好，後果會很嚴重。」

所以當嚴慶澍找我談，要我編《良夜》周刊，我第一個想到的就是陳迹，我向他和羅孚提出，要他們把迹叔請回來，我希望和他一起編。我的理由是，我從來未曾編過雜誌，需要有一個經驗老到的能手幫忙，而迹叔是最佳人選，因為他編過《長城畫報》，在美術和攝影方面是專家，有他這樣一個內行人幫忙，我才敢槓這重擔。羅孚接受了我的意見，果然把迹叔請回來，讓他和我一塊編《良夜》這本周刊。他們只把搞這麼一本周刊的意圖給我們講清楚明白，至於具體編輯工作，則從未加以干涉，可以說做到「用人不疑，疑人不用」，既然讓我們挑這擔子，就充分放手任由我們去「玩」了。

從那時起，我和迹叔就一天到晚泡在一起，同甘共苦，一塊編《良夜》，成了一對難兄難弟。我們合作得很愉快，我負責編務，還跑印刷廠，迹叔負責封面和版面的美術設計，這次可真讓迹叔發揮所長，大展身手了。

我說我們兩個「玩」《良夜》，這話不假，但這可不是隨便的「玩」，得花我們不少心思。現在回想起來，那段日子我和迹叔的確「玩」得很開心。雖然現在我手頭已沒有保存《良夜》這份刊物，因為在我離開《新晚報》時，將我自己裝訂的整套《良夜》合訂本，留給了接手編的人，自己反而沒有保存。可我仍能記得很清楚，每一期的封面都是經過迹叔精心設計的，經常是用他的彩色攝影，使封面既大方又清新雅緻，很能吸引人，不像時下報紙那些周刊那樣，總是用明星相片做封面，俗不可耐。既名《良夜》，自然要有一種抒情的韻味，迹叔是攝影能手，拍攝香港夜景自然是沙龍之作。

在《良夜》每期的第一頁，下面三分之一的版面是那期的目錄，上面三分之二我們刊登一篇優美的散文，這些短而精的散文就請羅孚、嚴慶澍、鄭紀農等人執筆。迹叔每期都用一幅畫作這些散文的烘托裝飾，由於《良夜》的內頁全部是雙色印刷，這些散文有畫搭配相得益彰。迹叔有時拿一張細小的生宣紙回來，用淡墨或濃彩點畫幾筆，即成一幅小品；有時乾脆揮灑幾滴墨點，讓他們在宣紙上化開，構成花一樣的圖案，用作散文的托底，十分好看。這時迹叔就對我笑着說：「你看，這不是很好玩嗎？」他那時的樣子，十足是個老頑童。

我沒有編雜誌的經驗，迹叔很耐心地把着手教我，把他過去編畫報的經驗傳授給我，故此我有好一段時間叫他做「師傅」，直到有一天，他拍拍我的膊頭，對我說：「唔好叫我師傅啦，我們是老友記，叫什麼師傅？就像往日那樣叫我阿迹好了。」我也就不再叫他師傅，一直叫他迹叔。不過在我的心中，我還是當他是師傅，正是他教會我編刊物的秘訣，我後來才有膽量敢編《開卷》和《讀者良友》的。

在我離開《新晚報》時，報館把《良夜》交給一個剛從大學畢業出來好像是姓陳的女生編輯。我在走之前帶了她一個禮拜，盡我所能把過去編輯的經驗告訴她。可是我走後，她把我們原來的編輯方針和設計全部推翻，另搞一套。據說是要編得更適合年輕人的口味，認為我和迹叔那一套太過老土了，跟不上時代的步伐。這樣一來，迹叔自然也就沒有跟她一起「玩」了，也許自此之後，他真的退休，也沒有再到《新晚報》去上班了。

我辦《開卷》時的辦公室也是在銅鑼灣，離《新晚報》並不遠，同是在軒尼詩道，不過我除非有事，否則就很少回報館去。迹叔的家就在報館隔鄰的大廈，只隔一條私家巷，平日在報館時要找他，只要到窗口大喊一聲就行了，因為報館的窗口可以看到他家的窗口。迹叔雖然不再到報館上班，但他同報館的同事仍多來往，有空時也會回報館逛逛，所以對報館發生的事情仍很清楚。

他經常跑到我的辦公室來聊天，對於那位接手辦《良夜》周刊的女編輯的做法，很不以為然。他曾對我嘆息道：「荷葉擎珠，唔夠佢東風一蕩，我們辛辛苦苦把周刊辦得有個樣子，現在前一段的成果全被她這敗家女敗光晒啦！」

我聽了不禁大吃一驚：「迹叔，到底怎麼了？」

他搖着頭道：「她把《良夜》搞到不倫不類，報紙的銷數也跌下來了，本來我們辦《良夜》時，設有的欄目，她都刪得七七八八，好好一個『自己動手』，本來很合讀者的口味，讀者可以照辦煮碗，依着圖樣裁衣服做木工，她把這樣的欄目砍掉，沒有了劉師傅的裁剪紙樣，那一百份《新晚報》也就再也沒辦法打進警察宿舍了。拋棄了原來的讀者，搞什麼青年化，全是學生腔，邊處仲有人睇呀？」

我聽他這樣說，只有搖頭嘆息，無可奈何。過了不久，《新晚報》的《良夜》周刊也「消失」掉了，迹叔和我的一番心血，真的被「敗光」了！

《開卷》第二期，在法國文化協會工作的曾家傑先生（作者瑯瑯）拿來了一篇專稿，介紹法國一本新出版的大型畫冊，那是著名女明星碧姬芭鐸的照片集，由著名女作家沙岡撰寫，名攝影家迪薩爾拍照的一本印刷精美的畫冊。我很擔心送到印刷廠去，會把這本書弄壞。為了不弄壞法國文化協會借來的原版圖書，我請迹叔幫忙拍攝這本碧姬芭鐸的圖片，以便作文章的插圖，他特地拉了我到天棚，利用自然光拍攝，不到半個鐘頭，就把我挑選出來的很多幅照片全部拍好了。我既感激他又佩服他的攝影技術。

他對我說：「你要報答我？就請我出去吃午飯好了。」

於是我們到附近的酒樓去，你猜猜他要我請他吃什麼呢？既不是山珍海味，也不是魚翅燕窩，只是一碗臘鴨髀飯，就吃得很高興滿意了。

自此以後，我們差不多每個禮拜總有一天去飲茶。他總是愛吃臘鴨飯，慢慢我也跟着愛吃臘鴨飯了，其實我們的花費並不多，既吃得舒服，又能有機會談天說地，我們就這樣成了無話不談的知心友了。

每次見面，迹叔總會帶些新拍攝的照片給我看，有時則帶一些他畫的水墨速寫國畫讓我欣賞，我至今還好好保存着一幅他用皮紙畫的國畫，那是他在香港仔漁村畫船的寫生。他的畫很有自己的特色和風格，這跟他的攝影風格很相似，都是抓住生活不放，絕沒有脫離勞苦大眾生活的。

迹叔從事攝影幾十年了，最初他只有十幾歲，就當了《大公報》的隨軍攝影記者，被派到戰場上去當戰地特派員。他隨着部隊在潮汕一帶到處跑，既要自己背相機器材，又要節省菲林，只有在必要時才拍攝，還要自己沖洗放曬，所以練成了一身好本領，養成了比較全面的攝影技術。他除了攝影外，還寫報導，當時很出名的通訊有《一個名城的陷落》和《一個梁山泊的故事》，報導了潮汕地區淪陷的慘況。他回到香港，南北行請他這個記者去做報告，因為報導文筆寫得相當老辣，人家都以為他是個上了一定年紀的老記者，誰知他一上台，才知道他是個十幾歲的小愣頭，大家都忍不住笑起來，誰想得到這樣一個毛頭小子竟隨軍到處跑呢？

迹叔曾告訴我，唐人嚴慶澍曾對他講過這樣一番話，使他確立了自己的攝影道路。嚴老總曾對他這樣說：「陳迹老兄，你作為一個攝影記者，不是單純為了拍幾張照片寫幾篇文章那麼簡單，而是要通過這工作去接觸社會各方面的事物，去交朋友，去理解人的生活，深入社會。直到現在，還沒有多少人去深入社會有計劃地長期地拍攝，搞出一個完整的可以讓人追下去的東西，而且還可以分門別類。花上幾十年的功夫拍攝某些主題，今天拍了，過幾個月或一年又再去拍，積累下來，日久就見成績，就可以有一整套社會變化的照片。這既花時間，又花菲林，很不易做好的，但將來匯集成一組組圖片，反映出人和社會的變遷，它們的價值就不可估量了。」迹叔他幾十年就是在香港不斷實踐這樣一條攝影路線，結果取得了不起的成就。

迹叔從不「打龍」，雖然他的攝影作品並不乏沙龍之作。他曾告訴我，他不喜歡那些以打龍為由破壞風景的發燒友，他說有一次他跟攝影界的拍友，一塊到沙田去拍風景，某攝影家發現有一個蜘蛛網，透過沾滿露水的蛛網拍攝沙田景色，是一個很好的取景構圖。他拍攝之後，立即將那蛛網撩爛，不讓別人拍到同樣的景色。迹叔認為這是「文人無行」，十分自私的行為。他又舉另一例子，香港某攝影名家在黃山攝影，拍攝完後，用力將他剛才站的那塊石頭推下山去，以免別人在同一地點拍攝，那他那一幅攝影就是「世界獨一無二」的了。迹叔認為搞攝影的人，如若沒有做人的道德，是不可能拍出真正好的照片的。

我說：「我雖然不搞攝影，但很同意你這種意見，因為黃佩球世伯曾告訴我一個故事，他同香港一個姓陳的攝影名家一起到西雙版納拍攝，那個名家要兩個傣族少女挑兩擔水，從田埂一邊走過來，他就拍攝一張，然後又改用不同的光圈和

陳迹國畫——速寫船排

速度來拍攝，要她們再走一次，如此來來回回走了二三十次，到最後那兩個姑娘累得坐在田埂上走不動了。那位名家就是用這二三十張不同光圈速度拍下的底片，挑出他最滿意的一張去打龍的。黃佩球罵他缺德，我認為何止是缺德，根本就沒有人性，還有什麼資格去當什麼攝影家協會的所謂主席呢？這樣的沙龍，不打也罷了。」

迹叔不是個有錢人，絕不會像某些人靠在生油裡面摻東西賺大錢。那種有錢的攝影名家，以為配備了各種長短鏡去拍沙龍，就可以拍出好照片。迹叔既要養家，報館的工資又是那麼菲薄，菲林的價錢也不便宜，他連一架昂貴的好相機也買不起，但他拍出來的相片，既有沙龍的藝術質量，又有歷史價值，誰說只有好相機才能拍出好照片呢？相機是機器而已，掌握相機的是人，人的因素才是最重要的。迹叔初期用的那架舊相機，連風琴袋都破了，他用膠布貼好仍用來拍攝，怪不得黃永玉開玩笑說他是個「貼膠布的攝影家」。他後來也經常用「傻瓜機」，大機只有一部「賓得」單鏡反光，他絕不是個「唯武器論」者。他用這樣的輕武器就捕捉到真實的社會生活寫照。他不只拍香港街頭，還經常跑到漁村和農村去，他同香港仔和大澳的漁民結下深厚的友誼，他一到漁村，人們就歡迎他說：「迹叔，你返來嗱！」當他是自己人回家來一樣。

我在三聯編《讀者良友》時，迹叔仍經常到三聯來探望我，有時我們仍跑出去午飯。有一次他到我的辦公室探我，我一邊抽着煙斗一邊跟他聊天，他拿着相機，咔嚓一聲，竟然偷拍了我，這張照片我至今仍保存着，是友誼的紀念品。

我有一天專門跑到他家去，一進門就見他養的那隻小猴子哇哇亂叫，頂嚇人的。迹叔說：「唔使驚，佢唔會咬你的。」

那次我去他家的目的，是想說服他把照片拿出來印一本畫冊，我知道他有十箱底片，全是他幾十年不斷拍攝香港變化的照片，積累起來，簡直是個寶庫。我勸說他：「你積累了那麼多寶貝，不拿出來讓人分享嗎？老實說，我也不知道還能在三聯幹多久，趁我現在還在三聯，就讓我給你編一本攝影集吧。」

他指着背後一箱箱的底片，搖搖頭道：「這麼多，怎樣選呢？要花很多時間的。」

我說：「你這麼多菲林，就是印個十卷本的大型畫冊，也裝不下的，我想你就以香港這幾十年的變遷，作為一個主題，搞一本大型畫冊吧，我知道你一直在追拍漁村和香港市街，搞一個幾十年變遷的主題，不是很有意思嗎？」他有點懷疑地問：「有沒有銷路呢？印這樣的畫冊，固然是我的心願，但出版社肯定會虧本，你老闆肯做這種虧本生意嗎？」我拍心口說：「我今日來找你，就是因為我已經同蕭滋經理談過，我認為出這樣的書，是為了香港文化積累，虧一點本也是值得的，我是出盡辦法，總算說服了他，他已經答應出版了，我這才有膽敢來找你嘛。」

他見我這樣說，十分高興，於是翻箱倒篋把菲林找出來，認真挑選。經過很長的一段時間，他終於選出了一批照片，拿來讓我選編，我和他又經過反覆研究推敲，最後終於敲定了選題，他同我一塊進行編輯工作。畫冊定名為《香港滄桑錄》。為了讓讀者進一步了解迹叔所走的心路歷程，我專門為他做了一次錄音訪問，並且把這份訪問稿子，附印在那本畫冊裡面。

當然，這樣的一本畫冊的出版，也是一波三折，並不是一帆風順的，但最終還是印出來了。這可是迹叔幾十年的心血，也是他幾十年攝影的一個總結。我和他一塊翻閱着那本剛「出爐」的畫冊，心中的高興，真是筆墨所無法形容的。

我問他：「迹叔，我有一個問題，很多年就一直想問你，你為什麼叫做陳迹？」

他說：「俯仰之間，已成陳迹。這就是我這個名字的來源。人生在世，一轉眼就是幾十年，現在新鮮的事物，眨下眼就變成陳迹啦！」

我說：「你這本《香港滄桑錄》，是香港四十年變化的實錄，絕不會變成陳跡的。」

我父親去世後，我在他的藏品中，發現了一幅迹叔父親的書法，就把它送還給迹叔，他十分高興說：「我都沒有自己父親的書法，你把他的這幅字送給我，實在令我高興啊。」

在我離開香港之前，迹叔最後一次和我合作，花了一個上午去採訪黃永玉，是他帶我到黃永玉的家，我錄音訪問，他給我們拍了很多照片。那天我們還一塊欣賞黃永玉畫的水滸人物畫。在我們談得興高采烈的當兒，黃永玉的夫人梅溪回家來了，黃永玉告訴她我是李崧醫生的兒子，她看了我好一陣，問我：「你知道不知道我曾見過你？你好像叫弟公吧。」我感到愕然，想不到她連我的乳名都知道。她說：「抗戰時我逃難到桂林，曾在你家住過一段日子，你那時還是個小學生，整天纏住人講故事，頂調皮呢！」我卻一點印象也沒有，因為媽媽是個好客的人，接待過很多逃難來的親朋戚友，梅

上圖：廖冰兄、陳迹和我

下圖：黄永玉為陳迹畫像

溪姐在我家呆過，我相信她講的一定是真的。

本來這篇訪問我已經整理好，還排好了版，配上照片和畫，準備在《文化中國》的創刊號刊出的，可是這份刊物最後竟「胎死腹中」，連同我這篇訪問黃永玉和照片，也跟着夭折的胎兒一起消失了。

我到加拿大後，曾於一九九四年回過一次香港，我和古蒼梧等人，約了迹叔一起在灣仔鵝頸歡樂小菜館午飯，久別重逢，我見迹叔老了很多，不過精神仍如既往一樣健旺。

這是我見他的最後一次了，我問他：「迹叔，還有繼續影相和畫畫嗎？」

他笑着說：「拍到死嘓日，拿不動相機才不拍，現在每日都拍一筒菲林呢。」

我對迹叔這種鍥而不捨長期拍攝社會現實和人民生活的精神和毅力是十分佩服的，有人說他戇居，他也自號為「戇居居士」。他確實戇居得可愛，正是由於世界上還有像他這種戇居之人，生活才會變得更美好。

二〇〇四年，迹叔在八十四歲那年去世，我在加拿大收到那本《陳迹紀念冊》，回想起同迹叔相處的愉快日子，感到無限的懷念。

吳其敏，攝於 1949 年

春雨潤物細無聲

憶吳其敏先生

我認識吳其敏先生是我在《新晚報》工作的時候，有一天吳其敏先生到《新晚報》來，約羅老總和嚴老總給他正在籌辦的新刊物《海洋文藝》寫稿，嚴老總提出要我給吳老供些稿子，把我介紹給吳老。

吳老個子不高，穿着很整齊的西裝，戴着一副很深的近視眼鏡，炯炯有神，額頭很高，有一種很有智慧的文人氣質，他很熱情地握着我的手說：「你搞翻譯，歡迎你給我們這刊物譯一些短小精悍的外國作品。」

我說：「我沒有給外邊的刊物寫過稿，以前在《大公報》副刊時，奉陳凡老總之命，曾翻譯過一篇馬爾滋的小說《警官》，陳老總說不適合在我們報紙用，叫我拿到外面的刊物發表，我並不認識外面的刊物，所以我一直把它壓在櫃筒底，不知你辦的這份刊物《海洋文藝》合不合用？」於是就把我那篇譯文給了吳老。

過了兩個禮拜，吳老到《新晚報》來，把已經排好了字的稿子，交給我校對，我看到這篇壓在抽屜裡一年多的稿子已排印出來，心裡自然十分高興。不過我高興得太早了，沒過幾天，吳老給我掛電話，約我到他的編輯室見面，對我說：「很對不起，我是很喜歡這篇稿子，你看，我已經把它排印好了，我是準備用它的，可是我沒有辦法用它，只好退還給你了，不過我會照樣發稿費

吳其敏在《海洋文藝》編輯部

給你的。」

我覺得莫名其妙，既然吳老作為《海洋文藝》的主編已經決定用了，為什麼排印出大樣後又突然決定抽稿不用呢？為什麼稿費又照發呢？於是我對吳老說：「既然退稿，稿費我是不能收的，你既然已經排好大樣，可不可以把校好的大樣印一份給我留作紀念呢？」

他說：「那當然沒有問題。」就把一份印出來的大樣給了我。

我說：「吳老，你能不能告訴我，到底是什麼原因不能用這篇稿子呢？是我翻譯得不好？還是這篇稿子有問題？到底出了什麼差錯？希望你能坦誠告訴我，以便以後我給你供稿有個尺寸，到底這篇小說出了什麼問題？」

他似乎有難言之隱，支吾了好一會，才搖搖頭說：「你這樣問我可真給我出了個難題，我該怎麼說好呢？依我看這篇小說完全沒有問題，是篇很好的作品，你譯得也很好，我是很想用它的。無奈有來自外邊的壓力，你們報館的陳凡老總要我不要刊用它，我是順得哥情失嫂意，真是叫人左右為難呀。」

我這才明白原來是陳凡老總的意思，心裡自然很不服氣，他怎麼手伸得這樣長，管得這樣寬，既然叫我拿到外邊的刊物發表，竟又要人不要用我這篇稿子！我說：「吳老，我不會為難你的，不登就不登好了。不過我始終不明白我到底犯了什麼錯誤，這篇小說的毛病出在哪裡？如果能讓我知道，那我以後就知道如何去寫稿，不會再觸犯這種界限了。」

他嘆了口氣說：「他說你這篇翻譯小說是宣揚資產階級人性論，可我就看不出有什麼人性論，大概我的水平沒有他那麼高吧。以後你可要繼續給我寫稿，千萬不要因為這次退稿的事就氣餒啊。」

我知道吳老是個好好先生，不想得罪人，況且他也在給《大公報》寫專欄，陳凡老總他可是得罪不起的，這大概就是他說的「順得哥情失嫂意」吧？他確有他的難處，編一份文藝刊物更是不容易的，我何必要再為難他呢？我這個人喜怒形於色，大概我拿着那篇大樣離去時，臉色不大愉快。但有什麼辦法呢？那時還是文革期間，四人幫還在興風作浪，連香港也還有人拿這種極左的棍子在敲打人！

過了幾天，吳老給我掛了個電話，說三聯書店的領導人藍真先生要見見我，邀約我去談談。我到中環三聯書店，吳老帶我去見藍真先生，藍真先生把我帶到附近的一家美心餐廳喝咖啡，對我說：「你不要再追究吳老不刊登那篇小說的原因了，他也有他的苦衷，他不想得罪人，結果變成這種左右為難的局面。其實吳老是個好人，你千萬不要怪他。那篇稿子吳老也給我看過，我就看不出有什麼人性論，這完全是陳凡他一個人的意見罷了，他左得出奇，硬要吳老不要登這篇稿。這令吳老很為難，只好把稿子退還給你了。其實事情很簡單，搞到這樣複雜就不好了，你大人有大量不要計較，以後另外給吳老寫些別的稿子吧，你一定要支持吳老辦好這份《海洋文藝》。」

我向藍真先生保證：「這點你大可放心，我以後一定會繼續給《海洋文藝》寫稿的。我讀過不少吳老寫的文章，我知道他是個很有學問的人，我很尊敬他，還想拜他為師呢，以後會請他多指導我，就怕我寫得不好，不能令他滿意，不過我會遵照他的要求，給《海洋文藝》寫稿的。」

這就是我同吳老打交道的開始，以後我同他的接觸就頗為頻繁了。起碼每個月都會同他到茶樓飲一次茶，因為我每個月都會向他交一次稿，我既然答應了藍真先生支持他辦《海洋文藝》，所以我就按照吳老的要求每月供一篇翻譯的小說。

記得有一天，吳老約我去飲茶，他向我提出：「現在翻譯外國文學不容易搞，吃力不討好，是容易被人攻擊的工作，英美文學和俄國文學都被目為『封資修』，誰還敢翻譯這種作品呢？即使有很好的作品也登不出來的，只有第三世界的文學還可以不被批判，你不如去找找亞非拉作家的作品，看看有沒有值得介紹翻譯的，給《海洋文藝》譯介些第三世界的文學吧。在目前這種環境，也只有鑽這空子了。」

在這種夾縫中辦雜誌實在很不容易，吳老確實煞費苦心地辦《海洋文藝》，我聽從他的意見，開始為他翻譯第三世界的文學。當我把第一篇譯稿送到吳老的編輯部時，吳老向我提出一個要求：「第三世界的作家沒有多少人認識，你可不可以每篇稿子都寫一段短短的簡介呢？這樣可以讓讀者了解這個作家和這篇小說的旨意。」吳老是處處為讀者着想，我遵照他的話，立即寫了不到兩百字的簡介，他看後滿意地笑了，對我說：「這樣就很好了，你以後每期都給我搞一篇這種短小精悍的東西吧。」

我說：「遵命！」

他說：「我知道搞這樣的翻譯，是件吃力不討好的事，不過很有意思，要找這些亞非拉作家的作品，一定不容易，不像西歐作家的作品那麼容易找得到的，你有辦法嗎？」

我說：「沒有把握，盡力而為吧，我會設法去找的。」

他說：「我知道要你做這種事，是吃力不討好的。得到的稿費又是這樣微薄，你譯一篇稿的稿費都不夠買一本書，外文書很不便宜的，你這是在做虧本生意啊。」

我禁不住苦笑：「可不是嗎？買書的錢比譯稿的稿費要貴得多，我的確是在做虧本生意，本來搞文學這東西就是會餓死老婆瘟臭屋的，有什麼辦法呢？我喜歡啊。」我們不禁相視而笑。

這就是我把這份工作叫做「遵命文學」的開始，我可是遵吳老之命翻譯這些第三世界的短篇小說的。看來，吳老對這些譯品還算滿意吧，在《海洋文藝》出版叢書時，他把我那些還不成熟的譯文編成一本，那就是《塔爾卡的良宵——亞非拉小說選譯》，收有十六篇亞非拉作家的小說，這是對我的鼓勵。其實我搞這些翻譯，是心中無底的，也不知道這樣做有什麼作用，故而我在該書的後記說：「我不自量力，慘淡經營別人較少注意的『小國家』的『小作家』，目的是要大家重視亞非拉作家的著作。……只要讀者看了這些翻譯小說，多了解一點亞非拉的文學，那我就心滿意足，覺得力氣沒有白費了。」確實如此，如果沒有吳老出題，我是絕不可能去幹這種吃力不討好的事，我這確是「遵命」，一幹就幹了近兩年，每月都準時把譯稿親自送到吳老的編輯部去。

到我離開了《新晚報》辦《開卷》，有一天吳老同我在鵝頸橋的大三元飲茶，他對我說：「你辦《開卷》很好啊，不過你還是得為《海洋文藝》寫稿，不要停下來。最近國內比較開放了，你搞翻譯也可以把手腳放靈活些，不必局限在第三世界的作品，可以選一些英美和西歐的作家作品，不過最好每一篇譯作，要加上一篇評論文章，介紹這個作家的生平和這篇作品的特色，我知道這樣會加重你的負擔，但這樣對讀者會有好處，使他們能更容易理解這個作家和他的作品。翻譯工作就好像是做媒人，有良知的媒人斷不會把有病或有缺陷的人當做健康美貌的人，介紹給人的。當然每個譯者都可能有自己的偏愛，希望你能介紹一些健康英俊的後生仔和年輕漂亮的靚女給讀者，這樣就皆大歡喜了。」我當然樂意這樣做，於是在以後的一段時間，我給《海洋文藝》譯介了八篇英美西歐和日本作家的小說，其中有德國的布萊希特、英國的格林、美國的齊弗爾、法國的高烈特、丹麥的狄尼松、南非的高狄梅、日本的芥川龍之介和谷崎潤一郎。吳老又一次把這些東西為我編成了一本《當代外國作家與作品》的小冊子。我始終認為我為《海洋文藝》譯寫的東西，是遵命之作，遵吳老之命，我不只心安理得，而且覺得能得這樣一位名師指點，是三生有幸。

有一次我到《海洋文藝》交稿，吳老正因患鼻炎苦惱，說食不知其味，鼻涕很臭。我說：「你為什麼不去看看醫生呢？」他說：「很麻煩的。」我說：「有病就得去治，如果你不嫌棄，就到我爸爸那兒去看看，也許能治好你這病，我去跟他打個招呼，好嗎？」他說：「那當然好啦，我已經很久沒見過你爸爸了，很多年前，我在薛覺先的家裡見過你父母，你爸爸談笑風生很幽默，你媽媽是個雍容華貴的美人。」我帶吳老去爸爸的診所，爸爸總算把他的鼻竇炎治好了。

《海洋文藝》結束後，吳老也就退休了，不過吳老的筆並沒有退休，他仍然不斷地寫作，寫了很多精彩的歷史小品。我在三聯書店編輯《讀者良友文庫》時，當然不肯放過吳老這樣一些精彩的文章，我要求他把這類文史筆記給我們出版一本集子，他欣然同意，並花了不少時間在他眾多的文章中為我選出合適的，編成一本《坐井集》出版。不過，他對我說：「你能為我出本書，我當然很高興，也信得過你，不過我有一個要求，也是唯一的要求，就是你一定要為我這本書寫一篇序。」這可真把我難住了，我有什麼資格為他老人家寫序呢？他是我的長輩，這不只是指他是我文學道路上的師長，他也是我父母的朋友，我應稱他伯伯呢。吳老出生於一九〇九年，足足比我年長二十五歲，他的兒子吳羊璧兄也比我年紀大，我在他面前，當然永遠是小字輩。

我說：「吳老，我沒有資格寫這序的，應該請老一輩對你有所了解的人寫，我不敢寫呀！」

他笑着說：「你不了解我？那你可以去了解我嘛，你編這套叢書，你不寫誰寫呢？」

我只好硬着頭皮答應他，但我說：「那我可要問你很多問題，從你小時候讀書開始，一直到你寫這本書的經過，你肯花時間同我談談的話，我就勉為其難為你寫這篇序吧。」我看着這位年近望八的老先生，覺得他本身就是一個世界，含有極豐富而又複雜的內容，博古通今，是我可望而不可及的，能聽到他談自己走過的文學道路，將會是像打開一本內涵豐富的書，有趣極了。於是就有了我同吳老一連幾天的飲茶聊天，暢談他在文學道路上走過的經歷。

吳老告訴我，他的父親吳夢蘭，是個三代家傳的儒醫，他打趣說：「這一點我與你相同，老竇都是醫生，以治病救人為業的。」

他父親不只是個醫生，也是個很有文學根底的人，會寫詩，刊有《詩存遺稿》，故而吳老從小在這樣家學影響下就受到詩文的熏陶，年紀很小就傾向文藝。十六歲時，他考進家鄉的澄海中學，更受到校長杜國庠和教員柯柏年等師長的影響，使他沒有繼承家業當醫生，而走上文學的道路。他參加了當地著名的文社彩虹社。郁達夫同彩虹社有來往，當年路過汕頭，曾接見過彩虹社的人，題有一詩相贈：

五十餘人皆愛我，
三千里地獨離群；
庸知嶺外烽煙裡，
驛路匆匆又遇君。

為什麼說五十餘人呢？那是因為彩虹社的成員有五十多人。

彩虹社出版過《彩虹半月刊》、《彩虹叢書》和《彩虹叢刊》，吳老都有參與其事。畢業後吳老曾到過上海一段時間，任教於海濱中學，不久因七七事變，他於一九三八年五月離滬到香港定居。這期間他開始為陸丹林主編的雜誌《大風》寫稿，為其寫作生涯之始。繼後又給茅盾主編的《立報》副刊《言林》寫稿。香港《星報》創刊後，他加入《星報》港聞版，成為一個編輯。在《星報》工作期間，他結交了不少新文藝作家，因為那時著名的作家如戴望舒、徐遲、穆時英、馮亦代等都在香港，《星報》幾乎成了這些新文學作家的沙龍。《星報》增設了一個名為《第八藝術》的周刊，起初由姚蘇鳳主編，不久交給范寄病編，吳老在這周刊擔任寫影評的工作，范又把周刊交給馮亦代，但馮亦代在太平洋戰爭前回到大後方，就把周刊交給吳老編輯。吳老一共編了八期，因日機偷襲珍珠港後，香港捲入戰火中，《星報》也就停刊了。

從求學到抗戰前的這一時期，可以說是吳老文化活動的第一階段，他主要是從事文藝創作，曾在上海的《新壘》月刊上發表作品，用吳其敏的名字創作了短篇小說《最後的機緣》、《三人之間》和《綠的午後》，並出版了中篇小說《永傷》、散文集《闌夜》和短篇小說集《仲春時節》，據他說是在張資平的群眾書局出版的。另外還有詩詞集《繾綣集》和新詩集《綺夢的碑文》。而當時他在《大公晚報》連載的一篇小說《謎樣的女性》，刊登了一半，被太平洋戰爭的炮火打斷了。

第二階段是抗日戰爭結束後，他在香港從事電影方面的創作活動。由於他在戰前曾為《星報》編過《第八藝術》和寫影評，因此在香港和平後百廢待興的電影界，就有了他活動的天地。他在《星島日報》發表的一篇小說《怕到相思路》，頗獲口碑，香港電影皇帝吳楚帆看了這小說十分感動，認為小說的情節很動人，就請吳老為他編寫電影故事的戲劇大綱，後來由黃岱導演，吳楚帆、白燕和華彩鳳主演拍成電影，那就是在省港澳紅極一時的粵語電影《郎歸晚》，是為復員後香港第一部粵語片。其中電影的主題曲就用了邵鐵鴻作曲的《流水行雲》，我記得當時這首歌曲確是十分流行，幾乎家家戶戶都會唱。從此吳老在電影劇本的創作上就源源不絕，寫出了大量作品。據他回憶已經拍成電影的計有李鐵導演的《寸金尺土》；畢虎導演的《太太萬歲》、《海外奇緣》；任意之導演，王葆真主演的《含

上圖：吳老參與拍攝《有求不應》時與主演李清（前）、
　　　導演李化（後左）合影

下圖：（右起）吳其敏、蕭殷、歐陽山、于逢，攝於 1978 年苞待放》；尹青海導演的《魂斷藍橋》、《淒涼姊妹花》；楊工良導演，紅綫女、白雪仙主演的《紅白牡丹花》、《綠窗紅淚》；李化導演的《有求不應》；秦劍導演的《西施》；蔣偉光導演的《缸瓦船打老虎》；楚原導演的《高處不勝寒》；李晨風導演的《湖山盟》；劉芳導演的《籬邊菊》。還有一部為新聯寫的《王昭君》，原定由李鐵執導的，還打算到國內取景拍攝，但因為文化大革命爆發而中斷未能完成。（根據翁靈文先生統計，吳老參與編劇的電影有二十二部，但據吳老寫給我的名單只有十六部，其餘那六部仍待考。）據吳老說，除了《郎歸晚》是根據他的小說《怕到相思路》故事改編之外，《含苞待放》也是先有小說在《娛樂日報》上發表的。吳老說他有一本《山城小集》，以向宸的筆名，在上海書局出版。

一九五五年吳老創辦新地出版社和嚶鳴出版社，出版《新語》半月刊和《鄉土》半月刊，擔任主編達七年之久，這兩本雜誌在香港雜誌史上佔有一定地位。在這兩本半月刊停刊後，他進中國通訊社工作，擔任副總編輯，到一九七二年改任中華書局海外辦事處副總編輯，一九七三年籌辦文藝雜誌《海洋文藝》，一直任該刊主編，直至一九八〇年該刊停刊。吳老在一九七九年加入中國作家協會，退休後任中華書局顧問。這時吳老進入他文化活動的第三階段，專心致意於文史研究，撰寫專欄《坐井集》，他的文史小品具有很高的知識性和資料性，見高而平實，意深而淺近，他治學態度嚴謹，功力深厚，學問淵博，實非吾輩學養所及，文如其人，吳老的文章正如他的為人一樣，是非分明，絕無虛假，光明磊落，守正不阿，以千字短文寫胸中塊壘，堪為楷模。他自謙「坐井觀天」，故名其集為《坐井集》，我曾問他為什麼要給這集子取這樣一個書名呢？

他說：「人生有限，學海無涯，書海更是無涯，我們能讀到的書本，只是無限的圖書中的很少一部分而已，實在是坐井觀天啊，讀書就是讀到老，永遠也讀不完的，只恨時日飛逝，時不與我，我只能就讀到的書發表一點意見罷了，一管之見，能不自謙嗎？」

吳老著作甚豐，一九四九年以來出版了很多本著述，計有《山城小集》、《望翠軒隨筆》、《望翠軒雜文》、《屈原與杜甫》、《懷思集》、《文史小札》、《歷代情詩選析》、《閒墨篇》、《書邊掇拾》、《擷微集》、《拾芥集》、《文史劄記》、《走馬十二城》及《坐井集》等多種。他能寫這麼多本文史著作，那要看好多的書啊！我知道他是個愛書如命的人，我也是個書痴，於是向他請教。

他笑着對我說：「我平日比較注意這方面的

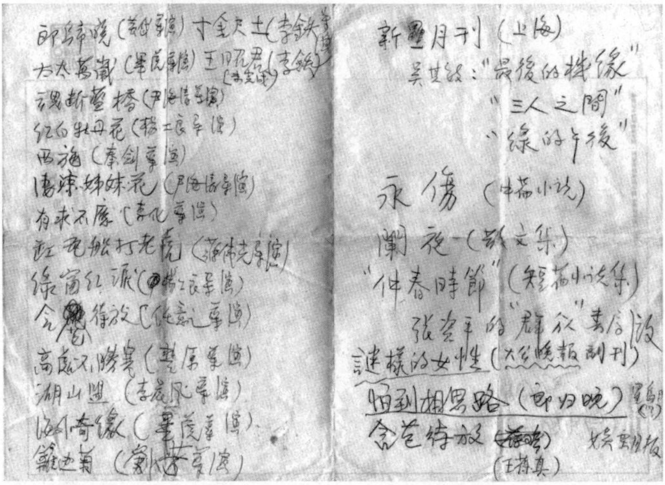

郎歸晚（黃岱導演） 寸金尺土（李鐵導演）
大丈夫萬歲（畢虎導演） 王昭君（李鐵）
魂斷藍橋（尹海清導演）
紅白牡丹花（楊工良導演）
西施（秦劍導演）
懷春姊妹花（尹海清導演）
有求不應（李化導演）
紅花船打老虎（蔣偉光導演）
綠窗紅淚（楊工良導演）
含苞待放（珠璣導演）
高處不勝寒（龍圖導演）
湖山盟（李晨風導演）
海角奇緣（畢虎導演）
[illegible]（劉芳導演）

新墨月刊（上海）
吳其敏："最後的機緣"
"三人之間"
"綠的午後"
永傷（中篇小說）
蘭花（散文集）
"仲春時節"（短篇小說集）
張慕平的"群眾"書局出版
謎樣的女性（大公晚報副刊）
回到相思路（郎歸晚）
含苞待放（王梅真）

吳其敏邊談邊寫給我有關他電影編劇和著作的名單手跡

書，能找得到的就想辦法弄來看。我寫那些文史小品，就得引用很多書，不能只靠強記，人的記憶也是靠不住的，得認真核實資料。我並沒有什麼秘訣，就是要手勤眼勤，認認真真讀書。最近我發現有些年輕人很不認真讀書，就是想出名，求名求利，不擇手段，學問膚淺，卻自以為是，連個『綠』字也搞不清楚，形容樹木和天空，竟然用『慘綠』這樣的字眼來形容，實在是笑話，真是不學無術啊。」

他聽說我曾為了買葉靈鳳先生留下的一套《一千零一夜》的褒頓全譯本，把在銀行的儲蓄全拿出來，就笑着對我說：「你可知道，我也是像你一樣，為了買書，常遭家人白眼，但死性難改，這就是我們這些書痴的宿命啊。」我很明白他這話中所含的滋味，他曾在一篇《買書小記》的文章中，道出此中的甜酸苦辣：

「福平路有人出賣舊書叫我去看，琳瑯滿目，美不勝收，卜其價也不昂，不知誰家讀書種子，遭逢何等變故，願意如此割捨其所藏卷籍。粗檢一遍，得王念孫《讀書雜誌》、陳眉公《寶顏堂秘笈》、《唐伯虎全集》、《金聖歎全集》、《李笠翁全集》、《唐人說薈》、冒辟疆《香艷小品八種》等，卷帙浩繁車載以歸，甫及門，即以語家人，家人苦笑而已。登樓破篋，盡持所有之款復登車去。又揀得影印本《元曲選》、《五朝詩別裁》、《國朝先正事略》諸書。抵家華燈初上，晚餐已畢。家人環觀攜回之書，太太獨掉頭不顧。儲書几案，卷氣薰然。粗粗進食，固已不知有肉味矣。飯罷奔告友人，友人爭趨。我心忽然翻悔告知太早，蓋恐彼輩盡取其餘，不復相讓。又因乞貸於人，具款重去。得百經堂《戰國策》、《十子全書》、《庾子山集》、《吳梅村集》、《有正味齋駢文集》、《初唐四大家集》、《嶺南三大家集》等等。一夜臥不安枕，黎明披衣起床，又攜款出，購《戊戌六君子遺集》及《改琦紅樓夢臨本》、《歷代詩話續編》、《漢魏六朝百三名家全集》諸種。統計二天中費約五六十金，其中半數假貸於人，想起宿債未償，新債又築，歲盡天寒，途窮日暮，我誠不知將如何處此也！」

吳老不止是書痴，簡直是書狂了，一個人為了追求學問，愛書愛到這地步，我可比不上他，我可不敢像他那樣為購書借貸，也無人肯借錢給我這個窮光蛋的，我對吳老真是服了。吳老告訴我，他過去節衣縮食購得的藏書很多已經散失，三十年代國內正當白色恐怖時期，汕頭文網甚嚴，他只得忍痛把一些書燒掉。第二次劫難是日本侵佔香港和汕頭時，在家鄉的書被人偷掉，在香港日本侵略者抓到片言隻語的文字，動輒也會殺頭，滿樓是書如何是好？只好一本本撕去封面，分批棄之街頭。在文化大革命時期，存在家鄉的書又一次遭到劫難，很多很有文史價值的線裝書，從此下落不明，這是很令人痛心的。吳老對我說起過去曾發表的作品，幾經戰亂，也已蕩然無存，甚是痛惜。我因此拜託范用先生設法代為找尋，范公在開郁達夫學術討論會時遇見陳子善先生，轉託他在上海代為尋找。陳先生是個很熱情的有心人，果然在上海到圖書館找到了吳老在《新壘月刊》上發表的的一些舊作，寄來給我。我把這些影印件送還給吳老，滿足了他的心願，他自然十分高興。自他退休後，我們見面的機會較少，但偶一聚首，則無話不談，推心置腹，我是永遠珍惜他這份情誼的。

我父親去世後，有一天吳老同我飲茶，他對我說：「我同你的父母很早就認識的，他們真的是好人，你爸爸為我醫過病，記得和平後的時期，我常去薛覺先、唐雪卿家，在那時節認識你的父母，你

吳老晚年的照片

媽媽很漂亮，雍容華貴，人很平和近人，不知不覺你媽媽也去世近二十年了，我們這些老一輩的很快就要走的了。」我說：「吳老，怎麼說這種悲觀的話呢，你還很長命的。」他無奈地搖着頭說：「我不中用了，不中用啦！」

我移居加國後，於一九九四年回港，曾到吳羊璧兄在跑馬地的家去探訪，吳老不在家，羊璧兄說他每天這個時間都會出去散步飲早茶。過了不久，吳老回家來了，我見他仍很健康，他很親切地問及我在加國讀書寫作的生活，勉勵我不要停筆。這是我見吳老的最後一面。

吳老在一九九九年去世，羊璧兄曾為他出版了《吳其敏文集》兩卷。如今重讀吳老的文集，深感吳老對中國文化歷史有深切的洞悉與認知，以其博學的人文情懷，仁者的心胸，愛才的美德，很自然地對於後進小輩給予寬厚熱忱的扶助提攜，愛護備至，真是春風化雨潤物細無聲，我是永遠尊他為我的老師的，多年來他對我提點指引，使我獲益良多，他是性情中人，不棄我疏狂，把我當忘年之友。這樣一個亦師亦友，使我終生難忘。

香港文化教父「羅斯福」

記羅孚先生

羅斯福，我說的不是那個美國總統，而是羅孚。

在《新晚報》報館裡，大家都叫他「羅老總」外，但更多的是叫他「羅斯福」，這稱呼也許顯得更親切些吧。

至於這「花名」有何來歷，我沒有去考究過，因為余生也晚，我是在一九七三年才進報館工作的，所以只是跟着別人這樣叫他，沒有深究何以對他如此稱呼，當然，我知道他的真實姓名是羅承勳。

在國內經歷過文化大革命後，我實在心有餘悸，中國人搞文字獄是很拿手的，無中生有，影射引伸，無限上綱，層出不窮，手段之毒辣，實在令人心寒。即使回到香港，我也不很想再拿筆桿，心想從事文化方面的工作實在太危險，還是盡量離遠一點好，故此我寧願「從零做起」，在父親的藥房學配藥，到工人醫療所去當義工，希望學門技術手藝以謀生，確是心灰意冷，生逢亂世只求安安穩穩過日子，實在胸無大志。可是人算不如天算，碰見李沖叔到父親的診所看病，他走進藥房跟我的師傅朱華發先生聊天，一眼發現我在配藥，就把我拉出去，在走廊裡把我教訓了一頓，認為我應該到報館去工作，不容我分辯，要我到《新晚報》去見羅孚。就這樣，我又再次從事筆墨生涯了。

羅孚，可以說是我在香港首先接觸的文化人，過去我從沒有從事過新聞工作，跟報館也沒有打過交道，記得那天貿貿然地到報館去，其實心裡並不想去報館工作，只不過不好意思違背李沖叔的一番心意，姑且去看看而已。

記得我去《新晚報》那天上午，是在我到工人醫療所去上班之前，天雖然沒下雨，卻陰陰沉沉。我上到四樓《新晚報》的編輯部，對門房說我要見羅孚，就被帶進一間小小的會客室，我還未坐定，羅孚就走進來了。他身穿白色夏威夷襯衫，黑色長褲，頂樸素的，戴眼鏡，個子不高。

他告訴我，昨晚李沖曾和他通過電話，介紹我到《新晚報》工作，他問我：「你過去有在報館工作過嗎？」

我說：「沒有。」

他又問：「你懂不懂英文？」

我回答：「算是懂吧。」

他指着小會客室牆邊的報紙架，說：「那這樣吧，你找一張英文報紙，隨便挑一篇東西，今晚回去譯一段文章，明天早上帶來給我看看，隨便什麼文章都行，讓我看看你的中英文程度吧。」

談話就到此結束，我於是離開報館。我心裡想，難道這就算是面試了？要我譯一段文章，大概算是考筆試吧？

我在妻子還沒有從廣州到香港的那兩年，每天工作之餘，晚上又沒有別的事幹，也沒有應酬，為了消磨時間，我曾翻譯了一本黎巴嫩詩人紀伯倫的小說集，還寫了一篇介紹這個詩人的短文。於是，我第二天早上就帶了這本譯稿，到《新晚報》去交卷。

我對羅孚說：「這是我年前利用業餘時間，從英文翻譯過來的，譯得不怎麼樣，不知道行不行？」他說：「你把它留下來，讓我看看，好嗎？」

我把那本稿子留下，就到工人醫療所當義工去了。其實我這是敷衍了事，我心想，這本東西譯得並不理想，如果「不及格」，我就繼續在藥房學配藥和當義工，這樣李沖就不會怪我不聽他的話了。說實在，我對到報館工作並不抱很大的期望。

我絕對沒想到，第二天的《新晚報》，在風華版上面，竟把我那篇介紹紀伯倫的文章，全文照登了出來。我感到驚訝，也很興奮，我家是訂閱《新晚報》的，爸爸並沒有發現那篇文章是我寫的，我偷偷告訴妻子，心中頗為得意，畢竟這是我首次白紙黑字在香港的報紙上刊登文章嘛。

第二天，我接到羅孚的電話，他說：「你看到報紙了吧？你那篇文章我們刊登了，你明天來報館報到吧。」也就是說，筆試也及格了，就這樣我進了報館工作，一幹就是好幾年。

本來我以為是在《新晚報》工作，誰知道我到羅孚那兒報到，他卻對我說：「本來想安排你到《新晚報》副刊的，但《大公報》副刊的陳凡老總提出，他們那兒需要一個大學生當編輯，所以把你分配到《大公報》副刊，你有意見嗎？」

我能有什麼意見呢？於是他把我帶到五樓《大公報》副刊課，介紹給陳凡。

我在大公報工作了將近一年，最終因故調回《新晚報》，但那時《新晚報》副刊已經夠人，於是把我分配到電訊翻譯部門去工作。

最初我坐在編輯主任唐人嚴慶澍對面，背對着門口。過了不久，陳凡的精神已經不大正常，常穿着紅色襯衫，帶着一把長尖刀上班，自號「大刀衛士」，揚言要砍人。由於我在《大公報》副刊這段日子，同他有些不很愉快的過節，所以對他的「舞刀」頗為介意。我少年氣盛，曾對嚴慶澍和羅老總說：「我背對着門口坐，要是陳老總進來揮刀，那我可要進行自衛還擊了，如果他拿刀砍我，我就用椅子打斷他的腿。」

羅老總搖搖頭笑道：「不要這樣，千萬不要這樣，他是對我，不是對你的。」

嚴慶澍更說：「小老弟，不要緊張，你可千萬不要用椅子打他，你會吃虧的，他是精神有毛病，你這又何苦呢？」

我點點頭，說：「你們說的也對，他砍我，到頭來可以說是發神經，我打了他，我沒有發神經，倒反而變成我有罪了，那可就不上算了。」

他們知道我背對着門坐，感到不安全，有心理威脅，就讓我搬到靠近窗口的桌子去，免得我不安心。

我私下把羅孚和陳凡兩個人的領導作風加以比較，因為我曾在他們兩個的領導下工作過。首先我肯定他們兩個都是有學問的人，他們都是愛才之人，都希望發揮部下的積極性，對培養下屬不遺餘力的，不過他們的方式方法卻完全不同。

陳凡老總對下屬是以家長式統治，要下屬絕對聽話，故而對不聽從他旨意或有不同見解的就不喜歡，若果你對他言聽計從的話，他也加以愛護栽培。我初到《大公報》副刊時，他不只給我起筆名，送給我看版工具，還給我講解中國文人誰的文筆好壞，介紹我看白先勇的小說……這些我都是心存感激，不會忘記的。

不過由於他當時受文革極左思潮的影響，往往言論十分片面偏激，有一次罵我們：「你們都有罪，你們要三跪九叩一直跪拜到北京去，向毛主席他老人家請罪！」後來由於精神亢奮無法抑制，發展到在報館帶刀出入，自稱「大刀衛士」，甚至在開大會時跳上台舞刀謾罵。

其實我老早就看出他精神有問題，記得我還在《大公報》副刊時，有一天在辦公室他問我：「你爸爸是醫生，我晚上時常失眠，要吃安眠藥，你問問你爸爸可否幫我買些安眠藥？」我當真的把這當回事，回家我問爸爸。爸爸叫我告訴他，安眠藥不能這樣經常地服用，會出問題的，靠安眠藥來睡眠，只會越吃越亢奮，最後會無法抑制自己，會造成精神失常的，而且我爸爸從未為他看過病，又不是他的診治醫生，是不可能為他買安眠藥的。

陳老總聽了這答覆，自然很不高興，他板着面孔說：「我也知道吃安眠藥不好，會有副作用，但我不吃就不能睡覺，得不到休息如何工作呢？算啦，不用你爸爸操心了，我會自己想辦法的。」他長期服用越來越強的安眠藥，抑制不了他的精神亢奮，就變得越來越暴躁和偏激，動不動就發脾氣罵人，看什麼都不順眼，結果最後變成「大刀衛士」，實在是很可悲的。大家對陳凡就有點敬而遠之畏之，不敢接近他，背後叫他「神經刀」，避之則吉。

不過我還是很敬重他的，因為他是個很有學問的人，對待工作也很認真很嚴謹，每天下午負責看大樣，作最後校對檢查，確實十分認真，一個錯字也不放過，遇到不認得的字，立即跑到隔壁的資料室去查《中文大字典》，一定要弄清楚，才肯簽字放行。我就是聽從他的話，受他的影響，專門買了一套台灣出版的《中文大字典》。我始終都佩服他工作和做學問的態度，當然我也同樣不以他的待人處事的方式為然。

我離開了報館後，自然很少有機會接觸陳凡，後來聽說他退休後把病治好了。記得在八十年代中，曾有一次開文學會議，我在會上碰見了他，覺得他發福多了，已變成了一個慈祥的長者，待我十分友好，噓寒問暖，完全不再計較我過去年少魯莽和他發生過的矛盾了。

羅斯福對下屬的態度不同，可以說是用人不疑，交代給我們任務，就大膽放手讓我們去幹，任由我們發揮不加干涉。如果我們做錯了什麼，他會嚴肅批評；但如果我們並沒有錯而受到指責，他會為我們辯護，甚至把責任擔起來，保護自己的下屬。故此在報館裡他的人緣很好，大家都叫他羅斯福，是一種帶有尊敬的愛稱吧。

記得大約是一九七四年，有一次和老同學朱楓見面，聊起天來，她對我說：「你覺得羅孚最近寫的東西好嗎？」

我說：「我看過他以前寫的散文，頂不錯的，他文章寫得很清新脫俗。」

她說：「說實在話，我近來對他有點失望，過去他的文章可讀性很強，文筆也很好，但是近年他寫的東西言之無物，大段大段的引文，簡直成了個文抄公，一點也不好看了。你跟他一起工作，有機會你把我這點意見告訴他吧。」

朱楓這點意見是對的，讀者的眼光是雪亮的，文章是寫給讀者看的嘛，於是我有一天同羅老總一塊到報館隔壁的百樂門飲茶，那天主要是談工作的問題，我順便把朱楓的話轉告他，他聽了臉色不怎麼好看，我倒沒覺得怎樣，反正我只是轉達讀者意見，並不是我要批評他，所以我毫無顧忌，也根本不是要得罪他。

有一段時間，羅老總對我頗為冷淡，這我也感覺到了，但我仍不知道自己得罪了人呢！羅孚畢竟是個心胸寬闊的人，有一天他找我談話，很誠懇地對我說：「小李，上次你批評我是文抄公，我當時的確有點生氣，後來一想，這意見是對的，我近年在報上寫的東西，都是按上面定的調子寫的文字，除了大段大段引用那些國內的社論，又能寫什麼呢？這也是我很苦惱的事呀！」

我說：「羅斯福，你的難處我能理解，不過朱楓對你的批評正是反映讀者的看法，說明國內兩報一刊的那些社論呀，什麼梁效的文章呀，令讀者十分討厭。」

「其實朱楓的意見是對的，有機會你見到她，請代我向她表示感謝。」

羅孚就是這樣一個人，很坦誠，我更敬佩他了。他不滿意是不會假裝滿意，一到他想通了，會很誠懇地向你坦承自己不對，這樣不虛偽的作風令我佩服。

我離開報館後，曾有一次回報館向羅斯福大發脾氣，那是因為嚴慶澍中風病倒，社委竟說他是飲酒才會中風，扣他的工資。我這人生性好打不平，跑到報館當着很多編輯對老羅大罵社委，認為這樣對待老嚴不公道，當然我並不是對老羅不滿，而是對社委這樣處理老嚴的事不滿。羅斯福並不因我這樣大鬧而生氣，反而低聲地答應我一定會處理好這件事。後來他真的把事情處理好了，讓老嚴到從化養病和到北京治療。

其實羅孚不只在報館很有人緣，在香港文化界，他同各方面的人都相處得很不錯，頗有點威信的。記得有一晚我和古蒼梧、黃繼持、戴天、林年同等很多人，在文樓家聚會，羅孚也在場，大家開玩笑，都一致公認羅孚是我們香港文化界的「教父」呢，這就是我們戲稱他為「文化教父」之始。

羅孚「出事」時，我早已經不在報館工作了，我是接到《新晚報》副刊的兩個同事梁良伊和李銀珍的電話才知道的，她們把我約到灣仔的萬壽宮酒樓飲茶，把發生的事告訴我，我聽了當場就表示不相信，我說：「羅斯福絕對不可能是美國間諜，打死我也不信！」

良伊流淚說：「我同他共事這麼多年，他一貫很樸素，成年都穿那套舊西裝，連褲子穿了個洞都不知道，這樣一個人，硬說他每月收美國間諜機關的錢，誰相信？」

李銀珍也動了感情，熱淚盈眶地說：「報館裡就有那麼一些人，幸災樂禍，落井下石，實在令人氣憤，你看到曾德成那篇採訪沒有？完全是按官方口徑的胡言亂語，簡直把人氣死了，太不像話啦！」

我說：「這可要怪羅斯福，誰叫他不帶眼識人，培養這隻白頭翁！我看搞政治的都是些不擇手段的傢伙，為了自己的烏紗帽連自己的老竇都可以殺掉的，這種政客根本就沒有人性。」

我在天樂里口碰見大師兄梁羽生，我拉住他問：「大師兄，你相信羅斯福是美國間諜嗎？」

他望着我哈哈大笑：「鬼才相信，簡直比我寫的武俠小說更神奇了，這件事搞到風風雨雨，實在太離奇古怪，不知道將來他們怎樣收科！總有一天會真相大白的，我們就放長條命等着看吧！」

曾敏之在街上碰到我，曾對我說：「老羅做情報工作是真的，不過不是美國間諜，搞情報自然是我中有你，你中有我，互相放料，這有什麼稀奇？現在傳言滿天飛，我才不信呢，我估計根本不是什麼間諜案，是兩條不同領導的線，其中一條搞錯了，另一條又不好出面維護，就要老羅食死貓，不同的線互相拆台，才搞成這樣的，你放長眼慢慢看吧，總有一天會搞清楚的。」

我嘆息道：「真是親者痛，仇者快，為什麼他們盡做這樣的蠢事！」

曾老說：「這就是權力鬥爭嘛，他們就興搞這一套的。這件事對香港文化界影響很大，有些人就是唯恐天下不亂。」

我離開報館這麼久，報館從來沒有派過人專門來我家找我談話，但有一天下午陳雄邦竟然突然光臨寒舍，登門拜訪，特地向我打探對羅孚間諜案的看法。

陳雄邦是我在中大讀書時比我低班的學弟，雖然他年紀比我大，以前在校時，由於他像個台山阿伯，故而大家給他起了個花名，都叫他做「阿伯」。我到報館後，同他關係並不密切，不過他曾多次向我發牢騷，大談「position」，對自己的職位未得提升不滿，頗有爭權奪利之勢，使我對他頗有看法，因此我同他始終保持一定距離。

我沒有讓他進我的家門，只同他在大坑的街上邊走邊談，他個子比我高，一隻手搭在我的膊頭上，皮笑肉不笑地問我：「你對羅孚這個人有什麼看法？」

我坦白地告訴他：「你是專門來打聽這件事嗎？好吧，我告訴你好了，我不相信羅斯福是美國間諜，這簡直是天方夜譚，實在是笑話！」

他說：「你不可不信，這是經過黨和組織多年的調查，證據確鑿的，他在報館上班時把情報賣給美國間諜機關拿報酬呢！」

「他整天在報館，我們那麼多人同他在一起工作，他怎麼可能在辦公時間去賣情報呢？」

「知人知面不知心呀，雖然我就坐在他對面成日對着他，但他在中午吃飯時就去賣情報，你怎麼知道他去一下街做了什麼呢？」

「你這樣的推測是很不科學的說法，就拿你來說吧，你在報館就是個神秘人物，沒有人知道你的家人住在什麼地方，你經常在報館不回家，誰知道你是個什麼樣的人呢？我也可以說你就像個特務呀。

你這樣的推理，只能說是欲加之罪，何患無辭。你今日特地來找我談話，是上面要你來探聽一下大家的反應吧？那我告訴你好了，我認為共產黨又做錯事了，這樣把羅斯福打成美國間諜，是親者痛仇者快的事，文革錯誤地搞了那麼多冤假錯案，為什麼還不吸取教訓？共產黨就專門做這種愚蠢的事，誰還願意聽他們的話？誰還願意為他們服務？我告訴你，我不怕你反映上去，你就告訴他們好了，我不認為羅斯福是美國間諜，打死我也不同意的。」

他還想說服我，要我支持他的說法，我可有點生氣了，打斷了他的話，我說：「陳雄邦，我不知道你是以什麼身份來找我談話，不過我可以告訴你，我和你沒有共同語言，話不投機，從今以後你不要再來找我啦，我不需要一個像你這樣的朋友，再見！」

說完我轉身就走，把他留在街頭，我才不在乎他怎樣向上級匯報呢，我這算是同這位老兄絕交了。

羅孚在北京被軟禁的十年當中，我記得只見過他一次面。有一次我到北京採訪組稿，范用先生問我想見什麼人，我說想見羅孚，不知道方便不方便？范公二話沒說，就帶我到羅孚的住處去見他。那天晚上，我們一塊在四川飯店吃辣火鍋，我問羅孚：「羅斯福，到底是怎麼一回事？」他只是笑笑說了一句：「事出有因。」我知道他不便說出內幕，何況我又不是他們共產黨中人，他不便對我這外人說的，我也就不去刨根問柢了，我只告訴他：「報館裡很多同事都認為你不是什麼美國間諜，當然也有少數人很高興，得意忘形，上竄下跳，到處去遊說搞臭你。羅斯福啊，你往日專心培養的金童玉女，實在不怎麼樣呢。良伊和李銀珍專門找我飲茶，她們都氣哭了。我那位大師兄說你這事比他寫的武俠小說更神奇，簡直是神話，鬼才相信呢！」他聽着只是點點頭，微笑不語。

我移民加拿大後，有一天，畫家王鷹打電話給我，說有一個朋友想見見我，但她不肯說出名字，說要給我一個驚喜，於是我和許定銘駕車趕到王鷹的家去，客廳裡坐着的竟是羅孚。原來他已服完十年軟禁的刑期，終於離開北京回到香港，後來還搬到美國羅省跟女兒一起生活。他這次到加拿大來，就想見見一些老朋友。他告訴我在美國生活得很好，花園草地有自動灑水呢。那天我們一起拍照留念，晚上約同張初等十多個友人，一起到酒樓吃了一頓晚飯。

那時，羅孚還很健康，後來聽說他得了癌病，回香港居住。我直到二〇一〇年底到越柬旅

羅孚在美國的家園

行，在港稍作停留，約了古蒼梧到城市花園去拜訪他。十年多未曾見面了，羅斯福仍然是笑瞇瞇的，坐在那兒像一尊佛一樣。他見了我就說：「哎，李文健，你什麼時候回來的？」顯然他並沒有忘記我。那晚我們就在城市花園下面的酒樓共飯，他一直沒說什麼，只是笑瞇瞇的看着我們。

羅斯福顯得老了，但他的頭腦仍很清醒，仍寫出了《北京十年》這樣有意思的好書。

羅斯福啊，望你多多保重！

（此文我寫於二〇一〇年訪港返家後，二〇一三年我回香港，本想再去探望他，聽說他住院，朋友們都勸我不要去打攪他，我也就沒有再去探問，至今我仍覺得很遺憾。二〇一四年老羅走了，我再也見不着這位令人尊敬的「文化教父」了！）

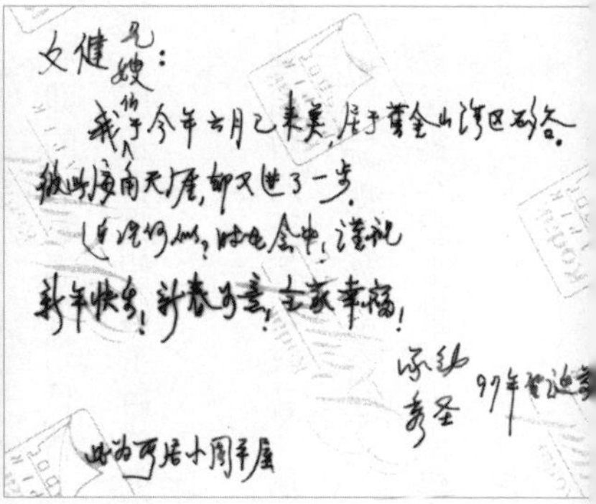

左圖：羅孚在多倫多和我及許定銘的合照

右圖：羅孚的賀年名信片筆跡

良師益友說唐人

憶嚴慶澍先生

上世紀五十年代末六十年代初，我還在國內讀大學的時候，就知道香港有一個作家叫唐人，因為他寫的那一本《金陵春夢》，在國內也擁有不少讀者。

文革前母親曾帶了一本《金陵春夢》給我，這本書在友人當中傳來傳去，最後連封面書皮都傳得破爛不堪，書頁都變成鹹菜乾一樣。這說明這本書在國內是很受讀者歡迎的。不過說句實話，我對這本小說，評價並不很高，因為我這個人對於這種歷史演義並不感興趣，反正真真假假，目的就是為罵蔣介石的政治服務而已，我讀它只當作消遣罷了。

記得是大學畢業後，有一天好友馬國權到我家，借了一本當年香港出版的新書給我看，那本書叫《新雨集》，是六個香港作家——葉靈鳳、洪膺、夏果、夏炎冰、李林風、阮朗的作品合集。

我相信現在的年輕讀者大概不會很熟悉這六位作家是何許人也，就是當年我上世紀六十年代在國內時，葉靈鳳的大名倒還是曾聽過的，可是大陸當年文化封閉，從未有機會看過這位三十年代就出名的作家的作品，至於其他幾位香港作家我就不認識了。後來我才知道其中李林風是侶倫，夏果是我曾供過稿件的《文藝世紀》的主編，洪膺是劉芃如，夏炎冰是黃永剛，阮朗是嚴慶澍，也就是《金陵春夢》的作者唐人。

我對這本《新雨集》愛不釋手，對於一個在大陸的讀者來說，這本書確實令人眼界一新，頗為驚艷！對於香港作家的這些作品我都十分欣賞，其中我特別欣賞的是洪膺的散文和阮朗的小說。

洪膺的散文寫得很有風趣，風格清新，跟國內當時的文風完全不同，一看就知道作者對外國文壇有很深的了解，我特別喜歡他那篇《小貓咪的詩》，小貓咪這個會寫詩的小姑娘實在太可愛了。至於阮朗的小說，我看了那篇《失》，內心感到相當震撼，覺得阮朗這個作家很有才華，我根本不知道阮朗就是唐人，因為這小說的文筆同他寫《金陵春夢》的寫法完全不同。

到了一九七三年，我進了《大公報》當編輯，聽說洪膺和阮朗都是《大公報》《新晚報》的編輯，很想結識他們。我向《新晚報》副刊的編輯梁良伊大姐打聽，才知道洪膺是劉芃如，已經去世，他的夫人楊範如大姐當時還在《新晚報》副刊工作。楊大姐聽說我很崇拜她的先生，我稱劉先生為「未謀面的老師」，她特地送了我幾本劉芃如的譯著，給我作紀念，其中一本是他翻譯的法國女作家莎岡的小說《日安憂鬱》。至於阮朗，我是進報館後才知道原來他就是大名鼎鼎的唐人，是《新晚報》的編輯主任嚴慶澍。

我當時在《大公報》編副刊，也給《新晚報》副刊譯小說，於是有機會結識「嚴老總」。其實嚴慶澍並不是《新晚報》的老總，他只是編輯主任，羅孚才是《新晚報》的總編輯，我也弄不清是什麼緣故，在報館裡上上下下都叫嚴慶澍做「嚴老總」。據說因為他寫過一個叫《總司令備忘錄》的連載，所以同事開玩笑稱他做嚴老總，一叫開來，連外面的人也跟着這樣叫，以為他真的是報紙的老總呢。羅孚曾說過，他是「有老總之實卻始終無老總之銜，『李廣難封』，期間是非，就不說也罷」。其實老嚴是老羅的左右手，當個老總，或副老總也是有資格的，但始終只是個編輯主任，其中原因，可想而知，實在委屈了他，我們叫他嚴老總，也是對這種不合理的一種反抗吧。

直到我調到《新晚報》當電訊翻譯，坐在嚴老總對面，我和他才有了比較深入的交流。他沒有一點架子，很平易近人，所以我們很快就成了無所不談的朋友，他總是很親切地叫我做「小老弟」。他這個人是我們這些朝九晚五上班的人當中來得最早的一個，他家住在九龍，可是每天總是他最早到來的，往往我們下班了，他還趴在辦公桌上寫稿，晚班的人上班了他才回家。難怪他的太太對我說，他回到家累壞了，洗澡時常會在浴缸裡睡着覺呢。

記得有一天下午，下班後他把我拉到一邊，對我說：「小老弟，你有空嗎？陪我去看一部電影吧！」不由分說，就把我拉出去，到利舞台去看了一場電影，那是一部英國電影 *Seven Nights in Japan*（港譯為〈七夜情〉）。為什麼我們要去看這部電影呢？因為這電影描寫一個英國皇太子到日本訪問，擺脫約束偷偷溜出去亂逛，同一個日本姑娘發生戀愛的故事，英國皇室對此大為不滿，還在拍攝期間，就認為對皇室有不敬之處，揚言要禁止這部有影射皇室之嫌的電影發行，直到查理士皇儲親自去參加首映禮，風波才告停息。而日本也有人主張禁映此片，理由是戲中圖謀暗殺英國皇儲的山風黨，有影射日本某個有勢力的極右組織之嫌，故此我們是懷着好奇的心理去看這部電影，以探個究竟。

看完了這電影我和嚴老總在咖啡室曾有過一番爭論，他說：「這是一部《金枝玉葉》的翻版，了無新意，不過是《遊龍戲鳳》、《溫莎情史》一類戲劇的改頭換面而已。」

我不同意他的看法，我說：「那是不同的，這電影是二十世紀七十年代的新歷史條件下的產物，你要同當前的時代和思想趨勢結合起來看，不錯，它同《遊龍戲鳳》等戲碼有相同之處，但也有不同的地方。目前在歐美一些工業發達的資本主義社會，一切都壟斷，使青年一代感受到不同程度的壓抑，目前西方青年一代有一種傾向，就是要擺脫社會的束縛，尋找失落的自我，這種追求就引起了反叛，很多出身不錯的青年成了嬉皮士。戲中的皇太子不正是這樣一個反叛的嬉皮士嗎？只是他的反叛最後還是失敗了。這就是他身為皇太子的局限性，最後還是擺脫不了皇家的約束，沒辦法不回到所謂責任和地位的束縛中去，只好回去在不由他做主的皇家生活裡當傀儡了。」

他說：「當然，這樣講也有一定道理，不過，這只是個虛構的故事，英國皇儲是不可能偷得浮生七日閒的。你可以把你這種觀點寫一篇影評。」

我沒有寫影評，倒是在書店買到這本電影小說，老嚴鼓勵我把它翻譯出來，後來我把它譯出，以孟德林的筆名出了一本《七夜情》的小書。我和老嚴的關係，在那以後，就變成經常一起去看戲一起聊天，成了經常爭論可以談心的朋友。

有一天老嚴告訴我，葉靈鳳先生去世後，家裡的藏書很多，打算賣掉，有人打算出一筆錢把他的書全買下來，老嚴認為這樣很吃虧，因為葉靈鳳先生的藏書有很多是十分有價值的。我聽了就說：「我知道他有一套李察．褒頓英譯的《一千零一夜》，是限定本，你能不能替我問問他的女兒葉中敏，願不願意把這套書讓給我？我知道這書一套共十六卷，我目前銀行的存款只有一千六百元，不知道她肯不肯讓給我呢？」嚴老總給我去問了葉中敏，第二天她就拿了十本書來給我，我把全部儲蓄都交了給她，但我告訴她，還有六本才是整套，隔天她把那六本書也拿來給了我，於是我就擁有了一套限定本的《一千零一夜》，成了我的「鎮齋之寶」了。嚴老總笑我：「你真是傻氣啊，為了買書把存款都花光了，對着那套書你就樂成這個樣，書能當飯吃嗎？小老弟，你真是個書痴！」

我從《大公報》副刊調回《新晚報》後，當電訊翻譯，每天從早上上班一直衝鋒陷陣到中午十二點截稿，都是忙着翻譯外國通訊社的電訊。我的好友容慶和本來是這部門的負責人，但我調到這部門時他已經去世了。最初我被安排坐在老容的那個座位，也就是坐在嚴慶澍對面，背對着門口。過了不久，陳凡老總的精神已經不大正常，常穿着紅色襯衫，帶着一把長尖刀上班，自號毛澤東的「大刀衛士」，揚言要砍人。

他們知道我背對着門坐感到不安心，就讓我搬到裡邊靠近窗口的桌子去，免得我坐立不安。同我一起搞譯電的有我的「老師」林月瓊，還有鄒炳均和陳鳳元，我們四個人坐在一個角落，自成一國，大家相處得很融洽，又談得來，這段日子我的工作很愉快。

我並不隱瞞我對老嚴那本《金陵春夢》的看法，我還曾很直率地對他說過，我認為他寫文藝小說比寫這種歷史演義更好些，他聽了並不以為忤。

我曾問過他為什麼要寫《金陵春夢》這樣一本書，他告訴我：「這是社委下達的任務，一寫開來了，就沒辦法停下來。起因是五十年代周瑜瑞用宋喬的筆名寫了一本《侍衛官雜記》，描寫蔣介石的膚淺和無聊，在《新晚報》連載，很受歡迎，社委認為最好再寫一篇有關老蔣的東西，在讀者印象中塑造一個『真正的蔣介石』。開會時羅老總把上面這任務交代下來，那時節《大公》《新晚》的寫手如雲，但聽老羅這麼一說，卻人人都搖頭，不願接這樣一個任務，表示不感興趣和不能勝任。那時大家都是些三十來歲的年輕人，對蔣介石認識不深，無從下手，於是建議請北京的老前輩幫忙。可是得到北京的答覆是大家都忙，沒時間為香港的報紙寫稿，於是只好由報紙自己在香港來解決了。也記不起開了多少次會，最後任務落到我的頭上，理由有五點：一是曾在蔣介石發跡的上海住過，二是上過抗日的前方，三是到過內戰的前方，四是曾在台灣跑過，五是比較空閒，那時我每天寫幾千字，有空閒嘛。羅老總最後說：反正你有空，就這樣了。」

我說：「要是我的話，我就絕不會接這樣的任務，寫這種東西吃力不討好，要死好多細胞的。」

老嚴說：「接下這樣一個任務，我也實在頭痛，寫這樣一個人物，既不能捏造，又不能單憑資料去寫，馮平山圖書館是有些資料的，又不敢去用，這時我記起在一九四九年冬天，有一個真正在蔣介石侍從室當過侍衛官的人退休來到香港，在回鄉前曾用八行箋寫下了一些有關蔣介石的情況，其中有五頁是記載抗戰時他曾奉蔣介石命令，在重慶監視蔣介石兄長鄭紹發的經過。那八行箋是友人送給我的，我就是根據這開始寫《鄭三發子》。至於我那個唐人的筆名，是臨時起的，因為有宋喬在先，我就以唐宋元明清，取了個唐人做筆名，宋喬罵我騎到他的頭上呢。」

我問他：「你寫這樣的東西，不怕蔣介石告你誹謗嗎？」

他說：「我倒並不擔心這一點，而是擔心被人認為我為了反蔣出此一着並不光彩，其實在《鄭三發子》這書裡，我對蔣母的描寫還是很同情的，反蔣是反他後來變成騎在人民頭上的蔣介石，並不是反鄭三發子。可能這種明確的態度獲得某些『忠貞之士』的認同吧，港台的蔣方人士並沒有因此罵街，如此胸襟還是值得喝彩的。某個月刊曾有文章為蔣闢謠，說鄭三發子並不是蔣介石，也不是蔣母和雪竇寺和尚所生，而是同某個不知名的村人所生，這一闢謠卻倒可列入旁證範疇，大概是那作者所料未及吧。後來薛斯人在某報大揭我的『秘辛』，說我寫《金陵春夢》賺了不少稿費，家有兩部私家車，白天寫稿晚上上舞廳，是個『大出血戶』。我哪有兩部汽車呢？只有一部『十一路車』，也就是我的兩條腿，在巴士站等巴士，朋友碰見了都笑話我：你又在等你那兩部私家車啦！至於晚上，我都在家裡寫稿，說我上舞廳，我的老伴非但不吃醋，反而大笑一場，因為她知道我根本就不會跳舞嘛。」

我說：「難道台灣方面就沒有反應嗎？」

「怎麼會沒有反應呢？那時報館還在干諾道，就在要搬到灣仔的前夕，我接到一個電話，有一個在台灣時曾認識的人要見我，我是在一九四七年被派到台灣成立《大公報》分館出航空版的，抵台後就有三個當地同業經常陪我採訪，此人就是其中一個。《大公報》在台灣被禁後，我一九四九年回到香港在《大公報》工作，此君平日和我並無通信，這次到港突然要見我，我就約了他到大同酒家見面。他開門見山問我是不是為了稿費寫《金陵春夢》，如果有人約我寫稿能不能答應。我的回答是：『先告訴你，匿名信我已收到不少，我的確為了生活寫了不少稿子，但寫《金陵春夢》卻不是為了稿費，我不打算接受旁人的稿約，因為幾家電影公司和幾家刊物報紙的稿我還來不及寫。不過我還可以告訴你，我的祖父和父親都是在床上去世的，與蔣介石無關，我和貴總統絕無個人恩怨，我寫《金陵春夢》絕非私人攻擊，如果貴總統爺兒倆馬上宣布國共談判，中國統一，使中華大家庭得以團聚，化干戈為玉帛，那我一定會另寫蔣的情況，大大讚揚他。不過已經發生的事，他所做的事，以及舉世對他的評價不能改變，因為那是史實。』他提醒我要注意安全，意思是軟的不行來硬的，我就把我的地址和上下班時間告訴他，並請他轉告台灣的特工，要我當個烈士的話，我先謝謝了。臨走時我還請他代為轉告蔣經國先生，『他比他老太爺頭腦清醒得多，希望讓我有機會為他寫一部有關民族大團圓的小說。』我寫《金陵春夢》寫了二十多年，現在情況有了很大變化，不再有人來威嚇我，也不再收到匿名信了。」

記得七十年代我有一年同家人到日本參觀海洋博覽會，在東京的時候，曾受老嚴之託，同兩個日本朋友談判有關《金陵春夢》日譯的問題，老嚴讓我告訴他們，希望等他把全書八部寫完修改後才出日譯，可見老嚴對寫這本書還是很認真的。我個人雖然對他這套書並不感到興趣，但我還是很佩服他堅持二十餘年把這麼大部頭的書寫完，這要耗費他多少精力啊。這套書包括《金陵春夢》、《十年內戰》、《八年抗戰》、《血肉長城》、《和談前後》、《台灣風雲》、《三大戰役》、《大江東去》八大本，後來他又續寫《草山殘夢》，又是八大本，還寫了三本《蔣後主秘錄》和《宋美齡的大半生》，都是寫有關蔣家的歷史演義。

後來我跟老嚴熟了，他曾把自己的經歷告訴我，原來他在抗戰前曾在北京的燕京大學讀過新聞系，立志要當個新聞記者，抗戰時曾加入了新四軍，參加過共產黨，在皖南事變後，新四軍被打散了，他同黨組織失去了聯繫。在湖南辦過報紙，幹過軍中的宣傳工作，做過中國銀行的運輸工作，又回到燕大去讀書，最後在一九四六年他到上海加入了《大公報》，最初是在業務部門搞發行工作，也客串採訪寫些稿件，一九四七年被派去台灣成立《大公報》分館，直到上海解放，台灣分館被蔣介石封掉，他就回到香港的《大公報》，幹的還是發行工作。一九五〇年《新晚報》創刊，他才被調到《新晚報》編輯部，一直是當編輯，工作至今。他說過：「我最初並沒有打算做一個作家的，我以『高山客』的筆名寫《台灣之窗》，立志要當個新聞記者。」

「那麼你又是怎樣寫起小說來的呢？」我忍不住提出這個問題。

「我在《大公報》最先寫了一個連載小說《伏牛山恩仇記》，那是我的處女作，寫豫西土皇帝別廷芳的故事。但我出的第一本書是用『洛風』的筆名寫的《人渣》，在《新晚報》連載時原名叫《某公館散記》，後來求實出版社出書改名為《人渣》，北京的通俗文藝出版社也出了書，日本岩波書店出版

我在嚴慶澍的家裡

了三好一的日譯本，書名改為《香港斜陽物語》。這是我出的第一本書，不過我以後再也沒有用『洛風』這筆名寫東西了。你也知道，我寫東西全是擠時間寫出來的，寫得很粗。」

我說：「我當然知道，嚴太太曾告訴我，你回到家裡，在洗澡缸裡累得睡着覺。你一大群兒女，生活負擔很重，養活他們就夠你忙的了。人人都說你是個『多產作家』，當然是因為你很會生兒女嘛，哈哈，不過你也真的寫了很多東西，說你多產，此言不虛也。」

「你知道嗎？長城電影公司拍過一部叫《兒女經》的電影，那是畫家黃永玉編的劇本，他就是根據我的家庭取材寫的，我八個兒女，一家十口，可真是本難唸的經啊，那時我和黃永玉等文化人都住在九龍荔枝角的九華徑，我們都叫九華徑做狗爬徑，黃永玉這個鬼才還寫過一本《狗爬徑傳奇》呢。石慧在電影裡演大女兒，她見到我時還常開玩笑叫我作老竇呢！哈哈！」

「你這多產作家一共寫了多少作品呢？」

「粗略計算，已經出版的有大約五十個題目，已經寫完但還未出版的有三十五個，包括電影文學劇本，但平日寫的短文就不包括在內。我寫的東西是不少的，但寫得很粗，寫得不好，因為都是在工作之餘擠時間寫的，自然很粗了，這可不是故作謙虛的話。」

「你寫過什麼電影劇本？」

「我比較滿意的是《詩人郁達夫》這個劇本。我是怎樣寫起電影劇本的呢？那是朱石麟先生要我為夏夢寫的第一部戲《姐妹曲》，那戲是由韋偉和夏夢擔綱的，也是我寫的第一個電影劇本，我寫得很辛苦，改寫了兩遍，真是煎熬，咬牙切齒，通宵達旦，太痛苦了，我曾下決心以後再也不寫電影劇本了，可是就如你們廣東人說的：『生仔姑娘醉酒佬』，說了不幹還是要幹的，在看了試片後，當晚我就開始動手寫第二個劇本了。我寫電影劇本用的筆名是『顏開』，笑逐顏開嘛。」

「除了《金陵春夢》外，你還寫了不少小說，有哪些是你覺得比較滿意的呢？」

「我寫小說用的筆名是『阮朗』和『杏花雨』，還曾用過『張壁』的筆名。我寫的小說比較滿意的有《長相憶》、《黑裙》、《她還活着》、《我是一棵搖錢樹》、《泥海氾濫》、《愛情的俯衝》、《襲》、《第一個夾萬》、《贖罪》等等，我說自己比較滿意，並不代表讀者滿意，但這些小說我只能說是平平常常罷了，算不上是最好的。」

「老嚴啊，你寫那麼多東西，日寫夜寫，這會影響你的家庭生活嗎？」

「小老弟，說實在話，我對家人實在極少顧及，我對老伴和子女是要表示歉意的。我只顧着工作，儘管我的工作做得還很不夠，對家人我只是盡力去做，並沒花時間去照顧他們。你剛才說我老伴告訴你，我在洗澡缸裡睡着，那倒是真的。子女多開支大，我只能多寫了。你也知道我們的工資是那麼菲薄，稿費也是那樣少得可憐，根本就是入不敷出，連交房租都成問題，我只好給港澳六七家報刊寫稿了，每天寫萬字以上大約達十年之久，大概每小時寫兩三千字，又怎麼可能去精雕細琢呢？」

我告訴他，我最初是在《新雨集》中看了他寫的小說《失》，就被那篇小說感動了，認為他是個很好的小說作家，而不是由於看《金陵春夢》，我認為他寫的小說比寫歷史演義好多了。我問他為什麼會寫《失》那樣一篇小說，這同他寫《金陵春夢》是完全不同風格的。他告訴我：「你要知道，我出生在一個國難當頭的時代，日本侵略者給我們的國家人民帶來的災難是多麼深重，我這篇小說只不過是從一個很平凡甚至是很懦弱的人的遭遇來說明日本侵略者的可惡可恨罷了。我是出生在一九一九年，也就是五四運動那年代，我的家鄉是在美麗的蘇州太湖洞庭東山，我的祖父曾當過東北大清銀行職員，回關內後在上海任一些大公司的賬房，也就是會計，那時家庭還算是比較富裕的，因為是一代單傳，到了我父親，由於過分溺愛，學會了抽大煙，家業就給敗了。我從初中二年級就得自食其力當工讀生，否則就得去當學徒了。所以日本侵華時，我父親連祖屋也在那小小的煙槍裡燒光了。我離開家鄉八年，抗戰勝利後回到家鄉，已經上無片瓦，下無寸土，老母幼弟寄人籬下，我和妻兒都沒有

1951-52 年新晚球隊中的嚴慶澍（前右第一人），前面抱球的是他的長子嚴正

地方呆了。所以我一生最憎恨兩樣東西：一就是毒品，我最恨吸毒者和販毒者；二就是日本法西斯侵略者，可以說就是家仇國難。這兩者對我的寫作有很大的影響。」

「在你寫小說時，是先構思了全局，還是邊寫邊構思呢？」

「我是先把全局想好了，才動手寫的，當然在寫的時候也會有所改動，但最終還是要看全局的。寫小說的思考以及表達主題的人物與情節的琢磨，一篇東西的思考既定，就每天引伸發展。我每天要寫上萬字，最怕的是寫着寫着突然圓珠筆沒水，寫不出字來，會急得我出一身汗呢！」

「你寫了那麼多小說，有什麼技巧上的體會，能教教我嗎？」

「你寫小說時要注意，情節要在矛盾衝突當中發展，尤其是寫連載小說，每天在段落結束前，都得留下一個懸念，這就好比像修一個堤壩，一點一點地把水位升高，這樣就把讀者吸引住了，不斷地積累和醞釀高潮，等到水位到了頂點，就一瀉千里，把全部感情傾瀉出來。只有這樣小說才能吸引讀者的。」

老嚴是蘇州人，在湖邊長大的，他最愛吃大閘蟹，記得有一次我和他一起到一個花名叫「睡仙」的朋友家去吃大閘蟹，我才吃了一隻，他已經吃了四隻，而且比我吃得更乾淨。他說：「我是在湖邊長大的，從小就愛吃大閘蟹，你當然比不上我了。」我看着他把蟹放進嘴裡，連咬帶嚼，很快就把蟹殼吐出來，真是令人吃驚。聽人說他曾有過一次吃十四隻大閘蟹的記錄呢。

我自從那次在戲曲電影《紅樓夢》宣傳的慶功宴，被蕭銅和王永楓灌了一水杯五糧液醉死過去，從此戒酒。可是老嚴的酒量很好，有時我們一起去參加宴會，他知道我是不能喝酒的，總是為我擋駕，在別人勸酒時，為我把酒乾掉，免得我再次醉死過去。

他很能喝酒，而且喝得很多很猛，這也成了別人對他攻訐的一個罪狀。老嚴是在辦公室工作中接聽電話的時候，突然中風倒下來的。當時社委領導竟有人認為這是因為老嚴喝酒才會中風，竟然扣發他的工資。那時我早已經離開《新晚報》在編《開卷》月刊，聞訊趕到他家去看他，他雖然已經清醒，但已經半身不遂。據嚴太太說，報館領導說他平日愛喝酒所以中風，還扣發他的工資，他本來家庭負擔很重，這麼一來更是雪上加霜了。我知道了這消息後，十分氣憤，就跑到《新晚報》去找羅孚，問他是否有這等事。羅斯福說確有此事，我聽了火了，我的好打不平的壞性格又一次冒出火來了，在辦公室對着他大聲罵起來：「羅斯福，老嚴是在外邊喝醉酒中風的嗎？他是在上班工作聽電話時倒在辦公桌上的，你們這樣對待他太不公道了，你們不是整天講統戰嗎？老嚴是嚴家淦的堂侄兒，他從台灣回來，一直在報館工作，你們口口聲聲講統戰，這就是一個例子，以後看誰還敢為你們工作？簡直使人心寒透啦！」誠然我在《新晚報》的辦公室當着所有編輯人員的面這樣大罵，實在是有點過分的，但我已經不是報館的員工，其他人也奈何不了我的，只能愕然地瞪着我。我也瞪大眼大聲罵：「我知道報館社委裡有些人對他有意見，恨不得他倒下來，可是這樣扣他工資，難道不是公報私仇嗎？到底有沒有天理良心呢？還有公道嗎？」羅老總見我越罵越兇，他知道我這個人的性子是吃軟不吃硬，越按越出屎，我不會就這樣停下來的，他連忙站起來拉住我，拍拍我的肩頭，細聲細氣地對我說：「放心吧，我會妥善處理這事的，你不要鬧啦！我會在社委講清楚的，保證一定處理好。」這可是我唯一的一次衝着羅孚大發脾氣，雖然並不是為我自己的事，只是為唐人打抱不平罷了，我並非對羅孚有意見，而是對共產黨有意見，只是通過對他發作來表達對報館社委不滿而已。後來羅老總真的把這件事處理好了，老嚴也得到了補發扣起的工資和適當的照顧，還送他到從化療養和到北京治病。

老嚴在從化療養期間，我曾趁到國內組稿之便，專門跑到從化去探望他，還給他拍了一張剃了光頭的照片，我故意笑他：「你整天寫蔣光頭，現在輪到你光頭啦！」故而他在給我的照片後面寫上：「只因治療剃光頭，無意圖向空間投，文健老弟勿誤會。慶澍　一九七九年十月十二日從化」。

後來他的病情有所好轉，回到香港，我和老婆曾好多次到他家去看望他。有一件事是我不會忘記

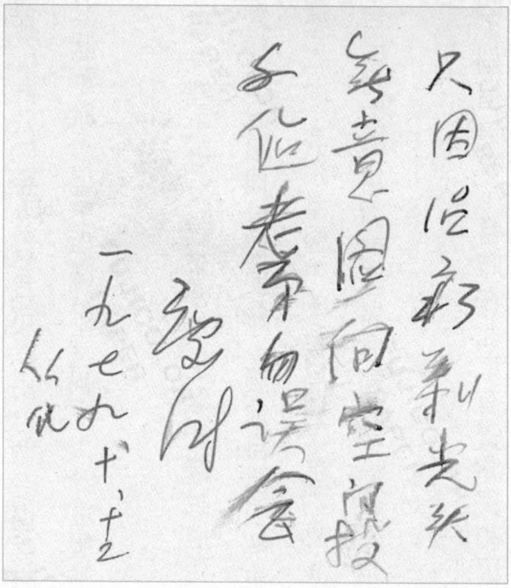

嚴慶澍在從化療養時的照片，及嚴慶澍在照片背面的字跡

的，那時北京三聯書店范用先生要把我寫的一些讀書隨筆結集出版，叫什麼書名好呢？因為我這些讀書隨筆，大都是在老嚴的鼓勵下寫出來的，故此我特地跑到老嚴家去問他，他給我那本書起了個書名叫《書海夜航》。

我最後一次見老嚴的面，是陪他到灣仔參加一次宴會，那時他已經能拄着手杖慢慢走路了，看來病情已有所好轉。他對我說：「希望在一九八〇年元旦我可以用一個老傷兵裹傷再戰的姿態，重回報館搞編輯工作，那雖然不太方便而且其狀不雅，但工作就是幸福啊！」這個熱愛報館工作的人，最後還是沒有辦法再回到工作崗位上去了。

接着他被送到北京治療，卻在醫院裡去世。說來令人生氣，據說他死前是因為要大便，而那些護士為了看電視的足球比賽，不負責任地只給他一個便盆，讓他自己去解決。結果他一使勁，就出毛病，無法搶救了，嚴格來說這是醫療事故。我那當醫生的爸爸聽了這消息，十分生氣，曾說：「要知道中風的病人得灌腸通便，大便不能自己用力，用力就會爆血管的，怎麼在北京的醫院竟會發生這樣的事情呢！」

老嚴去世後，據說北京為他開了個追悼會，當時在北京有費彝民和羅孚，是由羅孚讀的悼辭，代表共產黨追認嚴慶澍的黨員資格。我聽了不禁搖頭嘆息，人都死了，在生前幾十年不但不給他恢復黨籍，還對他諸多為難，極左分子對他不停攻擊，他病倒了還扣他工資，加以刁難，現在他死了才來追認，這算是什麼呢？有個屁用！我相信老嚴在九泉之下，一定會捧腹大笑，他才不在乎這種「虛榮」呢！

老嚴可以說是個多產作家，著作甚豐，只是並非所有著作都已結集出版，成書者只是小部分而已。他過身後，我曾有意收集出版一套他的文集，我曾同他的兒子嚴浩研究過幾次，還列出了其著作的名單目錄，可惜這事沒有能辦成，這是我深感遺憾的事。

范公，我想你了！

范用先生走了，但我至今仍無法相信，總覺得他還在，隨時會接聽我掛去的電話。

對我來說，范公不只是個可以推心置腹的好朋友，而且是個愛護我提攜我的長輩，更是個為我指點迷津的老師。

最初認識范公，是在七十年代末。當時「四人幫」垮台後，撥亂反正，「兩報一刊」的言論統治得以打破，國內氣氛為之一新。廖公承志對香港有很多人自己出錢辦報出雜誌的情況感到興趣，就要求藍真先生以三聯書店名義，邀請香港一群文化人回國內談談。於是就由藍公任團長帶隊北上，北京三聯則由范公南下，到深圳接待我們。當時參加這次活動的有詩人何達、古蒼梧，報人溫輝、翟暖暉，當編輯的有劉文良、徐友梅、潘耀明、羅志雄……一行二三十人，我有幸奉陪末座。

記得剛見面時，黃仕芬大姐向范公介紹我是個「翻譯家」，真嚇了我一跳，我算個什麼家呢！於是我連忙對范公說：「我不是翻譯家，只是個報刊搞電訊翻譯的小編輯罷了，不過我喜歡看書，什麼書都想看，是個書蟲。」范公聽了大笑道：「好啊，那我們是志同道合了，我也是個愛書如命的人！」范公給我的最初印象，就是這樣平易近人。

他個頭不高，瘦瘦的，卻短小精悍，充滿活力，在厚厚的近視眼鏡後有一對炯炯有神的眼睛。我當然知道他是國內出版界的頭面人物，可他卻一點也沒有官場司空見慣的那種自大的架子，待人十分親切，很快就同我們這班不知天高地厚的後生一輩混得很熟，打成一片，同我們談天說地。我一下子就喜歡上他，把他當成好朋友了。一路上我們又唱又笑，一塊欣賞西湖的荷香，共飲虎跑龍井，一起攀登泰山觀日出。我至今還珍藏着和他一起觀看泰山石刻大字的照片。到了北京，我們不只參加了廖公的座談，還經范公介紹，見到了很多大作家，和他們座談，其中有夏衍、卞之琳、邵燕祥、袁鷹……，我和古蒼梧還專門對卞之琳作了一次採訪。范公這次全程陪伴我們，那真是一段令我終生難忘的文化之

范用、梁披雲和我在泰山觀看石刻大字

上圖：藍真、范用、古蒼梧和我在西湖

中圖：(左起)我、范用、梁披雲、陳國華、(後立)梁鑒添

下圖：范用訪港時和我的合照

旅，學到了很多東西，認識了很多朋友，我認為最難得的，就是交上了范公這樣一個令人心醉的好朋友。

旅行結束回港後，我着手籌辦《開卷》讀書月刊，范公聽了很高興，對我大加鼓勵，他曾對我說：「杜漸你要辦好這份月刊，我們在北京也要出一本讀書雜誌，提倡讀書是件很有意思的工作。也許你在香港辦這種刊物不會容易，希望你能成功。要辦好一份這樣的刊物，一定要有性格，我是指要把刊物辦得有個性，千萬不要跟別人雷同，如果千人一面，說的都是同一種話，那就沒意思了，讀者不會賣賬的，所以一定要有你自己的風格和特色，沒有個性的雜誌是沒有人看的。要辦得有你自己的個性，做編輯就要獨裁些，認準了方向，就堅持下去，不要怕人批評，也要挺住風言風語的壓力，這樣雜誌才會有你個人的風格。」

他是個老出版家，我向他請教編雜誌的經驗，他很坦率地告訴我：「要同作者做好朋友，刊物要靠作者寫稿，越多朋友越好，沒有好朋友支持，就辦不好刊物了。要尊重作者，你不要隨便改動作者的稿件，錯別字當然要校正，但別人的意思千萬不能動。如果你有不同的想法，一定要同作者商量研究，真的需要改動也只能由作者自己去改，因為我們自己的想法並不一定是對的。多聽聽作者的意見，要理解他們的真意所在。你尊重朋友，朋友也會尊重你。」

范公的確是大力支持我辦《開卷》，他經常指導我，教我如何向作者約稿，還親自帶我去拜訪一些著名作家，有時還親自出馬為我在北京約稿。我每次到北京，一定要去拜訪他，聽他的教誨。

我自認為是個書痴，但比起范公，我只配是個小書痴，他才真正是個大書痴，痴到把一生的心血都放在書上，不只愛書如命，還辛勤耕耘，把一本一本完美的好書送到讀者手中，這就不是簡單一個「痴」字了。記得他把葉靈鳳的遺稿編出三冊《讀書隨筆》，連封面也是他親手設計的。我見了愛得要命，更聽說范公還特印了些毛邊版本，我忍不住開口問他要，因為我也是個「毛邊黨」。他說這次麻煩了，因為印得不多的一批毛邊本已派光了。話是這麼說，但不久後他給我寄來了一套，聽說他為我向一個朋友討回來送給我的，真使我感動，大書痴畢竟了解小書痴的心啊！

有一次范公到香港，特地要到我那小小的書齋看看，我們在路上突然聞到上海臭豆腐的氣味，他像個小孩似的興奮地對我說：「哎，我好久沒吃到臭豆腐了，想不到在香港的街上有賣上海臭豆腐的。」這時的他，一點也不像個老前輩的樣子，簡直像個頑皮的孩子似的，硬要我請他吃臭豆腐。他就是這樣一個叫人感到直率可愛的小老頭。到了我的書房他一眼就盯上了我剛買到的一套「無名氏」的小說集，直截了當地對我說：「這套書我找了好久都沒找到呢！」我二話沒說把整套書捆好送他，他說：「那我就不客氣了！」一把將書抱在懷裡，樂得喜笑眉開。他就是這樣直來直往，可以說我覺得我和他都屬於書痴。他把我寫的讀書札記要去，在北京三聯給我出了兩本《書海夜航》，這是大書痴為我這小書痴「護航」，如果不是他一手促成，我那些很不成熟的「書話」是不可能在國內出版的，我很感謝這位老前輩的關愛提攜。

在我那小書齋裡，他聽我講起過去曾在廣州生活工作過，問我認不認識田蔚，當他知道我曾在田蔚領導下工作過，還一塊在同一個牛欄裡呆過，於是向我講了一段他和田蔚交誼的往事。原來他早在一九三八年就認識田蔚了，那時他才十六歲，在漢口的讀書生活出版社工作，一天中午他自己一個人跑到電影院去看中午場的蘇聯電影《無國游民》，那是根據普希金的長詩《茨岡》改編拍攝的電影。在電影院門前見到一個眼睛大大很漂亮的姑娘，穿着天藍色短袖上衣和黑裙，像個女學生，那就是田蔚。其實當時田蔚是在演劇隊，正在等待接頭到延安去。進了電影院，原來全場只有他們兩個觀眾，他坐在前邊，她坐在兩三排後，是她先招呼他，叫他小弟弟，輕聲問他：「坐過來好不好？」他卻說：「你上前來吧。」沒想到她真的走上前去坐到他旁邊，問他幾歲了，兩個人就從電影談起，越談越投契，在放電影時，她已把他的家庭情況，有沒有讀過書，為什麼到漢口來，全打聽清楚了。等到看完電影，走出電影院，她突然提出希望他也到演劇隊當個小演員，他沒答應，因為他還是喜歡在出版社工作。她讓他考慮一下，要了他的地址就分手了。想不到第二天她又找上門來，還是想把他拉進演劇隊去，談了很久，他還是不願意，她只好失望地走掉。不久，田蔚就到延安去了。他再也沒有機會再見過這位姐姐。要是當時他進了演劇隊，就會跟着田蔚到延安去了。

我和田蔚大姐很熟，原來她是我上司，後來成了牛棚中的難友。她到香港工作期間，把我當作一個可以談心的朋友，不時叫我到她那裡談天說地。有次同她談起電影，我向她介紹《齊瓦哥醫生》，她真的去看了，說的確拍得很好，要我多介紹一些好電影。我們談着談着，我突然想起了范公，就問她：「你當年到延安去的時候，是不是在漢口認識一個姓范的人？」她吃驚地看着我：「你怎麼會知道這件事？我從沒跟人談過的。」我說：「是范用告訴我的呀。」她笑了，說：「真有這麼回事，我那時把他當成小弟弟，見他聰明伶俐，很有頭腦，真想把他帶到延安去呢！」我說：「幸好他沒跟你去延安，否則我們出版界就損失大了，他現在可是我們出版界大師級的怪傑啦！」我們大笑了一場。

范公當然是屬於大師級的怪傑，他的愛書是出了名的，他經手出版的書都是些精美書籍，他是個追求完美的人，捧着一本他滿意的書他就從心裡笑出來，要是不滿意，他就烏雲滿臉，這種感情的流露，正表明他是個真正愛書的實幹家，他是默默埋頭巧幹，對一本書的組稿、設計……以至成書，都親力親為，灌注了他的心血，為的是把完美的出版物呈獻給讀者，而從不計較名利，這也正是有赤子之心的他同那些只會沽名釣譽的所謂名人的區別。

最後談一件趣事。有一次我到北京，他說要到機場接我，結果來的是別人，我當時並不在意，第二天我和董秀玉去見他，正碰上他在生那個「別人」的氣，一開口就拒絕見我們，這時我才知道原來因為那位仁兄故意搶在他前頭到機場接我，他不高興了。董秀玉悄悄對我說：「他鬧脾氣了，我們闖進去看看。」范公半躺在床上，用被子蓋在身上，見我們闖進房來，不高興地說：「我得了甲肝，不要接近我。」我一眼就看穿了他，因為他對着一個全是花斑白點的電視機，我故意問他：「你在看什麼東西？」他說：「《玉卿嫂》。」我坐到他床邊說：「我不怕甲肝，我有免疫力的。」他拿我沒轍了。我向董秀玉使了個眼色，我們開始跟他東拉西扯，談這談那，不讓他生氣，最後我告訴他計劃出一套《讀者良友文庫》，全都是書話，他一聽來勁了，把被子一掀坐了起來，忘了裝病，興奮地向我推薦趙家壁的一本文集，然後拉我到他書房去看他的豐富藏書，甲肝消失了。第二天一早他戴了個帽子出門，游泳去啦！他就是這樣令人哭笑不得，又叫人恨不起來，這就是我的好朋友范用。我移居加拿大後，也曾掛電話給他，他依然十分熱情地吩咐我：「杜漸，最近寫了些什麼東西，寄來給我看看吧！」

（二〇一〇年冬，我夫妻同兒子到越南和柬埔寨遊玩，在香港逗留了一段時間，住在藍真先生家裡。聽到范用先生去世的消息，十分難過，藍公要我寫一篇東西，我於是就寫了這篇《范公，我想你了！》。）

寫科幻小説《陸沉》的大人物

憶安子介先生

《讀者良友》第一期在一九八四年七月出版，我在《開場白》上面寫明《讀者良友》是三聯書店的讀書月刊，乃是以原來的《三聯通訊》為基礎，經過改革，發展出來的。這刊物的宗旨是提倡讀書活動，提供購書指南，故要思想解放，園地公開，不登人情稿，不搞互相吹捧，實事求是，老老實實為提倡香港的讀書活動出一分力，發一分光，一切以讀者的利益為重。

在版權頁上，除了我作為主編外，還有黃東濤和劉芸兩個編輯，劉芸原是《三聯通訊》的主編，現在《三聯通訊》變成《讀者良友》，故此他也算是編輯之一，但實際上他由第一期開始，就在幹別的工作，從不過問這本刊物的編輯工作了，只是掛名而已，實際編務是我和黃東濤兩人幹的。劉芸當時忙着其他的事，在編輯部已經夠他忙的了，根本無暇顧及我們了。不過我同他的交情早在《開卷》時已經建立，他那時每期送三聯的廣告來給我，他一來我們就會天南地北聊個不停，我們很談得來，

安子介和我在他家的合照

因為我們有共同的興趣，都是很愛書的人，我還為他編的《三聯通訊》寫過幾篇稿子。這次我來編《讀者良友》，我跟他開玩笑說：「喂，劉芸，我來搶你飯食啦！」他笑着說：「巴不得你來呢，正是求之不得，我從此可以『卸膊』，不用再去編那本東西啦！」

就在這開創時期，三聯宣傳部的經理歐鏡林來找我，要我幫忙寫一篇演說詞，那是三聯某一個展覽會，邀請外邊的名人來演說用的，他感到頂難寫，於是「請槍」要我代筆，於是我花了點時間把這演說起草出來。我那時根本不知道那是為安子介先生寫的，寫這樣的東西對於我來說只是舉手之勞，幫歐鏡林一把罷了，事後我也就把這事給忘了。

可是過了一陣，我突然接到一個陌生的電話，說是安子介辦公室的秘書掛來的，約我時間同安子介先生見見面，請我在中午到娛樂戲院旁的一間西餐館午飯。我問蕭滋到底是怎麼回事，我說：「我又不認識他，為什麼他邀約見我呢？」他說：「大概是因為你給他寫那篇演說詞，他要見見你吧，你就去見見他好了，沒有什麼問題的。」

於是我依約前去，安子介先生早已在那兒等我，他比我年紀大很多，雖沒有我老爸年紀大，大概和我大哥也不相上下了。他見了我很高興，先說明約見之意，他說很欣賞那篇演說詞，向人打聽才知道是我為他寫的，故此要表示感謝。我當時很尷尬，因為那篇東西其實我是為歐鏡林解圍的應酬文章，寫得根本不好，我認為是了無新意的應景東西。他又說看到了三聯書店寄贈的《讀者良友》，很喜歡這本月刊。他問起我過去在什麼學校讀書，做過什麼事，我都一一簡單作答。他告訴我，他過去年輕時也喜歡寫東西，還編譯過一本科幻小說叫做《陸沉》。談到科幻小說，這下子可對上我的口味了，我說很多年前我曾有過這本小說，那時我還在聖士提反書院讀書，曾閱讀過這本小說，還推薦給同學看呢，後來因為回國內讀書，把這書留在家中，二十年後我回到香港，已找不見這本書，大概是家人在搬家時把我留下的舊書扔掉了。他說：「我這本書早已絕版，不過我翻印了一些，過幾天我寄一本給你吧。」這是我和安子介先生交往之始，我本是懷着戰戰兢兢的心情來赴這位大人物之約，想不到我們竟然會有共同的興趣，日後竟會跟他成為忘年之交。

幾天之後，我果然收到他自己翻印的《陸沉》兩冊線裝本，印得相當精緻。不久他又寄來了一篇短文《點書》（見《讀者良友》第五期頁四），這是介紹運用電腦書寫中文的文章，文章雖短，但含量極大。安先生在電腦中文書寫方面很有研究，而且有所發明創造，他著有《解開漢語之謎》、《劈文切字集》，還發明了與眾不同的「中文文字處理機」和「安子介漢字六位數電腦編碼法」，足見他對漢語文字有極深入的研究。

《陸沉》這本書我以前曾經看過，重看一遍，如逢故友，倍覺親切，仍然覺得很新鮮，可讀性很強。於是我在另一次同安先生午飯時，向他提出請他為《讀者良友》寫一篇怎樣譯寫這本科幻小說的經過和體會，他一口應承了，而且真的在日理萬機的繁忙中，抽出寶貴時間，為《讀者良友》寫了一篇《我怎樣寫陸沉》的文章，詳細談及年輕時怎樣「寫」這本《陸沉》。

我曾同安先生談到翻譯的問題，他說他是寫陸沉，而不是譯。我說：「你懂外文，所以有興趣去翻譯陸沉這本書，過去林琴南的翻譯，也是又譯又寫的，錢鍾書先生就對這種譯法給以一定的評價，而不是完全加以否定的。他曾說，譯文中有節制地滲進評點家所謂『頓蕩』、『波瀾』、『畫龍點睛』、『頰上添毫』之筆，一個能寫作或自信能寫作的人從事翻譯，難保不像林紓那樣的手癢；他根據個人的寫作標準和企圖，要充當原作者的諍友，自信有點石成金以石攻玉或移嘰為之的義務和權利。」

《陸沉》原是一本美國的科幻小說，安先生說他是「寫」而不是「譯」，因為他當時是同一位名叫艾維章的朋友合作，進行翻譯，但他並沒受原著的局限，而取其橋段，一邊刪改，一邊增加，創造了不少原著中沒有的人物和情節，故此他認為自己並不是翻譯，因為翻譯就得完全忠實於原著，他只不過是又譯又寫，故他不敢稱之為譯，而謙虛地稱之為寫。實際上安先生是以舊瓶裝新酒，使這本《陸沉》有了完全不同的面貌，故此，我認為應視之為一本早期中國科幻小說創作的嘗試。

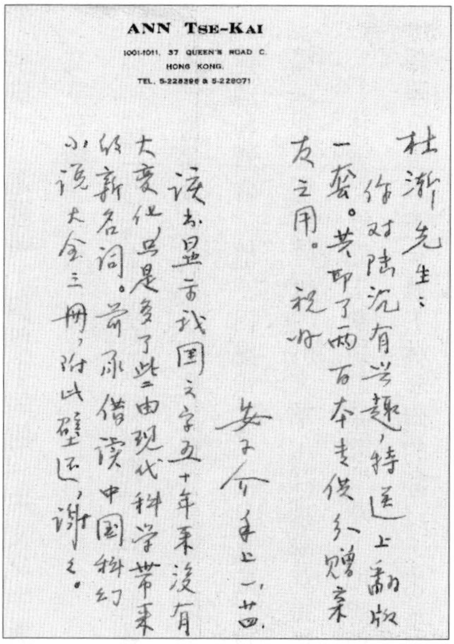

ANN TSE-KAI
1001-1011, 37 QUEEN'S ROAD C.
HONG KONG.
TEL. 5-228396 & 5-228071

杜漸先生：
你对陸沉有兴趣，特送上翻版一套。共印了兩百本专供分贈親友之用。祝好
安子介手上 一、廿
该书显示我国文字五十年来没有大变化，只是多了些由现代科学带来的新名词。前承借读中国科幻小说大全三册，附此璧还，谢谢。

安子介給我的來信

我在《讀者良友》第八期刊登了安先生那篇《我怎樣寫陸沉》，我也寫了篇《熱愛生命熱愛科學》，那是讀《陸沉》的感想。這一輯文字引起了當時來香港訪問的上海出版代表團的注意，上海三聯書店的負責人要我約見安先生。於是安先生在平日與我午膳的餐室會見了他們，答應了讓上海三聯重排出版《陸沉》，我很高興能玉成此事，了卻安先生的一個心願，讓他這部作品能同中國的讀者再見面。有趣的是，安先生曾給我一封信其中說：「想不到《陸沉》一書出版到今天已有四十六年，昨天略為翻閱幾頁，覺得半世紀之久，我國文字結構，沒有什麼大的變化，只是多了些由現代科學帶來的新名詞，值得欣慰。」可見他對漢字的演變十分關注，如今安先生早已故去，若看到今日中國文字那麼多稀奇古怪的「潮語新字」，不知會作何感想？

我當安先生是自己父執輩，對他十分尊敬，倒

不是因為他是香港工業總會主席，他還擔任很多職務，什麼訓練局，什麼發展局主席，還擔任香港政府行政立法局的議員……頭銜多極了，這些我都不在乎的，我只因為他是個學問淵博的人，同時又是個跟我志同道合的科幻發燒友，故此我才成為他的朋友的。

記得在「六四事件」發生後，我和他都受到邀請回國內參加科幻會議，他找我商量去還是不去，當時我說：「這種會議我很想參加的，但不能去，因為我父親目前病重，我離不開香港。再說經過六四，我不想在這個時候回國內去。」他點點頭回答道：「我也想去的，不過國內現在政治環境還亂糟糟，還是不去為尚，我們兩個共同進退，你不去我也不去了。」就這樣我們決定不去參加這次盛會，結果以後就再也沒有機會參加國內的任何科幻會議了。

還有一次，他問起我父親的病情和他辭去全國人大代表的情況。我告訴他：「我爸爸已經九十多歲，他中風之前就已經請辭不再當人大代表了，我看不當也罷，沒什麼作用的。」

安先生說：「他們也邀請我去當人大政協什麼的，我很為難呢。」

我說：「安先生，不瞞你說，我五十年代也當選過人大代表，當然不是全國的，只是廣州東山區的人代，我可是領教過當人大代表是什麼回事了。」

安先生聽了我的話，心事很重地沉默了好一會，才說：「所以我說這件事令我很為難嘛。」

我說：「我父親年紀老了，他最後一次去北京開會，就請辭了，當他回到香港，我到紅磡車站去接車，你猜他見了我講什麼呢？」

他好奇地問：「他說什麼？」

「無官一身輕，有子萬事足！」

「哦？他這話真有點意思。唉，我是人在江湖，身不由己呀，有什麼辦法呢？」

後來他還是到北京去當上了人大代表，我不知道他會感受到什麼滋味。

我和安先生的交往從那篇演說詞開始，一直持續到我離港赴加，記得我最後一次見他，是一個傍晚，也就是我在三聯書店工作的最後一天，我把最後一箱雜七雜八的東西，扛着離開書店，從皇后大道中經過，剛巧安先生下班從辦公室出來乘車，看見我就大聲喊我，我把紙箱放在路邊，在馬路旁向他告別，我告訴他過幾天就要移民到加拿大了，他緊緊地拉住我的手，說：「你走了，我就少了一個可以談心的朋友啦，真捨不得，望你多多保重！」

這是我和他最後的一面，現在安先生已經作古，我仍懷念同他一起談天說地的那段時光，總覺得這只不過是幾天前的事，他那誠懇沒架子的待人作風我至今難忘。

中國大百科全書之父

憶姜椿芳先生

我大哥文雄在美國大學教了幾十年書。八十年代初才初次回香港探親，他知道我熱衷於出版，於是給我出了個主意：「你知道很多華僑在外國生的子女，都是在外國長大，不會講中國話，也不懂中文，我們叫他們做『竹升』，就是兩頭都唔通的意思。你搞出版為什麼不出版一些介紹中國文化的英文書，讓這些『竹升』能認識一下中國，知道原來自己的祖國是這樣的。當然不要搞政治宣傳，那樣的東西是沒有人看的，當成是垃圾，你最好搞一些圖文並茂的小畫冊，價錢不要太貴，專門介紹中國的名勝古蹟風景、壯麗的山川、民俗風土人情，就拿中國的橋樑來說吧，就很有自己的特色，如果把中國各地的橋呀，塔呀，長城，長江，黃河，拍成彩色照片，用英文說明介紹，就很有意思。出一些這樣的圖書，可以銷到英美，令那些從未回過中國的華僑後一代人認識中國，培養出一種對家鄉故國的感情，這不是很好嗎？這比任何政治性的宣傳都更起作用的。」這番話給了我很深的印象，這也是我願意投資辦龍珠公司的起意。

龍珠公司的遭遇一波三折，這裡也就不再贅述了。最初因原先合作出版《中國年鑑》的新華社中途變卦，我們只有另找合作者，經連貫先生介紹我們同大百科出版社合作，最初請了大百科的兩位編輯王樵裕和邢院生同我們接頭，當然他們做不了主，得請示領導才能定奪，於是他們演出了一幕「綁架總編輯」的劇碼。

王樵裕和邢院生藉口討論《航天卷》為理由，硬把《中國大百科全書》的總編輯姜椿芳先生從北京「綁架」到廣州開會，讓我有機會趕回廣州去見見他。我和妻子回到廣州，在羊城賓館訂了房間等候，王樵裕和邢院生先一天到達，安排妥當，第二天姜老果然搭飛機來了，我們把他接進賓館，這是我第一次見到這位「中國大百科全書之父」。

他個子很高大，戴一副很深的近視眼鏡，穿一身灰色的中山裝，外披一件灰色的風衣，慈眉善目，滿臉笑容。我因為他視力不很好，挽住他的手，帶他進賓館的房間，我覺得他是個可親的長者。他一邊走一邊笑着對王樵裕和邢院生說：「我就知道你們把我硬拉到廣州來開會是有『陰謀』的，你們把我『綁架』到廣州來，原來是要我認識這位新朋友嗎？」

院生連忙打圓場說：「姜老，你別說得那麼難聽呀，讓你見見杜漸，希望你能幫忙他解決難題，這是非你莫屬，得你點頭才行，你不會後悔認識杜漸這位新朋友的。」

姜老笑道：「事已至此，我拒絕也不行啦！」

那天晚飯後，我們聚在他的房間裡，先是由我把來龍去脈說明，表示希望能同大百科出版社合作出版《中國年鑑》。他聽完後，點點頭說：「這沒問題，這樣的忙我看能幫得上的。你們出版年鑑之外，還打算出些什麼書呢？」

我於是把我大哥提出的意見和盤托出，他聽了很感興趣。接下來他把自己的想法講出來，我知道他的視力不好，但他根本就不用看稿子，也根本沒有底稿，就十分有條理地講了一番很長的話，建議我們在海外辦出版社，要如何制定出版方針，如何針對對象出書，他很贊成對海外華僑介紹中國文化，認為是一種很有意思的愛國的工作，他還強調不要搞政治宣傳，只要用圖文並茂的方式，把中國的美讓海外的讀者看到，培養出一種對中國的感情，就已經達到目的了。

姜老不只是談這些，他很親切地問我的妻子：「丘虹，聽杜漸說你準備要去日本學日文，你捨得把杜漸一個人留在家裡嗎？」

我妻子說：「我們兩個兒子都在外國讀書，故此我想去日本進修，他一個人留在家裡才不會寂寞呢，他有很多書陪他！」

我說：「可不是？她說我那些書都是我的小老婆，得讓她去追求一些她想追求的東西了。」

姜老聽了哈哈大笑：「你們兩個真有趣，好啊！有所追求，有所理想，這是好事啊，我支持你們的做法，人生沒有追求理想的話，就沒什麼意思了。」他像一個慈父一樣，鼓勵我妻子去日本讀書。

最初，我覺得他是個老前輩，又是個著名的大編輯，跟他講話時畢恭畢敬，生怕講錯了話。可是他十分隨和，待人態度很誠懇，我們的談話就變得很親切了。他笑着對我們說：「你們兩個也是搞翻譯的，我們是同行啊，同行就有三分親。我們又都是搞出版的，那就親上加親啦！」

姜老是中國的著名的大翻譯家，他是中國翻譯家協會的會長，而且是《馬恩全集》等經典的編譯局副局長，更是中國大百科全書的創建人，可他卻把我這個無名的小輩當作親人看待，真的令人如沐春風。從此我開始了同姜老的交情，我對他可以說是由衷地崇拜，不只是因為他博學多識，而且因為他人格的偉大高尚，高山景行，私所仰慕。我每次有機會到北京，一定會到劈柴胡同內南豐胡同七號他的家去探望他，每次他都很關心地問我：「丘虹學習得怎樣？有沒有寫信回來？」他很喜歡我那好學的妻子，認為一個四十多歲的女人，一個人跑到日本去讀書，精神可嘉。

起初我到他家，多是在他那四合院的客廳，正襟危坐，禮貌周全，主要是想聆聽他的教誨，不敢多講話。可是姜老很會誘導人談話，七問八問，就把我前半生的經歷全摸透了，在他面前我也只有實話實說，他比我父親更願意聽我傾訴心聲呢。

後來去得多了，他乾脆把我拉進他的臥室去，坐在沙發上聊天，他說這樣可以更加無拘無束，我們可以更能暢所欲言。記得他曾問起我怎樣在一九四九年入團的事，我告訴他：「那時我十分幼稚，對革命也並沒有什麼深刻的認識，只是看過一些進步書籍，憑着一股少年人的熱情，追求進步，跑到香港仔漁民子弟學校去參加護校鬥爭，也就在那兒加入了新民主主義青年團。」

他說：「在解放前，很多人都是這樣子參加革命的，並不是懂得很深的革命理論，是憑着正義感

姜椿芳在閱讀文件

去追求理想，那時誰也沒有想到什麼時候革命會成功，更沒有人參加革命是為了當官發財的，那時的人思想多美好啊。你說那時你看了些進步書籍，是些什麼書呢？」

我回想着說：「最初是在生活書店買到《洋鐵桶的故事》、《李有才板話》，後來又在智源書局買到時代出的《霧海孤帆》，還看過《無腳飛將軍》、《青年近衛軍》和《鋼鐵是怎樣煉成的》……」

「哦，原來你也是時代的讀者，你知道嗎？那間『時代』是黨派我去同蘇聯的塔斯社合作，以蘇商的名義搞的，出了不少好書呢。」

「我知道你的俄文很好，可我過去在香港讀英文，回國後要我學俄文，我俄文總是學不好，後來乾脆不學了，還是學英文。」

姜老說：「我是江蘇人，不過小學畢業就跟家庭一起搬到東北哈爾濱住，你不是也到過哈爾濱嗎，那是二十年代，哈爾濱俄國人很多，我是那時學會俄文的，我是三十年代參加青年團的，第二年就入了黨，當時是地下工作，我住在一家基督教徒的家裡作掩護，後來還同這家的姑娘結了婚，她就是我的老伴張安英。後來我轉移到上海工作，最初搞了一間亞洲影片公司，做蘇聯電影發行宣傳，同電影戲劇界的人就來往多起來了。」

「你講到蘇聯電影，我在香港時也看過不少，記得有一部蘇聯電影叫做《西伯利亞史詩》，是部音樂片，我很着迷呢。」

「對，我記得是有這麼一部電影。後來辦了時代出版社，出版《時代周刊》，我當主編，直到抗戰勝利，還辦過《時代日報》。那時節我翻譯過不少蘇聯小說和戲劇呢，我想那些翻譯作品對年輕人是會有點影響的。」

「可不是嗎？時代出版的高爾基和普希金文集，是我那時的珍藏。一九四八年至四九年在香港的一些進步書店都有得出售，不過現在要找一本也很困難了，可惜我那批藏書在文革都被抄走燒光了。」

「解放前我譯的文學作品不少，但解放後我調到別的崗位工作，就很少翻譯文學作品了，而是翻譯馬恩列斯的政治文章，成立了馬恩列斯翻譯局，就是搞這些經典，沒再翻譯文學了。」

我說：「我不懂俄文，但能看到翻譯成中文的蘇俄小說，實在是拜你們這些老翻譯家之賜，你們的勞動是多麼有意義啊。在蘇聯小說當中對我影響最深最大的，是尼古拉·奧斯特洛夫斯基的《鋼鐵是怎樣煉成的》，我很佩服保爾·柯察金，學着像他那樣做個有用的人。不過，我在讀大學的時候，同班有一個很會俄文的同學曾告訴過我，說這本小說的譯者梅益，根本不會俄文，後來再出版時，出版社還請謝素苔給他校改過一次呢，這事我一直存疑，一個不會俄文的人怎能譯得出俄文的小說來呢？我也搞過翻譯，我不懂俄文就根本無法翻譯俄國文學作品。」

「哦？想不到這麼多年後，竟第一次聽到有人對此存疑，你這小夥子的腦袋倒很靈呀。告訴你吧，這本書最初是我通過人介紹給梅益翻譯的，當時他在上海生活有困難，我就弄了個英譯本讓他譯這本書，好讓他得點稿費收入，誰知道他只譯了開頭一小部分，後來又忙別的事去了，就沒再譯下去，我只好把它拿回來，按俄文本把它譯完，實際上這本小說是我翻譯的，不過我還是讓他用他的名字出版，讓他能得到稿費補助他生活。」

「嘩，怪不得了，我知道梅益只懂點英文，怎麼能把俄文小說譯得那麼好？原來如此！」

「這事不足為外人道，那時我的生活經濟比較好，幫助有困難的同志是理所當然的嘛。」

「那至少他應該在書上標明是兩個人合譯，怎麼可以貪天之功為己有呢？把名利都佔為己有？那未免太不地道啦！」

「名和利？我這人才不計較這些，我要這些幹什麼，又帶不進棺材，最重要的是能把書出版出來，使讀者受益，我已心滿意足了。」

我搖頭嘆息道：「姜老，我真服了你啦！你這個人呀，總是為人着想，真了不起。」

「那是做人的基本原則嘛。」

我的確是口服心服了，姜老這個老人家確是個光明磊落的人，不謀私利，總是為人，嚴於己而寬於人，質樸謙虛，待人以誠，世界就是因為有這樣的人才會顯得更美麗。

又有一次，我們在他的臥室聊天，他指着牆上掛着的一幅油畫，問我畫得怎樣。我說：「這幅畫是誰畫的？畫的光線畫得很好。」那是一幅從山上望得見下面河流的畫，是對光的，但把光線處理得很出色。

姜老說：「這是老八畫的。」老八是他最小的兒子，同我頂談得來的，原來他還會畫油畫呢！姜老對我說：「他是自學油畫的，這孩子在這方面有點天份，可惜文化大革命把他耽誤了，我現在最牽掛的就是他，希望有機會能讓他發展這特長。」

他問起我在文革的遭遇，他聽後說：「真是浪費青春啊！十年文革，人的一生有多少個十年？把十年的光陰虛耗在這種毫無意義的鬥爭上，簡直是對不起生命。我白白在秦城關了七年多，也不知道是為了什麼，難道懂俄文搞馬列經典編譯就是蘇修特務嗎？莫名其妙啊！我被關在那兒終日無所事事，於是我就想，如果一旦我被放出來，該做些什麼事來彌補失去的光陰？我就在監獄裡捉摸怎樣編中國的百科全書。百科全書是很重要的，西歐的百科全書派是現代思想的啟蒙嘛，所以我一放出來，就向中央提出搞中國大百科全書的建議，從無到有，白手起家地搞起大百科來了。」

我和他談話沒有一點隔閡，甚至我覺得同他談話比同自己的父親更能說知心話，可以說是無話不談，毫無顧忌的。我甚至還斗膽問他：「我聽人說，你曾和舒繡文很好，是真的嗎？」

他聽了一點不以為忤，笑笑對我說：「怎麼你連這問題都聽說了？不錯，我跟她感情很深，但我有家庭，沒辦法啊。那都是過去的事了，我出獄後才知道她被江青一伙迫害死了，真令人心痛！」我不好意思追問下去，只是默默地看着他。他嘆息了一聲，對我無限感慨地說：「你覺得像我這樣的人會有這種感情是很奇怪嗎？這又有什麼好奇怪呢？共產黨員也是人嘛。」

他對我並不諱言他的真實感情，不正反映出他人性的一面，是那麼真誠，那麼純潔，這正是姜老可敬可愛之處。

有一次在砂鍋居吃午飯，同飯的有閻明復，那時他還未當上統戰部長，還只是大百科的編輯。閻明復在席上談笑風生，姜老對他說了句：「明復，你話講得太多了，你看人家杜漸就沒有你那麼多話。」

事後回到他家，我對姜老說：「姜老，你怎麼這樣說明復兄呢？明復兄有口才，能說會道，我這人是拙於講話，不擅辭令，所以才不吭聲，其實明復兄比我強多了，你當着這麼多人說他，他會很尷尬的。」

他說：「我知道，我就是要他少說多幹，他這人是很有點才幹的，我知道你是會寫不會說，我希望你多寫一些。」從他的話我體會出其實他是很欣賞明復兄的，愛他才故意這樣說他，否則就不會在大百科一開始創建時，就把明復兄調到身邊來了。姜老對我們這些後輩就是這樣疼愛的。

姜老的近視很深，又得了青光眼，視力很差，看稿子很吃力。記得有一次我讓他看一篇我寫的東西，他把稿子幾乎湊到鼻子旁來看，我逗他說：「姜老，我的稿子沒有抹香水，你這是聞稿子不是看稿

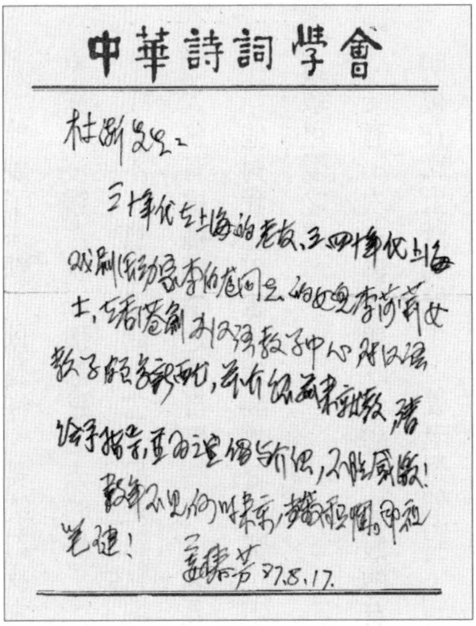
中華詩詞學會

杜漸先生：

三十年代在上海的老友、三四十年代的名戲劇活動家李伯龍同志的女兒李莎菲女士，在香港創辦漢語教學中心，對漢語教學頗多貢獻，並介紹前來就教，請給予指導，並為之宣傳與介紹，不勝感激！

數年不見，何時來京，希望暢叙，即頌

筆健！

姜椿芳 87.8.17.

姜椿芳給我的信件

子啊。」

他說：「聞？這是廣東話吧？北方話叫嗅，我的眼力不濟，只好放那麼近了。」

我心裡想，他審閱《中國大百科全書》的條目，該會費多少精神和眼力啊！他笑着對我說：「我這條命是撿回來的，要爭取時間多做些事！」他一工作，總是忘了自己的。

我最後一次見姜老，是那年的中秋節的夜晚，他把我拉到他家過節吃晚飯。記得他曾跟我說過，希望買一個不銹鋼的湯勺，但在北京總是買不到，因為家裡吃飯的人多，得用勺子舀菜，所以我那次特地在香港買了一個送給他。

那晚我們飯後談得很晚，臨走時，他堅持一定要送我出門，我不敢勞動他，他握住我的手說：「你不要盡叫我姜老，叫我老姜吧，我七十多歲，比你大，但我們談得來，是忘年知己啊！」

我走了，回過頭，還見他站在台階上向我揮手。想不到自此一別，再沒有機會見到他了。姜老是一九八七年十二月十七日去世的，在那年的八月十七日，也就是他去世的四個月前，給我寫了封信，這是我收到他的最後一封信。在信中他介紹三四十年代上海戲劇活動家李伯龍的女兒李莎莉來找我，要我設法幫忙她在香港創辦漢語教學中心。我把李莎莉介紹給安子介先生，又經安先生介紹給邵逸夫先生，不知道這樣是否有所幫助。後來陳冰夷先生來信說她業務得以開展，那我也就放心了。

姜老去世的消息是李莎莉跑到我辦公室告訴我的，那天下班我回到家裡，妻子看見我臉色沉重，問我出了什麼事，我說：「姜老去世了。」說完我走進書房，看着姜老生前出版的大百科全書，再也忍不住哭了起來。

姜老是得肝癌胰腺癌晚期擴散不治去世的，為什麼會得這樣的病呢？那七年多關在秦城監獄的苦難生活自然是一個原因，但晚年心情不痛快也是一個原因吧。一九八六年二月二十日突然被告知，從大百科的總編輯變成「顧問」，這無疑是對他一次很大的打擊。胡喬木的一紙命令，就迫姜老退休，換同齡的梅益接替為大百科總編輯，為什麼同是七十三歲，要姜老退出呢？怪哉！姜老在他們接管後曾提出：「我還是要到社裡看看。」他們竟說：「不必啦。」何其冷酷！

我接到朋友的來信，其中說：「姜老病後我只看過他一次，而且我一直不知道他患癌症，最後一次是十一月底他來電話告訴我：『我感到很疲乏，連說話也覺得累，等我好一點時去看你。最近杜漸有沒有信來？你如寫信去，代我問候他全家。』他說話很吃力，電話由於接觸不良，時斷時續，但僅僅幾句話，還問候你全家，也是有緣。因為在這之前，有一段時間電話中沒有問過你，突然在永別前問起你這位摯友。」

我看信看到這，淚水忍不住流下來了。姜老在生命的盡頭還掛記着我這個忘年小友，情深若此，能不令人哀痛？他那慈愛的容顏，浮現在我心頭，睿智的教誨溫暖的話語在我耳邊響起，一切都像是昨天才發生的一樣。我當然不可能到北京去參加他的追悼會，朋友來信說：「姜老是十二月十七日去世，到一月六日上午十時在八寶山公墓向他遺體作告別，我九點四十分到，汽車已開不進去，人們橫排六行，排到院子裡，凜冽寒風中個個落淚，簽字的有一千三百多人，大部分人擠不到簽名桌前。我從來沒有這樣痛哭過。隊伍中有人嘆息：『姜老讓梅益氣死的。』也有人說：『是明復作梗讓胡喬木寫了一紙便條，梅益上任不讓姜老干預大百科』，更有人說：『現在明復建議在社裡設姜老的銅像，他如果以前不逼人太甚，也許姜老還能多活幾年呢！』」

我想這些人事糾紛，是非鬥爭，姜老閉上眼睛，早已不在乎了，一如他生前不在乎名利一樣，他已盡了自己的努力為國家為人民做了他應做的事，是非功過，他才懶得去管呢。

在我的心中，姜老始終是那麼慈愛可親，他是個火熱心腸的人，樂觀而充滿幹勁，他熱愛生命，熱愛生活，熱愛事業，即使身處逆境，想的不是自己，而是想如何為國家民族做有益的事，這樣一個可愛的人，人民是不會忘記他的，即使沒有銅像，他仍是「中國大百科全書之父」，他永遠活在浸透他心血的《中國大百科全書》裡，那才是紀念他最好的豐碑。

一生獻給英烈傳的翻譯家

記我的書痴信友李俍民

記得是在一九五三年我在北京華僑補習學校讀書的時候，十七八歲正是半大不小的年齡，一心嚮往着美好的未來，對革命頗為狂熱。一個下午，到中山公園去聽完了吳運鐸的報告《把一切獻給黨》後，跑到王府井大街去逛新華書店，買到了一本中國青年出版社剛出版的《牛虻》，回到宿舍看得津津有味，因為在《鋼鐵是怎樣煉成的》書中，保爾．柯察金曾說最喜愛這本小說，故我得此書，自然如獲至寶。我看了十分感動，還把這書的故事，講給同宿舍的同學聽，不知道是這小說的故事太動人，還是我把它講得太過生動，結果同學不單給我起了「牛虻」的外號，還引到一個女同學向我示愛，弄得我狼狽不堪，這都怪這本小說惹的禍！文革我又因學牛虻寫批判文章，被打成「反革命」，遭牢獄之災，雖劫後餘生，仍不知改悔。看來我這一生和《牛虻》是結了不解之緣了。

《牛虻》是英國女作家伏尼契的小說，中譯者就是鼎鼎大名的李俍民先生，他的譯筆非常好，使我

李俍民，1982 年攝於承德

對他十分崇拜。我一直以為他是個高不可攀的大翻譯家，根本不會有機會認識他的，對我來說他簡直就是「無法企及的星辰」。直到八十年代，我才認識這位心儀已久的翻譯家。那是北京三聯書店出版了我的讀書筆記《書海夜航》後，轉來了一封李先生的信，由此我們數年書來信往，成了忘年的「信友」。李俍民先生一九一九年出生，比我大很多，應是我父兄輩。曾被譽為「中國有影響的十大外國文學翻譯家」之一，但他沒有一點大翻譯家的架子，待我這小字輩有如兄弟，是他先寫信給我這個後輩的，他讀了我那本《書海夜航》，給我寫了一封十分親切的信：

「最近偶然去書店購得先生所著《書海夜航》，興致勃勃地一篇又一篇看下去，直到把你寫的後記也看上三遍方才甘休。你這部書是我在經過十年長夜之後，猶如碰到一位文藝界老友在斗室中促膝談心，這使我感到親切，特別是你的見解和觀點，我覺得跟我自己對文藝作品的看法相當接近，你的嗜書若狂與看書的興趣是多方面的，也與我的癖好相似，但我的書癖沒有你那麼廣泛，我愛好的是外國古典文學。我是個文學翻譯工作者，從一九四七年在上海滬江大學求學時，譯了一本 *The Yearling*（〈一歲的小鹿〉美國女作家瑪．金．羅琳得普立徹文學獎的成名作）開始，一直用英、俄文翻譯小說，直到文化大革命。我最喜愛的題材是有階級鬥爭與民族解放鬥爭英雄烈士的小說，其中有幾本如《牛虻》（*The Gadfly*）與《斯巴達克思》（*Spartacus*），我曾把我二十餘年文學翻譯工作，歸結為三個字，即：英—烈—傳（傳是翻譯介紹之意）。我想你可以從這一點知道我對外國古典文學作品的偏愛了。除了英雄人物的書外，我還愛好童話傳說和兒童文學，因此我這一書癖比你狹窄多了。雖然如此，我平生唯一樂趣就是跑舊書店，我也接觸過不少好書與奇書，你在後記中提到的褒頓的英譯本《一千零一夜》，在解放前我也曾碰到過一部，缺了兩卷的十四冊，但當時因為是個學生，自然買不起這樣的巨著，只能望書架興嘆！不過我記得在解放前有一家小出版社出版過《腳夫艷遇記》《神燈》等三小冊三十二開中譯本，譯者和出版社的名字都忘記了，但那三冊很可能是從褒頓英譯本中譯出的，有比較黃色的內容，不適合兒童閱讀，在解放後也未見再版。我在一九五三年到五七年在少年兒童出版社工作室，曾負責編輯出版過雲南的一位納訓譯的埃及開羅版兒童本《一千零一夜的故事》，（包括《阿里巴巴與四十大盜》、《水手辛巴達》、《神燈》等數篇故事）。後來也看到過北京人民文學出版社也是納訓（據說是伊斯蘭教徒）譯的三卷本，我的看法是，譯文與原文相差較遠。但原文中有黃色部分不適合一般讀者，特別是青少年。兩全的辦法是：一面出內部全譯本；另一方面出文筆比較活潑的改寫本（如 Charles Lamb 與其姐 Mary Lamb 的莎翁劇本故事這樣的書），供少年兒童與一般讀者閱讀，但這些工作是很不容易的。這大概也就是你說阿拉伯魔神始終困在銅膽瓶內至今不得釋放的原因了。國內出版界條條框框較多，即使『四人幫』垮台後的今天，也未能全部消除，看來非要使魔神等得不耐煩，再度發誓非把想釋放他的翻譯工作者全部咬死吃掉不可！

「關於仲馬一家的短文大概是最使我發生興趣的題目之一，關於老仲馬與小仲馬我沒有什麼可以補充，大仲馬我倒曾看到過一段不經見的資料，不知你見過沒有？有一位英國人叫 Garnet，曾英譯過一部大仲馬編著的《加里波第回憶錄》。原來當加里波第在意大利搞民族解放鬥爭時，大仲馬曾去投奔他，加里波第就把自己的傳記資料全託付給了他。後來加里波第率領千人紅衫軍自馬賽渡海到西西里，領導農民義軍征服了那不勒斯王國所屬的西西里與意大利本島南半部。大仲馬在那兒辦報，為加里波第鼓吹，但就在這節骨眼上，薩丁王與加富爾率大軍南下，加里波第竟交出了軍權，導至義軍被解散，意大利民主革命功敗垂成。當時大仲馬曾苦勸加里波第保持政權軍權，切勿與國王妥協，卻未蒙採納。後來加里波第被當局軟禁於加拍勒爾島。大仲馬也只能回到法國。Garnet 看到的這本大仲馬著作，很可能是個『孤本』（在意境印的，印得很少），據說在大仲馬全集目錄中也沒有的。對意大利革命，除了大仲馬親自參加之外，還有喬治·桑也曾在法國為加里波第義軍演講募捐，該書後面還附有桑的演說詞，但 Garnet 此書，經過一世紀顯然也是不易找得到了！可恨四人幫的毀滅性抄家，使我們國內愛書的人遭到厄運，你在香港找找這本 *The Memoirs of Garibaldi*，我想你一定可以寫出幾篇有趣的文章。」

我收到這信，自然大喜若狂，立即回信，向他傾訴我對他的敬仰，告訴他最近故夢重温又看了《鹿苑長春》的電影，更拿原著對照他翻譯的小說《一歲的小鹿》，覺得他的譯文實在高妙，閱讀它簡直是一種最高的藝術享受。他很快就給我一封很熱情的回信：

「收到你的信，真使我高興得很！你很忙，天天晚上要開『夜航船』，（我們寧波鄉下一種夜間開航的班船，）卻給我寫四大張信紙，花費了你許多寶貴時間，非常抱歉。但是，由於彼此都是書痴，你的信帶給我特殊的喜悅，那是別人無法想像的！唐人先生給你取的書名真是太好了，這麼好的一位小說家竟遭到癱瘓的厄運，請你為我向他致敬，並祝他痊癒！我經過文革雖還『倖存』，卻已不是『健在』，此種情況你當然能想像得到，《牛虻》是『提倡人性論』的大毒草啊！我今年六十二歲，是個心臟病患者，長期休息，在家搞些文學翻譯工作，但已是屬於不能穿魯縞的破弓矢了！關於你譯的馬爾滋的《警官》，被香港某些極左『英雄』們批判為『提倡人性論』，使我看了不禁發出會心的微笑，因為這恰恰是文革中加到我頭上的同樣的『桂冠』啊！你譯的《底層的人們》，我在讀《書海夜航》時，已覺得可能是一部寫英烈的好書，現在經你一說也有點這個意思，更使我渴想看到它了，更何況是你譯的。關於《一千零一夜》我曾在我們譯文出版社資料圖書室中看到過褒頓的殘本數冊，那上面的腐蝕銅版插圖之精美，已足使我驚詫不已，更不用說你珍藏的褒頓全套以及其他版本了，我非常希望香港文藝界出版界能把此巨著譯出並出版，國內出版界框框太多無魄力，卻又搞一窩風，我對此已不寄什麼希望，哀哉！關於『雜』與『專』的問題，我禁不住又要發些牢騷，我是從一個普通的愛好文學的讀者，走上文學翻譯道路的。開始的時候，看見人家專門搞一個大作家，研究某一門作品，也很羨慕；但到現實中一碰，卻發現到處都有人『霸着茅廁不拉屎』，稍微有點名望的作家與作品，總是有所謂名家預定了座位（選題），這樣好幾次碰得頭破血流後，吃幾塹長一智，我就不與譯界諸公去『爭春』了，而是去揀那些雖不是名著卻是好作品，甚至是名不見經傳，文學史上不載的作家與作品；我用的尺度，也就是把我素來愛好的英雄人物如保爾·柯察金去做比較，《牛虻》、《斯巴達克思》、《白奴》等作品，就是這樣深入書海採『驪龍頷下珠』的結果。於是我這個譯者就被戴上了『雜家』的桂冠，可是雜就雜吧，雜的好處還不少呢！第一，可選擇我喜愛的書來翻譯；第二，不用譯毫無趣味的名家二三流作品；第三，不會挨讀者的罵，因為我自己就是一個讀者，我知道讀者，特別是青少年讀者的心理。我覺得，這一輩子總算沒有白過：選讀與發掘了幾本最心愛的書，而且把它們翻譯介紹給青少年讀者。你們在香港的人，當然很羨慕國內作家、譯者的悠閒生活，社會主義當然比資本主義制度『優越』，但問題不是那麼簡單，作為雜家，像我這樣，其實是鑽了那些名家不注意的空子；英烈人物的好書本來就不多，有些好書人家也能識得，比如馬克思讚為『歷史小說典範之作』的斯各特的《清教徒起義》，我雖心愛，就沒法譯，因為人家早已列入計劃，雖然整整列了十餘年，據說今年才真的要出了。……一般青年譯者要想出版一本書還是非常困難的，更不要說是隨心所欲的出書了。我雖比你年長，卻決不能稱『師』，任何人不能『好為人師』，因為書海無限，人生有限，每人所見只是那麼一小角，只有群策群力，互相學習，互相交流，才能把好書發掘出來。我記得幼時上鎮海縣城，路過一關帝土祠，上面有一副有趣而且通俗的對聯，給我印象很深，到現在還記得：上聯：『兄玄德，弟翼德，德兄德弟，』下聯：『師臥龍，友子龍，龍師龍友。』這副對聯的無名作者，的確動足了腦筋，音節也有一種樸拙美，如果把文藝界朋友的互相關係說成是亦兄亦弟亦師亦友的關係，那倒是一種理想的關係和境界啊。

「看了來信也獲得『高級的藝術享受』，特別是你這一又看小說又看電影，簡直使我先是吃驚，繼而喜歡，最後感動得幾乎要掉下淚來！承你謬讚《小鹿》譯文，其實那譯本由於是處女譯，忠實得過分了。這次重版雖經我大孩子靈山協助修改，總也還是覺得譯得太拘泥不化了些。但『瘌痢頭的兒子自歡喜』，由於時間緊逼，也就只能這樣了。我們同是『牛』命，對世界文學藝術寶庫的珍品有同等的眼力與愛好，大家的心弦起了共鳴，你說的『高級的藝術享受』，也是我一生追求的高尚精神境界，而你信中描述的心境：『這時天已微亮，黃色的防霧街燈，一盞一盞地熄去，外邊一片寧靜，一點也不覺得累，也許這也是一種休息吧。』在我心中激起了強烈的感情波濤，你是隻堅毅的文化之牛，我由衷感到欽佩。交你這個朋友是我晚年所得到的最大收穫。我這頭『病牛』（其實應是病羊，因為我的生肖屬羊）在你這頭『壯牛』的帶動下，也一定要鼓其餘勇了。你對《鹿苑長春》電影的描寫，把我帶回到了大學時代（一九四七年），使我回憶了風華正茂的青年時代的美好事物。那位童星確實演得極好，你可以想像我當時看這電影是多麼激動！當時由於文學作品先入為主，對英俊高大的主角格里哥利·帕克扮演矮小的貝尼，卻覺得不合我腦中的原著形象，而略感美中不足。演媽媽的女演員是珍·惠文？如今我連形象也想不起來了，可嘆！可是我們在國內對此片卻沒有福氣『故夢重溫』了！在這方面我是非常羨慕你的，要是將來可以任意到香港走走，別的物質享受我毫不在乎，如能重溫過去的一些好電影，那才過癮吶！不過，我覺得對自己的一生已不能抱怨，我的父親生前囑咐我們幾兄弟的『物質生活竭力縮小，精神世界盡量擴大』的訓言，給了我不少教益，使我在坎坷不平的人生道路上仍能勇氣百倍，不受任何折磨的影響，而且還能自得其樂；即使是『四人幫』這樣的惡魔，也未能熄滅我胸中真善美的火花，因為有牛虻、斯巴達克思、裘弟等人物的藝術形象始終伴隨着我，而且幫助我抵抗十年浩劫中的種種逆境！謝天謝地，惡夢終於過去了，我們的國家千萬別再折騰了！從你老父的雙W（work 工作，walk 散步）格言知道你還能享受天倫之樂，這是值得慶賀的，我是只能『夢裡依稀慈母淚』了！老人們由於生活經歷豐富，能夠總結出一套人生經驗或處世哲學來，我的父親的遺訓跟令尊的養生之道，真是何以相似乃爾？魯迅先生喜睡硬板，穿布袍，自奉極其儉約，卻在文化思想領域獲得如此偉大的成就，依我的淺見，人的時間精力無非這麼些，物質與精神二大領域，如太注重前者就要削弱後者，反之亦然；當然像陳景潤那樣幾斤冷饅頭躲在樓梯底下搞哥德巴赫猜想，我可是吃不消的！魯迅先生說的『我把人家吃咖啡的時間也用上了』，大概就是這麼個意思了。你精力充沛，但也不能把弦絞得過緊，適當的休整娛樂還是必要的，西方的那套雙W（wine 醇酒，woman 美人），自然不消說了，非我輩所願沉溺其中；但『工作』與『散步』二者如何注意適當的搭配，確實大有藝術，不能等閒視之啊！但我相信，有令尊在旁為你起調節作用，又有你這個深以雙W為然的兒子的自制力，大概是不大會出岔子的；要不，把『壯牛』耕得累倒了，那損失就大啦！我由於父母早已去世，無人約束，某些時候自己工作勁頭來時不能自制，常有開幾天夜車病上幾個月的大為虧本的蠢事發生，到頭來成了『病牛』；也許，這可供『壯牛』做前車之鑑吧。」

他的來信寫得多麼親切動人，真如坐在我的對面娓娓談心，在對我這小輩關懷愛護備至，他不只關心我的思想，還關心我的身體健康，確實正如他說的是亦師亦友亦兄亦弟，人生得此良友知己，此生無憾矣。他的思想靈動飛躍，但條理分明，思想清晰。我寄了一些書給他，他很快就給我回信，對那些書很直率地談了他的感受和看法：

「由於譯事忙不過來，但我還是擠出時間把紀伯倫散文詩及《野蠻的征服》英文本看完了。先說說前者給我的感受吧，紀伯倫這位詩人寫的小說，風格清麗獨特，又富含哲理，依我的看法，應叫做『散文詩』或『詩小說』。他手繪的插圖，嚇得香港的編輯不敢出版，但我一看就覺得好像在哪兒看到過似的，後來看了你寫的序言，才知道是羅丹的風格！而且他是羅丹的高足！但此書的缺點正如你說的，哲理的發揮太多了，就像雨果及托翁，離題閒話多得叫讀者厭煩一般。其中我最喜愛的一篇還是牧牛女被誘墮落，富有詩意又充滿對舊社會的控訴，沒有這類小說的渣滓，如姦污等黃色描寫，又有強烈的階級壓迫內容而不落俗套。中篇《折翼》似太囉嗦，好像是一個勉強拉長的短篇。《底層的人們》極好！你的譯筆大有魯迅先生譯《毀滅》之風，而且有的地方譯得很活潑，能傳達原作各種人物的神情之妙。此書我認為可以與《鐵流》、《毀滅》、《恰巴耶夫》（即《夏伯陽》）等蘇聯早期名著相呼應，且可媲美。我覺得就藝術結構而言，《底層的人們》與法捷耶夫的《毀滅》相似，作者阿蘇埃拉的生活感性知識恐不比法捷耶夫差，但法捷耶夫把一些人物凝聚集中上升到類型與典型的程度，如萊奮生與美蒂克，使人看後不會忘記，《底層的人們》中的人物除了花娘子，就不鮮明，而且容易互相混淆，更不用說使人長久記住了。《鐵流》就部隊加流民的環境氣勢而言，超過《毀滅》，可惜人物形象塑造與《底層的人們》有同樣的毛病。

「《野蠻的征服》一開頭已很吸引人，就藝術力量與史詩式的南非三種勢力的逐鹿鬥爭的正確階級分析而言，都是一流的；但人物塑造得比較差，或者說不夠豐滿。但這當然是與我們喜愛的一些最出色的英雄人物比較而言，比起那些二三流的作品中的人物來，也還是很不錯的呢。第一部分與第二部分，分寫布爾人及祖魯人各佔全書三百五十頁中的一百五十頁，我滿心以為最後雙方要劇戰一番，誰知竟只佔第三部分五十頁中寥寥幾頁，這確是使讀者大失所望的！但在第三世界亞非拉的作品中，《底層的人們》和《野蠻的征服》似可說是最優秀的英烈作品了！《野蠻的征服》中第一部，寫布爾人的大篷車隊最後匯合，也很有氣勢，可與《鐵流》比美。《底層的人們》與《斯巴達克思》就其先描寫敵對雙方力量，後來互相較量，最後以一方勝利一方失敗告終的藝術結構而言，是很相似的。惜乎《底層的人們》的矛盾並未層層展開就突然引入大決戰，而且這大決戰也沒寫好；如果《野蠻的征服》能像《斯巴達克思》那樣，做到把第三部分大大擴展，高潮迭起，最後在決戰中寫出祖魯帝國的覆亡，那會多好！惜哉！尤其是從作者的生活經驗與塑造人物的藝術力量來看，他顯然是做得到這一點的。他寫巫醫嗅鬼，善惡巫醫鬥法，惡巫醫想嗅達布拉而終於未敢，這些地方寫得多精彩啊！人物中反面人物的弟弟烏斯及正面人物達布拉比較突出，皇帝與總司令也不錯，還有一個與英人有聯絡的酋長也寫得很好，其實這個人物本可擴展，而他的滾石取勝的場面（《斯巴達克思》中也有此場面），應該移至祖魯人抗布爾人的戰役中去的。那個好巫醫顯然是作者歷史哲學思想的傳聲筒，他那『帝皇易滅，人民永存』的思想，無疑是正確的。最後的幾個場面布爾人勝利後禱告，祖魯人撤退，也寫得相當精彩，可惜在這精彩的結尾前面沒有種種旗鼓相當的戰役與大決戰來充實全書，連與布爾人聯盟的那一族，也沒有同祖魯人作戰過，其實新老殖民主義者的常用政治手段往往是分化、收買，並使非洲當地民族互相殘殺，這些方面作者都有觸及並佈了局而沒有展開。在好巫醫勸說總司令的話中，以及總司令對達布拉面授機宜中，都提到了利用與英人訂條約以牽制布爾人的策略，其實這也是一個很重要的方面，亞伯拉罕也是觸及了而沒有展開。好的小說的出現，需要好些條件，要有好作家，又要有好題材。好作家既要有豐富生活經驗又要有正確的思想與藝術才能，魯迅先生是個偉大作家，雖然他聽陳賡將軍的描述，卻不敢寫長征小說，因為他沒有生活；反之，有生活的作家又因沒有藝術才能，無法使生活上升為傑作。像亞伯拉罕這樣生活材料、寫作力量與分析能力都夠上了條件，卻寫出了一部不能盡如理想的作品，這是令人分外為之扼腕嘆息與可惜的！興致所至，不覺下筆不能自已。也許，我對亞伯拉罕太求全責備了，我提出的一些看法很可能是錯誤的，你對這位作家的喜愛不是沒有根據的，你推薦這一傑作，使我打開了眼界，也可以說，補充了十年大災難與禁錮生活使其無法接觸的新的領域中的作品概況，特別是《底層的人們》與《野蠻的征服》，確是世界文學寶庫中兩部反映英烈人物的傑作。」

我把在明天出版社出版的一些科幻小說，寄給李先生請教，他回信說：

「寄來你譯的科幻小說均已收到，我先看了你的介紹文章，不想竟遇到了兒童時代的老朋友《人猿泰山》的作者布魯斯！我記得《野人記》是在《小說月報》上連載過的，後來又在親友家中看到用紙盒裝起來的泱泱乎大觀的好多續集，好像是十本。《野人記》是第一本，最後一本我還記得是《古城得寶錄》，還有一本《弱歲投荒錄》，大約是寫泰山與琴痕生的兒子的冒險生活的，其他各本書名已記不起來了。只記得有一個海盜船上沉默但是善良的廚子的形象，使我當時非常感動。他為了救琴痕，引開海盜，自己被海盜刺傷，等到泰山夫婦趕到，他已快死了，最後的一句話是『風大了』，那是他的口頭禪，也是他跟琴痕說過的第二句話，第一句也是『風大了』，那是他在船上，海盜扮作水手半途叛變，他當着海盜的面向琴痕發出的警告。現在能想起的，還有泰山跟大猩猩決鬥的場面，那是非常驚心動魄的，由於大猩猩力大無窮，泰山被牠抱住險遭不測，最後幸賴他突然記起在倫敦學拳擊的一招，把大猩猩的頸椎骨扳折，方才死裡逃生。我記得譯者叫胡憲生，好像是位女留學生，博士。看了你的介紹，知道布魯斯寫過二十多卷《野人記》續集，可見那位胡女士譯出的，還不是全豹，一半還不到。在你譯的《合成怪人》裡，布魯斯居然塑造了中國老人李勝作為正面人物，那是很不容易的，因為我在上面所說的那個廚子好像也是中國人，如果是的話，可見作者對中國人很有好感，不像過去某些外國作家，動不動就把中國人寫成醜惡下賤不堪的劣等民族。你說你擁有過去商務胡憲生譯的《野人記》，十本全套，並且還有北新出的另外十卷本，不知北新那一套與商務那套內容是否相同？不論同與不同都引起了我的渴望，要是有機會定要向你借閱，重溫兒時舊夢，那多有趣！今天我花了整整一個下午很愉快地看完了《合成怪人》，你那流利的譯文，使我從此書的字裡行間，又碰上了我童年時代所熟悉的這位作者的行文風格，以及他所最拿手的一些片段內容：海盜孤島，森林，巨猿，寶物，類似琴痕的美麗姑娘，以及人猿泰山似的失憶的唐生！你譯的『唐生』這個名字簡直妙極了！活像個中國人，至少也是『生』在舊金山的『唐人街』的吧！最有趣的巧合，還是那個你所推崇的人物中國老廚子李勝，你知道這是誰的名字？這是我的二哥李長來（李俠民，一位為革命犧牲的烈士共產黨員）的獨生子的第一個兒子（一個二年級的小學生）——小李勝！我在前面提到過那個捨己救人的廚子，現在看到了老李勝的藝術形象，我總覺得其中含有《野人記》中那個廚子的某些風貌與道德品質。在譯本 106 頁上那段折斷巨猿頸骨的描寫，分明是我童年時代殘留到現在的跟大猩猩鬥爭的印象的重演！當然，從整個故事看來，它還是一部科幻小說。唐生最後結局——恢復記憶，是出乎意料的，由於這一名字在書的頭上出現，離開結局太遠，我幾乎已忘記了；看完了再到前面去翻閱，才知道是有伏筆的。但那伏筆確實如《紅樓夢》脂批中所說的『伏筆千里之外』了！《人猿泰山》過去的進步文化人總是指出它『宣揚白種人優越』的缺點，這當然是對的，但另一方面作為冒險小說來看，也有它的一些優點，現在運用到科幻小說中間，更顯出作者的特色來，不知我這麼說對不對？就冒險小說而言，我覺得史蒂文生的《寶島》確實是典範之作，似乎後來的作品沒有一部能超越它的。無論如何，好的冒險小說情節緊張而引人入勝，科幻小說如能在情節上採冒險小說之長，在人物塑造上採經典小說之長，那就好了。你是很忙的，我則至少近來在這段時間是個閒人，看完了《合成怪人》，忙不迭的把我的感受告訴你，完全出乎一種返老還童的心理，看了有興味的書就有反映！」

李先生有關《野人記》的回憶，顯然不大準確，我翻查了一下，商務出版的那套《野人記》只有第一篇《猿人記》是胡憲生譯的，其他各本分別由多個譯者譯成：第一篇《猿人記》胡憲生譯；第二篇《還鄉記》曹梁廈譯；第三篇《猿虎記》俞天游譯；第四篇《弱歲投荒錄》俞天游譯；第五篇《古城得寶錄》俞天游譯；第六篇《獸王豪傑錄》李毓芬譯；第七篇《覆巢記》俞天游譯；第八篇《重圓記》張碧梧譯；第九篇《寶窟生還記》吳衡之譯；第十篇《倭城歷險記》張桐館譯。

李先生憑兒時的記憶，當然不可能準確，但他提供了胡憲生是個女留學生，而且是個博士，這倒是我從未得知的，對於早期的譯者我實在所知很有限。李先生看了《開卷》，給我寫了另一封信，其中談及於梨華，他說：

「首先吸引我的，是那篇《於梨華訪問》，覺得興味盎然。由於這位著名旅美華裔女作家是我的同鄉（浙江鎮海橫河村），不但是同鄉而且是世交，她的父親與我的父親很好，兩家過從甚為密切，只是當年梨華女士還是個小學生，幾十年未見，我直到她最近一次返國才碰到她。她曾寄給我幾本小說，但還未見到我們最感興趣的一本長篇《夢回青河》，因為青河就是我們的故鄉橫河村的橫河！於梨華最近有信給我，說是在用英文寫作一部長篇小說。她在一九八三年來上海復旦大學講學一學期，那就比較多有聚晤機會了。我最近覆信曾告訴她，我與你相識經過以及在《開卷》上看到她的照片和她與《開卷》同仁座談的文章，還提及你在五十年代在北京求學時獲得牛虻外號並獲得某女同學青睞的趣事。我發現你們《開卷》中幾篇訪問記，總是問對方創作的構思、技巧，風格的意見，還有作品是反映人生還是解釋人生，對社會是觀察還是改造，作品中的人物可有作家自己等重要問題，最有趣的是於梨華對後者的答覆：『啊，這可無論如何不能告訴你們！』真是使人忍俊不禁。於梨華的作品我已看過《歸》、《雪地星星》及長篇《考驗》、《變》和《又見棕櫚又見棕櫚》，我最感興趣的是一篇《黃昏·廊下的女人》。文中描述二位老太，一胖一瘦，品茗閒話家常，從子女談到丈夫，後來竟在言詞中衝突起來，互相挖對方的瘡疤，瘦老太輕嘴薄舌，言詞鋒利，佔了上風，不料胖老太突然亮出秘密武器——她的女兒憶若的『若』，原來就是瘦老太丈夫名字中的一個字，也就是說，女兒憶若是胖老太與對方丈夫的結晶品，這使瘦老太不得不屈居下風，甘心認輸，最後兩個丈夫釣魚回來，瘦老太與丈夫告別回去。這一篇不論是人物塑造氣氛與環境的渲染均臻上乘，特別是兩位老太的對話，唇槍舌劍，短兵相接，漸入高潮與頂點，煞是好看，結尾也絕佳，我個人覺得，這一篇是可以與莫泊桑、契柯夫、奧亨利諸大師媲美的佳作。不知你有否注意及之？

「再有一篇《海天之樹懷馮亦代》也是我很感興趣，因為一九四八年我曾以一個滬江大學英文系窮大學生的身份，捧了一大疊 *The Yearling* 的處女譯稿和滬大校長的介紹信去找過他，而見過兩次面，後一面自然是去取回退稿！當時物價飛漲，民不聊生，沒有一家出版社願出這部講墾荒農家孩子養鹿的長篇兒童小說。此後就一直未見，現在距當年已有三十多年，我雖然常從友人處借閱他編的《讀書》而對他非常感激，卻沒有機會碰到他，他一定已記不得我這個因胃病與氣喘病而臉色蒼白，披着件藍布長衫的青年學生了吧。我看國內外關於指導與鼓勵讀書的專門刊物，辦的最好的就是《開卷》和《讀書》兩家吧！」

「近日小恙臥床，看看開卷，怡然自得，腦中忽有所悟，錄下一首不合平仄失粘小詩。

贈杜漸兄一九八一年春病中

開卷有益樂趣多，防微杜漸祛邪魔；書海夜航途不迷，巨筆如椽戰娑婆。

我不會作舊詩，只會湊幾句押些韻腳，對平仄全然不知。我這首小詩本不宜示人，只是其中嵌入兄的筆名，《書海夜航》及《開卷》三者，你在香港這一娑婆世界中為進步文化事業奮戰，聊表敬意。《辭海》中的解說大千世界，又名忍土，或能忍世界，指眾生得忍受苦難云云，香港並非樂土而是娑婆世界，其實國內倒是極樂世界或者說本應是極樂世界或淨土，但文革以來，四大妖魔大鬧淨土，以至搞得國內好些小青年反而認娑婆為淨土，一心想朝國外跑，真是可嘆！

我在書林寫了一首詩，是我隨意寫成後，由懂舊詩友人改正平仄後而成：

讀李綱《病牛》詩有感

譯苑躬耕三十秋，五洲英烈筆端收。病牛不甘殘陽臥，願為蒼生死畝丘。

這首小詩說明了我這一輩子文學翻譯事業的特點，其中『病牛不甘殘陽臥』句中的甘字仍不合平仄，友人本改為『伏』字，取『老驥伏櫪』之意，但我嫌看上去不舒服，仍改為『甘』字。我的理由是《紅樓夢》黛玉教香菱作詩，也有某些時候可以不押韻與不合平仄的話。李綱的詩很好，附記如下：

病牛　南宋．李綱

耕田千畝實千箱，力盡筋疲誰復傷？為得眾生皆得飽，不辭羸病臥斜陽。

第三句有兩『得』字不知何故重複，因為此詩是從報刊抄得，很可能第二得字是溫字之誤，不過也可能原詩就是如此，不敢擅自改動，留待解詩人查核原文。」

我看了彼得．奧圖和蘇菲亞．羅蘭演的電影《武士英魂》（*Man of la mancha*），那首歌 *The*

impossible dream 就成了我的「家歌」，家裡每個人都喜歡唱這首歌，因為它鼓舞我們去追求理想，我曾把這個的歌詞譯成中文，寄給李先生求教。

他回信說：「你那封充滿唐吉珂德激情的信及譯得十分美妙的詩，激起了我的讚嘆與你的攀摘星辰美妙計劃的欣羨，《一千零一日》我早已買來看了情節的瑰奇曲折，不愧為《天方夜譚》的姐妹篇，《書海夜航二集》已交稿，我等待它的出版。希望你能把《莪默傳》譯出，當然是增加了一位反抗宗教傳統的英雄，深合吾意！可惜的是我雖羨慕詩人和好詩，但自己卻無詩才！兄之譯詩，我覺得譯得很好，叫我修改，實在也是 impossible dream，但是既然同是吉珂德精神的牛，不妨試試提些意見，請勿見笑。第一個四句中，三個『不可能』的排句是很有氣勢的，但『抵受』的『受』重複，是否可把『抵受』改為『排除』或『驅遣』之類的字眼。第二個四句，不知『不可能』是否也可予以變化，改為『無法』，因為『無法企及』是我們常說的；這樣，第一句成為『改正那無法改正的錯誤』，第三句用『疲乏而憂慮』去形容雙手不合常理，不知能否去形容『你』，改為『疲乏而憂慮的你伸出雙手，去攀摘那無法企及的星辰！』由於從第二段開始到第三段五句已轉韻，因此第三段第一句似可改為『追隨星星，這是我的探求！』第三句『掉轉馬頭』似太通俗化，與整首譯詩的格調不符，不知能否換成『絕不回頭！』接下去一句換成『只有這樣，我的心才能安祥』，『樣』與『祥』在這一句中也可押韻，唸起來似乎痛快些，再下面一句『到』『倒』聲音重疊，不知可否改為『直到倒在』，『歇息』似乎有暫時的感覺，索性改為『安息』或『長眠』，不知可否？最後四句的韻腳似乎很不協調，如果跟上一段的『地方』押韻，似可把『創傷』放在這四句的最後，把三四句與一二句調換一下位置：為了攀摘那無法企及的星辰，必須鼓起最後一分勇氣向前猛闖，這世界將會因此而變得更加美好，縱使我個人通體佈滿累累創傷！由於我們都不是詩人，譯詩的確成了吃力不討好的事情，我在翻譯《斯巴達克思》時曾碰上了馬克思讚揚過的古羅馬詩人盧克列梯烏斯（或有譯為盧克列修的）的長詩《萬物之本質》中的一段，為了押韻，也譯得我狼狽不堪！讀了你這首譯詩，我不禁聯想起魯迅先生的一首詩的兩句：兩間餘一卒，荷戟獨徬徨。似乎也有這種唐吉珂德的味道；因為五四時代本與迅翁一起奮鬥的戰友，脫退的脫退，落伍的落伍，投敵的投敵，到了後來，忽然發現他自己變得很孤獨。在文藝界以至我與你所處的文學翻譯界，也常有這種情況，但願我們永遠進擊，永遠攀摘無法企及的星辰！讓這個世界變得更加美好！至少也是變得比較美好一些。唐吉珂德精神萬歲!!!」

最後我依照他的意見，把歌詞改譯成如下這樣：

憧憬那不可能實現的夢想，
戰勝那不可能擊敗的敵人，
忍受那不可能排遣的哀傷，
奔往勇者也不敢去的地方。
改正那沒辦法糾正的錯誤，

從遠處純潔堅貞地去愛慕，
你雙手疲乏不堪仍要嘗試，
去攀摘那無法企及的星辰！
追隨那星星，這就是我的探求！
不管多麼無望，不管多麼遙遠，
為正義而戰鬥，絕不猶豫回頭！
為了真理我甘心闖進地獄，
深知只有忠於光榮的追求，
唯有這樣我的心才能安祥，
直至倒在永遠長眠的地方。
為了攀摘那無法企及的星辰，
鼓起最後一分勇氣向前猛闖，
這世界將會因此而變得更加美好，
縱使我個人遍體佈滿了累累創傷！

我曾對照《牛虻》的英文本和李先生所譯的中文本，發現有很多刪改之處，我曾就此問題詢問李先生，他的答覆是：

「我最初是根據俄文本和英文本翻譯的，但中國青年出版社的編輯做了大量的刪改，計有五十九處，四千多字，據他們說是以蘇聯青年近衛軍出版社的版本為標準進行刪改處理，認為刪改是必要的，並不違反原著精神，這樣一來，根本不是如他們所說的只刪除有關宗教內容和繁冗枝節，而是使人物形象和思想傾向與原始文本發生偏差，只是傳達編輯人員的價值觀罷了。我對這樣的處理很有意見，在一九五七年我曾寫過兩篇文章，提出質疑，一篇是《奇特的刪節法——對〈牛虻〉刪節本的意見》，另一篇是《阿爾卑士山的夕照——對〈牛虻〉刪節本的意見之二》，我一直堅持這樣的刪改是違反原著的精神，不尊重古典名著的。例如第二卷第九章牛虻和瓊瑪關於暴力革命的對話，簡直是採取電影剪接式的手法，將兩段話并接到一起，中間刪除了瓊瑪對使用暴力可能成為危險習慣的論述，他們硬說這樣改動是為了保持思想正確性，但奇怪的是他們卻不去改動前後文字同樣不夠正確性的對話，我認為他們根本就沒有一個統一的標準。又如第一卷第二章有關阿爾卑士山的夕照的描寫，是很重要的，亞瑟和蒙泰尼里同遊阿爾卑士山，對山谷落日的奇異景象有不同的感想，亞瑟認為懸崖下的黑暗有如地獄，蒙泰尼里則認為像人的靈魂，這段文字本身就極有詩意和美感，也與描畫人物的心理緊緊結合，體現了蒙泰尼里內心的痛苦和沉重，這是一種暗示，同第二卷第三卷的內容是相互呼應的。刪除阿爾卑士山的夕照這一節，以及刪除結尾蒙泰尼里發瘋的描寫簡直是閹割原著，錯誤地把藝術瑰寶當成是糟粕而刪掉了，對譯者來說這樣粗暴的處理，出版社自然維持不肯改正，實在是令人很痛苦而又可奈何的事。但他們根本不理會也不尊重我這個譯者的意見，有什麼辦法呢？跟着就是反右，大帽子就來了，說什麼牛虻宣傳資產階級人性論，有什麼辦法呢？中國的辦事就是這樣的。」

直到一九九一年三月十五日李先生去世，《牛虻》的中譯本一直沒有改正過來，而且把這個有問題的版本當作必讀書向青少年讀者推薦，這是李先生頗以為憾的事。李先生去世後，他的夫人董荷英女士給我的信中說：「俍民在世時，你曾寄給他許多書刊，他病時你也有信來告知他你將離港去加定居，當時他還不知自己患了絕症，準備繼續和你通訊，你們兩人雖然緣慳一面，但彼此十分相知，你對俍民的深情厚誼，我們一家都非常感動。給你寄上俍民寫的關於翻譯《牛虻》的一些回憶和他的自傳，和一些友好悼念他的文章。」我至今還珍藏着李先生贈我的《牛虻》、《斯巴達克思》、《白奴》等書和他的信件。我知道在一九九五年中國青年出版社出了《牛虻》有董荷英女士寫後記的修訂版，此版本雖然恢復了李俍民譯稿被編輯刪除的部分內容，但還是並沒有按原稿全部復原，仍有十七處近兩千字被刪去，真是莫名其妙！這種按照「中國國情」任意閹割外國文學作品的做法，既不尊重原著，也不尊重譯者，實在令人遺憾。

他給我的最後一封信說：「我已幾乎整整二年沒有好好翻譯了，最後一部司各特的長篇小說《紅酋羅伯》寄你後，本想譯愛爾蘭驚險小說家的歷史長篇《英雄酋長》（寫美國十九世紀三十年代印第安酋長奧塞奧拉打敗美國將軍的英勇事蹟。此人後來被傑克遜政府以議和為餌，誘捕瘐死獄中，惠特曼曾寫詩紀念他）。另一本是英國作家安斯華滋（狄更斯的友人）寫的《倫敦大疫大火記》。此二書屬於天津的百花文藝出版社及上海的譯文出版社，但一眨眼半年過去了，只譯了三萬字光景，我之不景氣可想而知，我竟成了一隻『爬格子蝸牛』！」我不知道他病情，但很為他擔心，怎麼變成「蝸牛」了呢？我看了此信不覺心中流淚。

我同李俍民先生是「信友」，通信數年，始終沒有見過一面，但從我們的通信可以看出，我們是無所不談的相知，讀他的信，就像同一個好朋友促膝談心，就如跟我面對面交談，他思想靈動飛躍，生動活潑，不時從一個話題跳躍到另一個話題，他的思想是非常清晰活躍的。說實在話，我在他面前是個小輩，但他卻把我當平輩看待，他不只是翻譯界的老前輩而且是個革命老前輩，他翻譯的主張是英烈傳，他的一家也稱得上是一門英烈，他的父親李琯卿是個飽學之士，有八子一女，他一家人在俍民先生的二哥李俠民的影響下，都參加了共產黨，故有「一門兩烈士，全家十黨員」的說法。他在三十年代就追隨二哥參加橫河鄉抗日救亡工作隊，並參加了共產黨。高中畢業後，當過小學校長和教導主任，一九四二年到淮北蘇皖邊區根據地參加革命，一九四六年考入上海滬江大學外文系，兩年後輟學，這時他曾翻譯了《鹿童淚》，也就是後來那本《一歲的小鹿》，這是他的處女譯作。解放後，據說他曾參加抗美援朝，在朝鮮擔任彭德懷的翻譯。有這樣的傳聞，志願軍回國後，黨中央在懷仁堂設宴為他們洗塵，席間彭老總要他唱曲助興，他唱了一曲《文姬歸漢》，首長們聽了掌聲不絕。誰知他唱了此曲，不幸種下了禍根，在文革年代所謂彭老總反對「三面紅旗」株連了他，硬說他在懷仁堂唱《文姬歸漢》是別有用心。李俍民先生一生翻譯了很多外國文學，被譽為國內十大有影響的翻譯家之一，他從一九四八年開始發表譯作，譯有《牛虻》、《斯巴達克思》、《白奴》、《恰巴耶夫》、《紅酋羅伯》、《學校》、《一歲的小鹿》、《孔雀石箱》、《游擊老英雄》、《伊格納托夫兄弟游擊隊》、《一朵小紅花》、《游擊隊的兒子》、《綠蚱蜢》、《下雪了》、《兩個不聽話的小姑娘》、《新來的》、《馬特洛索夫》、《黑寶寶》、《總工程師》、《白樺樹下的茅屋》、《紅海軍和小黑熊》、《尼爾斯奇遇記》、《性格和真實》等等，約六百萬字，可謂譯作等身。這樣一個為翻譯「英—烈—傳」而獻身的文學翻譯家，讀者是不會忘記他的！

蕭乾

永遠的「好兵帥克」

憶蕭乾先生

有一些人，你看上第一眼就會喜歡上他，對於我而言，蕭乾先生就是這樣一個人。

早在五十年代就曾讀過他譯的兩本書。一本是他翻譯的蘭姆姐弟的《莎士比亞戲劇故事集》，我是先讀了這本書才讀朱生豪譯的《莎士比亞戲劇全集》的，我還找來了蘭姆的英文原著對照着讀，我覺得蕭乾的翻譯非常精準。另一本書是蕭乾譯的《好兵帥克》，我在書店買回來，一開始讀就放不下來，一邊讀一邊笑，這個捷克的小兵實在太有趣，太逗

蕭乾和我

人了，我完全被他征服了。當然這是一本很好的譯本，行文生動自然，能把帥克這個可愛的小人物譯得如此栩栩如生，可見譯者的功力十分了不起。當時在大陸的電影院正在放映根據這本小說拍的捷克電影，我覺得電影拍得就和書中一模一樣，故而印象很深刻。可是到了一九五七年，發生了反右，報刊上連篇累牘的揭發批判文章，把蕭乾魔鬼化成一個反共反人民的大壞蛋，當然再也沒有辦法看得到他的著作了。

我是在一九八〇年一月才第一次見到蕭乾先生的。我打聽到他和畢朔望在訪美歸國途經香港，《開卷》自然不能放過這樣一個機會。早在七十年代末到北京旅行時我就認識畢朔望，我先去找他，他這人喜歡跟我嘻嘻哈哈鬧着玩，一見我就在我胸膛打了一捶，笑着說：「哈哈，我們又見面了！」

我說：「我這次可要你幫個忙，我想約蕭乾先生到我的《開卷》做一次訪問，你能為我向蕭乾先生約個時間嗎？」他說：「沒問題，他今晚沒事的，你六點到新都城來吧，你可以帶他出去，不過要負責帶他回來。」

當時他們就下榻在北角的新都城，我和妻子準時到達，掛了個電話到蕭乾先生的房間，他說立即下樓來見我們，叫我們不必到他的房間去了，於是我們就在樓下的大堂等他。

當他走下樓梯時，我過去雖然沒見過他 但幾乎是立即就認定來人肯定就是他，因為他活像我心目中的那個「好兵帥克」！胖胖的身軀，圓圓的臉，圓圓的鼻子，頭上沒多少頭髮，圓圓的眼睛含着笑，在東張西望找尋來訪的我們。

我迎上前去對他說：「你是蕭乾先生吧？我是《開卷》的杜漸。」他握住我的手說：「我就是蕭乾。」我把妻子介紹給他，他瞪眼看了我妻子一眼，對我低聲說：「你太太好漂亮，使我眼前一亮呢！」我被他這一說逗樂了，笑着對他說：「今晚我們可要把你劫持到我們《開卷》的辦公室，做一次錄音訪問，還有幾個朋友在那兒等着見你呢。」於是我們坐的士到銅鑼灣《開卷》的辦公室去。

當晚參與訪談的除了我們夫婦外，還有徐有梅、朱岩、潘耀明和黃立強。我們在《開卷》的小會客室談到八點多，跟着我們到天樂里口的阿里郎餐室吃了一頓韓國菜，才把蕭乾先生送回新都城。那晚的訪談後來整理出來，全文刊登在《開卷》總第十四期。

在晚飯時我和他偶然地談起韓素音寫的回憶錄，我問蕭乾先生：「你有沒有看過那幾本東西？裡面有提到你呢。」

「你敢寫我就敢登！」

他說：「我看了，她談的並不真實，完全是道聽途說，以訛傳訛。」

我說：「你指的是她說你在英國時為了出版書，把一隻撿來的貓給外國人，討外國人的歡心這事吧？」

他點點頭道：「對，就是那回事，說來話長，我也想寫點東西反駁這種誣衊，既然韓素音已經把這事國際化了，如果能在《開卷》刊登，會比在國內發表作用大些，你敢登嗎？」

我拍拍胸膛說：「你敢寫我就敢登！」

他說：「我寫出來就寄給你。」

我說：「一言為定！」

於是就有了《貓案真相——兼就一個倫理問題略抒管見》這篇文章。

他回北京後就寫了這篇文章寄來給我，我全文一字不改刊登在《開卷》總第十七期上。蕭乾先生這篇文章寫得爐火純青，一點也沒有「火氣」，也許他還有點「心有餘悸」吧？若是換了是我，我一定會寫得火藥味重得多的。

「貓案」到底是怎麼回事呢？原來是第二次大戰時。蕭乾被《大公報》派去英國，寫了很多通訊，後來很多收在他的《人生採訪》裡。有一天他在一間左派的叫「自由德國」的餐室，有個希臘女人說她的貓生了很多小貓，她餵不起，問蕭乾要不要，於是蕭乾就領養了一隻，這小貓陪他度過好一段歲月，直到一九四四年秋，他要搬家，新房東不讓他養貓，他只好為這隻貓物色一個新主人了。當時援華會的秘書烏德曼女士正想要一隻貓，就高高興興地把那隻貓兒抱走了。事情的經過其實就是這樣簡單。

可是到了反右那個年代，人們為了妖魔化被打成右派的人，竟無中生有地搞出了這麼一個「貓案」來。在批鬥蕭乾的會上，曾到英國留學的葉君健突然舉起一張七年前他回國時有人託他帶給蕭乾的照片，以此作為「鐵證」，說蕭乾明明是在倫敦一家舖子買了隻貓，假裝說是從中國帶去的，送給英國的一個出版家，以這隻貓做資本，在英國出書，向上爬進英國的文壇。葉君健不只是在會上如此揭發，還寫文章刊登在《光明日報》上，這樣一來，蕭乾這件「貓案」就成了全國皆知的醜聞了。

這個「貓案」，到了韓素音這個四人幫的對外傳聲筒手裡，又變了個樣，她把「貓案」寫得更神奇了，她說：「蕭乾是《新政治家》的多蘿西．烏德曼眼裡的紅人，她認為他了不起。蕭乾是靠一隻拾來的野貓贏得她的歡心的。他告訴她說，這隻貓曾掉進海裡，他跳進海去，把牠頂在頭上，泅到岸上把牠救活的。這隻貓實際上是從一家貓舖買的，他送給喜愛動物的多蘿西時說，那是隻『東方貓』。」（見 *Birdless summer*, p.269）

當然這是韓素音的一派胡言，那段文章我們不難看出矛盾，前面說是一隻拾來的野貓，後面又說是從一家貓舖買的。要知道蕭乾是個旱鴨子，根本不會游泳，人有自知之明，怎麼可能吹牛說自己這旱鴨子跳進海裡去救貓呢？韓素音這段謠言翻新的神話自然是來源於葉君健的，只不過是強調「東方貓」而已，並不高明，了無新意。

蕭乾在《貓案真相》這篇文章中，對於葉君健這種在反右時的揭發，不再加以計較，反正在那種場合中是對「階級敵人」揭批，無中生有是常見的事，他只提出了一個倫理學的問題，葉君健回國後竟把別人委託帶給蕭乾的照片侵吞達七年之久，無論是資產階級或是無產階級在道德上都是說不過去的，你完全可以不接受委託，一旦接受了委託，就應把委託物交給人，不應加以侵吞，更不應利用這張照片來攻擊人，這就成了一個倫理學的問題了。

一九八〇年夏天我到北京組稿，住在離天壇不遠的一所賓館，蕭乾先生特地到我的住處找我，他說要謝謝我在《開卷》全文照登了他那篇《貓案真相》，給他出了口氣。

我說：「我辦這本刊物就是要開個南風窗，讓國內的作家有個地方出一口氣。」

他說：「你是個香港人，為什麼要這樣做呢？你不怕得罪人嗎？」

我說：「不怕，我不只是個香港人，我也是個中國人，我在國內呆過二十年，經歷過文化大革命，我是七一年才回到香港的，我能夠體會你們這些老作家在文革的遭遇。」

於是我們互相傾訴在文革的經歷，他說：「怪不得，看來我們有共同語言！」

那天晚上他帶我到他在天壇附近的「家」去，讓我看看他的真正生活狀況，就像後來他在《搬家史》講的那樣，他那個「家」實在不像個家，那住處擠擁不堪，簡直像個貧民窟。走上二樓，我發現是好多家擠在一起，像個大雜院。他介紹我見他的「三姐」（他妻子文潔若的姐姐），他說：「這是我最尊敬的三姐。」我覺得她的表情有點呆木，蕭乾告訴我：「她在文革受了很多苦，受了刺激。」我不便多問，就向蕭乾打聽：「你的太太呢？」他說：「文潔若她不在家，晚上都在出版社的辦公室睡。」故而那次我沒有見着文潔若大姐。

那晚我們聊得很晚，他還拉來了一個也住在那兒的好朋友介紹我認識，那是詩人荒蕪。荒蕪姓李，名乃仁，荒蕪是他參加革命後改的名字。我聽了覺得奇怪，打笑問他：「你怎麼把名字改得這樣奇怪？荒蕪豈不是不毛之地了？」

他說：「也許是吧，我和蕭乾一樣被打成右派，在北大荒勞改好多年，果真應了荒蕪這名字，在那不毛之地吃盡苦頭啦！」

後來他寫了首詩給我：

海濱驅石血殷鞭，北築長城近塞邊，

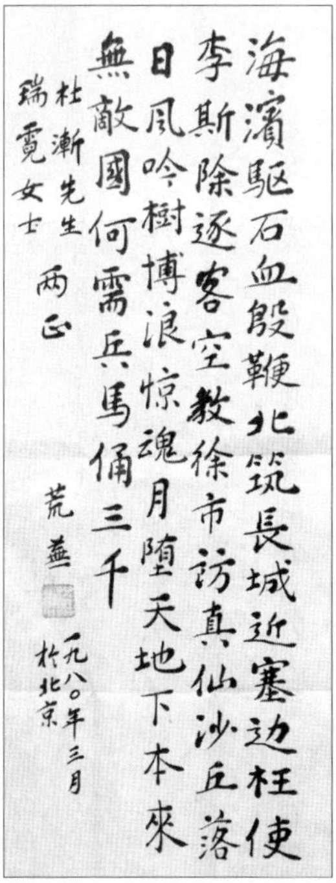

荒蕪贈詩

枉使李斯除逐客，空教徐市訪真仙；
沙丘落日風吟樹，博浪驚魂月墮天，
地下本來無敵國，何需兵馬俑三千。

蕭乾還告訴我，詩人綠原也住在樓下，我聽了很高興地說：「過去我很喜歡綠原和魯藜的詩，在當年反胡風時還差點惹禍呢。」不過荒蕪說：「今天他家有客人，正忙呢。」我說：「那就不去打攪他了，改日有機會再去拜訪他吧。」

次日一大清早，我剛起床，蕭乾先生就來到賓館。他送給我一本解放前文化生活出版社出版的《人生採訪》，並在扉頁寫滿了字：

杜漸瑞霓好友：這是一本曾在五七年作為反蘇反共反人民，親英親美親日的大毒草，被批判的舊書。東西都寫於三十至四十年代，我這個有意不帶

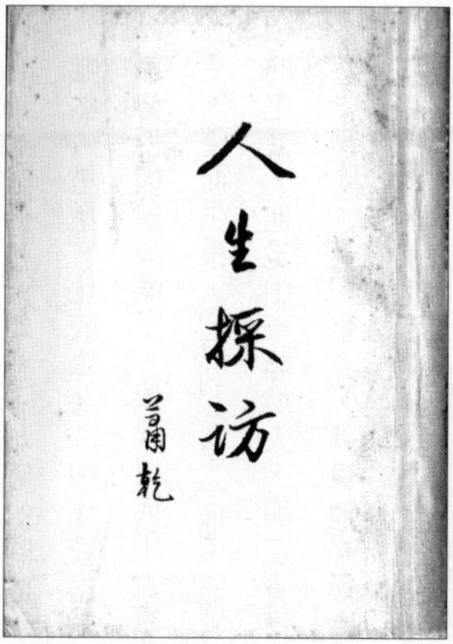

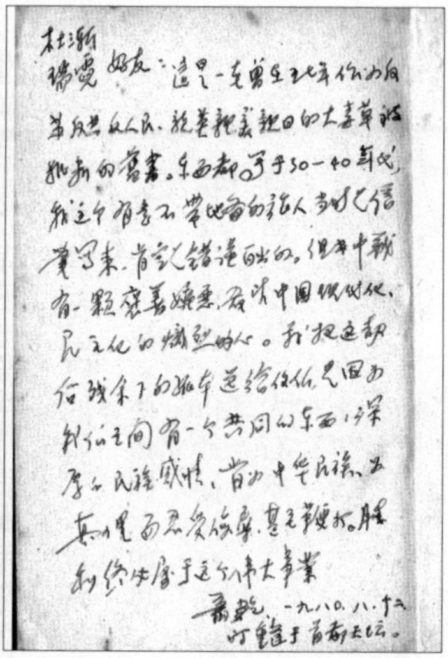

蕭乾《人生採訪》一書的封面和內頁的題辭

地圖的旅人當時是信筆寫來，肯定是錯誤百出的。但書中載有一顆褒善嫉惡，希望中國現代化、民主化的熾烈的心。我把這劫後殘餘的孤本送給你們，是因為我們之間有一個共同的東西，深厚的民族感情，肯為中華民族，為真理而忍受侮辱，甚至鞭打。勝利終必屬於這偉大事業。

蕭乾　一九八〇年時重逢於首都天壇

自此我們的來往就沒有斷絕，我每次到北京都會去拜訪他。我編《讀者良友文庫》，他極為支持，我打蛇隨棍上，要求他給我一本稿子，他就給了我那本《負笈英倫》。我發現他的字寫得很草，但文稿卻是謄寫得十分工整，原來他的稿子是由文潔若大姐為他謄清的。

我發現蕭乾先生在文革後還是有點心有餘悸，比較怕得罪人，這是同臧克家這個極左詩人有關的。我記得在大學讀一年級的時候，適逢《詩刊》和《星星》創刊，在同學當中大都喜歡《星星》，雖然《星星》比較單薄，卻比較生動活潑，更合年輕人口味，傳來傳去，把《星星》這本薄薄的詩刊都傳得破破爛爛了，流沙河成了大家的話題和偶像。與之相反，《詩刊》則是以一副官老爺面孔出現，令人望而生畏，《詩刊》第一期上面就刊登了毛澤東的幾首詩詞和他給臧克家的信。臧克家是這份詩刊的主編，他是山東諸城人，與江青康生有同鄉之誼，得了毛的這封信，自然如獲聖旨，身價百倍，儼然中國除了毛澤東外，就算他是最大的詩人，是詩界的最高權威了。說實在的，我對他的詩並不怎樣欣賞，解放前他還寫過幾本什麼罪惡的黑手什麼烏鴉之類的詩句，解放後就沒見他寫出過什麼像樣兒的作品。當時在同學中大家傳誦的詩人是郭小川、邵燕祥、嚴辰、白樺、賀敬之……，早就沒有人去讀臧克家那些乾巴巴的詩了。我承認我本不是個懂詩的人，也就沒有辦法談他的詩作有多偉大了。臧克家「文革」之後，依然極左如故，雖然他那偉大的靠山毛澤東早已物故，他仍以詮釋毛詩詞的權威自居，我既不寫詩，也就從沒有向《詩刊》投過稿，自然同臧克家毫無瓜葛來往，我也不知惹了他哪根筋，被他封我為「大右派」。

原來在《開卷》上，曾發表一篇李家樹寫的文章《詩人臧克家的矛盾——從〈學詩斷章〉兩篇文章談起》，這位李家樹我過去從未見過面也不認識他，只因為我辦《開卷》有個原則，就是不問來稿者是誰，只要文章寫得好，言之成理，即使作為編者我個人不一定同意他的見解，我也會照樣採用刊登的。李家樹這篇文章確實寫得很好，雖然文章較長，我用了四版也把它登出來了，讀者反映很好，因為這文章不同於國內那些扣帽子的大批判文章，而是擺事實講道理，很有說服力，更沒有用謾罵嘲諷的口氣，而是引用了臧克家自己寫的詩文，揭示出臧克家自己前言不對後語的自相矛盾。這下可揭了大詩人的臉皮，把他極左的嘴臉暴露無遺。所以我認為這是一篇頗有分量的寫得很好的評文。

在刊出這篇文章後，我到北京採訪，蕭乾告訴我，《開卷》李家樹這篇文章把臧克家氣壞了，到處見人就罵：「《開卷》是本很壞的刊物，辦《開卷》的那個杜漸是個大右派。」哈哈！真想不到，在五十年代我逃過了反右一劫，到了八十年代竟又被戴上了右派的帽子，而且還是個「大右派」呢！榮幸之至！真得謝謝他為《開卷》做義務宣傳！

蕭乾先生好心地勸我：「你何必去招惹他呢？他像瘋狗一樣，到處見人就罵你，難聽極了，你犯不着去招惹這種不要臉的人啊！」

我很感謝這位值得我尊敬的長者，不過我告訴他：「你是他的朋友，你一定有機會見到他的，麻煩你代我轉告他，我是不怕人罵的，怕人罵我就不辦《開卷》了，《開卷》是個開放的園地，如果他認為李家樹那篇文章寫得不對，我歡迎他寫文章來反批評，我一定全文照登，不改一個字。至於罵我杜漸是大右派，我一點也不生氣，反而感到非常高興非常光榮，因為如果他臧克家是大左派，那我甘心情願而且心安理得當右派！」

我相信蕭乾先生一定把我的話轉達了，可是始終沒見臧克家為文反駁，也沒再聽到別人說他到處

蕭乾、文潔若夫婦合照

罵我和《開卷》了。對於這種左瘋了的老人，也只能如此對待了，也許我太刻薄了吧？

有一次同蕭乾聊天，他告訴我在英國時很喜歡聽外國的歌劇，於是我特地買了一套西洋歌劇精華的唱片送給他，那時他已經不再住在天壇的蝸居，搬到後來在木樨地的新居了。直到這時我才第一次見到文潔若大姐。我首先謝謝文潔若大姐，她把我那本《一千零一日》介紹給遼寧出版社在國內出版。

那天蕭乾夫婦不停地勸告我，要我參加中國作家協會。說實在我當時對加入作協沒有一點興趣，我寧願自由自在地寫作，害怕加入了這樣一個「官方」的協會，會束縛了我的寫作自由。

他很耐心地向我解釋說：「作協是個很鬆散的組織，絕對不會干預你寫作自由的，當了作家協會會員，在國內採訪和組稿會方便很多，就連買飛機票也可以用國內的價錢，不必被當作香港客敲一筆竹槓，參加只有好處沒有什麼壞處的，也不用開會，也沒有什麼義務，你是個用中文寫作的人，還是應該參加這個作家協會。」

最後我答應了，文大姐這人可是個很實在的人，說幹就幹，立即弄來了一份表格，要我填寫，蕭乾先生當即簽名做一個介紹人，他問我另一個介紹人找誰好呢。

我說：「你說找誰好？我並不很熟悉國內的作家。」

他說：「找艾青吧，你認識他的。」

我說：「我連他住在什麼地方都不知道。」

文大姐說幹就幹，拉了我跑到艾青的家去。艾青和高櫻，我在他們到香港時就認識的，他們很熱情地接見我，艾青當即簽名給我當介紹人。於是我就這樣參加了作協，可我這個會員從來沒有參與過作協的任何活動，也沒盡過任何義務。

我寫過一篇小說《雁痕》，曾寄給蕭乾先生求教，他給我寫了幾頁紙的信，很耐心地教我如何修改，其中說：

《雁痕》通過一個離奇而又真實的動人故事，對什麼是真正的愛情這個撲朔迷離的問題作了有力的闡述。作者的觀點不是通過說教，而是由一個平凡而又充滿傳奇性的情節道出的。

王淑梅這個人物出場時，太不起眼了，然而隨着情節的推進，她的形象越來越高大，以至令讀者掩卷之後，不禁讚嘆一聲：此乃人間情聖也。

這裡有新舊中國的對比（八十年代的小女婿），有海內外角度的對比，也有對文革的控訴。但這些都不牽強，來得極其自然，也始終沒脫離作品的中心思想：無私方能愛。

此外我有個想法：很想把它介紹給國內我熟悉的刊物，我並想寫個前言，作為對香港新動筆的一個中年作家的介紹，不知兄意如何？如有修改，你也可再寄我一份，不成即用我寫的這份，這是一點。第二點，想促使人把他搞成電視劇，甚至電影。這個題材太好了，而且還很合時宜：一、戀愛哲學問題是熱門，二、出國又回國，尤為突出。但主要是這個人物，平凡而富傳奇性，故事自然而又曲折，potentiality 很大，主要是跳出了現有的框框。不知你意如何？

據我所知，一、申請出國（任何人）辦理手續時，除年齡等外，一項主要填寫的是已婚未婚，三九年我申請護照去英時，沒離成婚。只能填「已婚」。我估計德威出國時，也不會隱瞞此點。那麼，他在加拿大政府眼中就是個 married person，還有什麼再辦手續問題？這與故事發展關係不大，似可考慮一下。二、淑梅的為人，對德威之一往情深，已十分十分清楚，p.41 最上一欄 line.6-10 那段話「正因為我太愛他了，我寧願犧牲一切，我認為愛情是無私的給予，是奉獻，而不是為了攫取……」似可省略，真實更不說教。總之，我認為把淑梅寫得更「土」一些，就更真實。那段話，整個故事已說得清楚了（而且十分十分生動），似可不必再讓她來宣告一番。總之，我個人希望文章更含蓄些。情景要細，具體而微，細節要真，但「文旨」最好是盡在不言中，不言而喻，比全說

我、蕭乾、胡菊人、丘瑞霓、吳瑞卿合照

盡了好。懂的人，不說也懂，不懂的人，說了也白說，何況這個故事，誰都能知其含義，去此一冗筆，絕不會減色。我認為是一篇可喜的，值得一讀的處女作。

——蕭乾

蕭乾先生這評語是過譽了，我這小說其實寫的並不怎樣。我這個後進能得到他這樣耐心細緻地教導提攜，使我得益匪淺。他用自己去英時填寫護照申請的實例，教我如何修改，真叫我十分感動。後來我這篇「處女作」在國內的刊物發表了，不過很遺憾，他們並沒有刊登蕭乾先生的「前言」。

一九八五年他們夫婦出國途經香港，下榻在國泰酒店，我和張志和曾帶了錄音機去訪問他們，那天主要是蕭乾先生對我們暢談他的「戀愛史」。

文大姐在旁邊微笑地聽着，卻一言不發，我打趣問她：「文大姐，你聽他談這些會吃醋嗎？」

她大方地笑着說：「我才不吃醋呢！我早知道他那些陳年舊芝麻了，有什麼好吃醋的？」

那天蕭乾先生很詳細地跟我們講了自己的往事，這天的錄音我並沒有整理發表，因為談的純屬私人的事，與文學無關，那是他對我們談心，並不是讓我們整理出來發表的。這盒錄音帶我至今還保存着，上面題之為《蕭乾談心錄》。

一九八七年初，他們夫婦應邀到香港中文大學和港大講學，住在中文大學吳瑞卿女士家裡，我夫婦曾去探訪他們，當天在那兒遇見胡菊人也去探訪他們。那天在吳瑞卿家午飯，大家談得正歡，胡菊人突然舉杯對我說：「杜漸，我要敬你一杯，直到最近我才聽說，原來你是毅然離開《大公報》的，拂袖而去，你有膽識，很了不起啊！」我聽了為之愕然，想不到連這等事也傳到他耳中去了。蕭乾先生笑着對胡菊人說：「他可是吃過不少苦頭的人呢，我很了解他。」

我最後一次見到蕭乾先生，是一九八九年初我到北京組稿，有一天晚上，我到當時在北京工作的大姐家，談起蕭乾先生，大姐同蕭乾先生很熟，叫他「蕭老頭」，說他是個很有趣的人。一時性起，就同大姐姐夫一塊跑到蕭乾先生的家去「突然襲擊」。那晚我們和蕭乾先生談到很晚。我曾問他最近搞些什麼，他說打算譯一本「天書」。我知道他所說的那本「天書」，指的是喬哀斯的《尤利西斯》，我搖搖頭說：「這本書我連看都不敢看，太難懂啦！」他笑道：「正因為難懂，才有必要把它譯出來嘛，不過還不知道老天能不能假我以天年，讓我能把這麼一個大工程完成了。」我說：「能的，我就等着看你們的譯文，希望能看得懂這部天書吧。」

我告訴他我要移居加拿大和兒子團聚，他點點頭很慈祥地對我說：「好啊，你要繼續寫東西，創作也好，翻譯也好，一定要繼續幹！」

我在離港前，三聯書店為我出版了《書痴書話》，我寄了一本給蕭乾先生，他在一九九二年一月寫了一封信給我，這是我收到他最後的一封信了：

文健兄，收到新發的《書痴書話》，感甚。從七十年代末期，你就一直提倡譯書、評介書，也編書。這個結集飽含着你一生對書的摯愛，也表現着你洞察的睿智。我希望能早日此書有大陸版，以及台灣版。文佀有時來聊，總是兩人同來，而且一聊就是大半天。我們之間共同的東西真多。年來都在忙於寫文學回憶錄。現已在寫最

蕭乾和范用

後一章——全在《新文學史料》上連載。出本回憶錄總算把這輩子交代了。你何時去加拿大？希望我們之間不要失去聯繫。我三個孩子均在美，最小的（蕭銅 Peter Tong Xiao）與我們從事最密切，是個畫家。我希望他有一天拜見你們。並同你在哈佛的公子結為好友，把咱們之間的友誼傳下去。祝雙好。潔若囑問好，她最稱許的是書中談李自成那篇，寫得太好了。

弟乾上。

92.1.23

我忘不了這位良師益友，他是個可以推心置腹的長者，對我大姐來說，他是可敬可親的「蕭老頭」，在我心中，他始終是那個可愛的善良的忠厚而憨直的「好兵帥克」！

一個謙和真誠的老作家

我和徐訏先生的一段交往

在設計《開卷》時，我就打算有計劃地訪問一些香港的作家，第一個要訪問的，就是徐訏先生。

我很早就知道徐訏這個作家，記得還是抗戰期間在重慶的時候，那時我還是個四年級的小學生，曾在爸爸媽媽的床頭，看見過《荒謬的英法海峽》和《吉普賽的誘惑》這兩本書，封面很簡單樸素。據說那陣子在重慶曾掀起過一股徐訏熱，一九四三年曾有該年為「徐訏年」的講法。媽媽愛看小說，自然買來閱讀，不過那時我年紀還小，小學生水平，只會看一些如《羅通掃北》之類的舊小說，還看不懂徐訏的文學作品。我問過媽媽這兩本書是講什麼故事的，媽媽一手把書拿回去，對我說：「你還小，看不懂這些書的，等你長大才看吧。」故此我只知道這兩本書的作者是徐訏而已。直到六十年代我在電台工作時，因為我有一張可以購買內部書籍的購書證，能夠登上永漢路新華書店二樓的內部書店去淘書，我在那兒買到了一些外邊買不到的禁書，其中就有徐訏的《風蕭蕭》和《江湖行》，還有徐速的《星星月亮太陽》、無名氏的《塔裡的女人》等，這些都是當時在國內無法看到的禁書，當然後來我這些書在文革紅衛兵抄家時全被抄走了。這是我在文革前最初接觸和認識的海外作家的作品。

為了做好這次訪問，我冒昧地寄了一本《開卷》的創刊號和一封信到浸會書院中文系給徐訏先生，希望他能接見我，讓我做一次訪問。我心想他一定會因工作繁忙把我拒於門外，想不到兩天後就接到他掛來的電話，他很熱情地告訴我看了《開卷》，很喜歡，表示願意跟我見見面，於是約定了時間地點，讓我去找他。為了做好這次訪問，我和古蒼梧商量，他說：「有個問題我想你問他，就是前一段關於唐君毅的問題，他有什麼新看法。」我對此事一無所知，只有把這問題在筆記本記下來，我倒是重新翻看了《風蕭蕭》和《江湖行》，這兩本書，是我回港後在舊書店買到的。

在約定的那天下午，我坐巴士到九龍窩打老道。從巴士站慢慢向浸會書院走去，我過去沒有見過徐訏，心裡想他一定是個很難說話的老人，不禁有點忐忑不安。到了浸會書院，向人打聽中文系辦公室在哪兒，我才走近，就看見徐訏先生已經站在辦公室的門口在等着我，我連忙走前去，對他說：「我是《開卷》的杜漸，來遲了，對不起。」

他說：「你沒有遲到，我也是剛下課呢！來，進來坐吧！」

徐先生並不顯老，並不如我心目中那麼「老」，不過已兩鬢如霜，人也顯得瘦削，但很謙和，並沒有架子，頂隨便的。在辦公室裡坐定，我就開門見山地說：「如果你不介意，我想把我們的談話錄下來，以便整理出一篇訪問記，可以嗎？」他點點頭說：「沒問題，你就錄下來好了，不過我是不大會說

徐訏在香港浸會大學中文系辦公室

話的人，只會浪費你的時間。」於是，我按下錄音機的按鈕，擺開架勢，開始訪問。（詳細記錄見《開卷》第二期）

訪問後我連夜把記錄整理出來，第二天打電話給徐訏先生，準備給他過目，他說剛好這天下午他要過海到港島，約我在香港大會堂的咖啡座見面。我依約帶了文稿準時到大會堂咖啡座，只見徐先生早已坐在那兒等我，他說他每星期都會到港島郵政總局開郵箱取信件，所以比約定的時間早到，並不是我遲到，這使我安下心來。

我把整理出來的訪問記錄交給他看，他很細心地看了一遍，然後對我說：「整理得很好，我不需要改一個字了。」

這是我和徐訏先生的最初交往，沒想到他看得起我這個無名後輩，竟與我成了忘年之交，以後他經常在過海取信件時，差不多一兩個星期就約我到大會堂咖啡座聊天呢！

和徐訏先生的交往，是件很有意思的事，他自從我訪問他之後，有好長一段日子，每逢從九龍過海到港島郵政總局的信箱取郵件，都先給我掛一個電話，約我到大會堂咖啡座，喝上一杯咖啡，聊上個把鐘頭。

和他聊天十分有趣，雖然他是個著作等身的大作家，卻沒有一點架子，談起來很誠懇親切，從沒有一點虛偽矯飾，而有一個長者對後輩的關懷，也不失一個學者的智慧，使人如沐春風，可以向他說說心裡話，他會很耐心地傾聽。

有一次下午，我比他先到大會堂，他拿着一疊郵件來了，笑着對我說：「今次讓你久等了，來多久了？」

「沒多久，也是剛到。」

我們叫了咖啡，我一邊抽煙一邊問他：「徐先生最近有寫什麼東西嗎？」

「沒有啦，最近學校的工作很忙，寫得很少了。」

「我看過你的《風蕭蕭》和《江湖行》，那時我還在大陸，這些書當時在大陸是禁書，我是在內部書店買到的，看得很過癮。」

「讀禁書是很過癮的，不過我那兩本書其實寫得還不夠好，我不滿意。」

「你對自己要求過高，太謙虛了，我可是很喜歡這兩本書的。」

他搖搖頭說：「不是過謙，我是在重慶寫《風蕭蕭》的，實在沒有把這書寫好，至少沒有我後來寫的東西好，只不過因為當時重慶充斥着過多的宣傳性或左傾的東西，我這本自由發揮的東西才可能成為暢銷吧，我是不喜歡在作品中宣傳主義的。」

我說：「你寫了那麼多東西，難道不會牽涉到政治見解嗎？」

「政治見解當然是有的，你知道我本來是研究哲學的，我在北大讀書是讀哲學，畢業後又讀過心理學，那是三十年代的事了，我那時還很年輕，開始寫作，還編過些刊物，我曾到法國去留學讀哲學，不過後來因為抗戰爆發也就回國了。說老實話，我年輕時也左傾過，也讀過馬克思恩格斯的著作，那時思想左傾很盛行的。你曾在大陸讀過書，你應該也讀過這些書吧？」

「當然讀過的，我也曾信仰過，不過我已經不會再盲目信仰這些教條理論了，而且我認為中國現在實行的馬列主義是可疑的。」

他笑道：「可疑嗎？有人這樣說過：一個人二十歲時不相信共產主義是蠢材，在二十五歲以後還在相信共產主義是傻瓜。（作者按：查此語應為羅素說的：「一個人三十歲以前不相信社會主義是沒有良心，三十歲以後還相信就是沒有頭腦。」）我年輕時也曾經傻過兩三年，直到後來到法國留學，我為了學好法文，剛好碰上有本斯大林清算托洛茨基派的審判記錄，我的法文程度正好合適看，我看完了這份材料，就開始對馬列主義懷疑起來了。後來我回到上海，在當時信仰左傾的朋友當中，我是第一個失去對馬列信仰的人，所以很孤立，相當孤獨。」

我說：「我年輕時也很左傾，十四歲就參加革命，後來從香港回到內地讀書，在讀大學時我因為不願當馴服工具，在反右時受到了批判鬥爭，從那時起我對共產黨就開始產生懷疑，慢慢就不再相信那些教條了，在那時我也感到很孤獨，不過我始終認為每個人都必須保有獨立的人格，維持做人的個人尊嚴，我是個個人主義者呢！」

他聽了哈哈大笑，「想不到我們在這點上是同道中人呢！我是自由主義者，一個人要獨立思考很重要啊！」

我說：「我也看過有關對托洛茨基派的審判，如對布哈林的審判，簡直荒謬絕倫，我也看過赫魯曉夫的秘密報告。我曾有過一個計劃要寫三本書，第一本我已經寫了，就是《蘇聯秘密警察》，是揭露克格勃的，已經出了書，日本還出了日文譯本呢。但第二本和第三本還沒有寫，就是準備寫蘇聯大清黨的暴行和蘇聯持不同政見者的活動，看來還是值得花些時間去寫的。」

他搖搖頭道：「算了，別寫了，你還是把心思放在辦好《開卷》上面吧，那才更有意義，跟你談了這麼幾次，我覺得你這個人不是個搞政治的，不如把你的精力放在搞文學藝術上面吧！」

「我曾聽說你寫過一本叫《悲慘的世紀》的書，我在書店裡卻找不到，這是你的新作嗎？是講什麼內容的呢？」

「那也不是什麼新作了，那是在《文藝月刊》上發表的，可以說是本『未來小說』吧，現在你們叫做『科幻小說』。其實應該說那是本『哲理小說』比較恰當些。你也知道，我本來是學哲學的嘛。」

我說：「我沒有看過這本小說，很想找來看看，照你那樣說，我想大概會像喬治．歐維爾的《一九八四》吧？歐維爾很了不起，在四十年代就寫出這樣一本反烏托邦小說，我看他也是按照推理寫出來的，不過他所預言的事，我在大陸經歷了文化大革命，再看這本小說，真的全被歐維爾一一而言中呢，連我兒子看了也說真像把文化大革命的事寫出來了。我認為不管說這樣的小說是未來小說或科幻小說也罷，反正這是本值得看的好小說。」

「是啊，推演出未來，那是一種預言，希望給人一種警示，好避免發生這樣悲慘的事吧。」

「其實很多人有誤解，認為科幻小說只是寫些自然科學的幻想，其實科學本身包括的範圍很廣，也包括社會學倫理學和哲學等等社會科學，所以寫哲理性的科幻小說，也是一種科幻小說，這種有別於自然科學的硬科幻可稱為軟科幻吧？可能更難寫呢，因為作者必須首先是個有哲學根柢的思想家，方才有能力寫這種小說，正因為你是學哲學的，你是個思想家嘛！」

「我說不上是思想家，不過我同意你認為哲理性的科幻小說的說法。」

「那我一定要找你這本小說讀讀了。」

可惜的是，我始終沒能找到那本小說，我又不好意思問他借，故此拖拖拉拉，一直沒有拜讀，頗覺遺憾。我估計這本小說，一定會像《一九八四》那樣精彩動人的。

又有一次我們聊天時，他對我說：「《開卷》有一個中英對照的欄目，這很不錯，我可以介紹一位搞中譯英的朋友給你，他曾譯過我的一些短篇，如果可能，希望在《開卷》發表。」

可是，這事卻沒有了下文，也不知是何故，徐先生突然不再給我電話了，我們為時幾個月的咖啡約談就這樣突然中斷，我心想一定是他很忙，我不敢掛電話去打攪他，我竟不知道他已病重。徐先生是十月五日因肺癌去世的，我去殯儀館參加他的追悼會，回想我和他這一段交往，雖然時間短暫，但很有意思，在他晚年能同他談心，是我一段值得珍貴的回憶。他那平易近人謙和真誠的樣子，永遠留在我的心中。

懷念好友林年同和黃繼持

在和我同年紀的那群人當中，有一個人值得一記，他也是和徐訏先生一樣在浸會書院教書的，就是我的好友林年同。

早在七十年代，我還在《新晚報》工作的時候，我就同他有過書信來往。最初是因為他有一篇介紹外國電影的文章，引起了我的注意。那是楊莉君大姐轉給我刊用的，她說這個作者在意大利學電影藝術，因為我那時正在編《新晚報》副刊「風華」版，這篇文章是專門講電影評論的，我覺得很合用，於是我去信約他給我寫稿。

到我離開報館籌辦《開卷》之時，有一晚古蒼梧拉了我去參加一個晚宴，原來是林年同回港，大家為他洗塵。我以前只是同他通過信，從未謀面，這次是第一次見到他的廬山真面目。記得那晚宴會是在灣仔駱克道的一家飯館，我因為同他還不熟，所以在宴會中我沒說什麼話，吃完飯後大家離去時，在飯館門口，古蒼梧才正式向林年同介紹我。

他在飯館門口一把拉住我的手，瞪眼定定地看了我好一會，突然朗聲哈哈大笑：「原來你就是杜

上圖：林年同

下圖：香港文藝協會聚會合照：（前左起）林年同、石琪、陸離、金炳興，（後左起）小思、黃繼持、陳輝揚、鍾玲、杜杜、古蒼梧、施叔青、黃俊東、戴天、杜漸漸！同你通了那麼久的信，我一直以為你是個老先生呢，想不到原來你年紀同我差不多大！」

我有點愕然：「難道我真的那麼老氣橫秋嗎？我可是個很頑皮的人呢！」

他還在爽朗地笑着說：「不，不，你並不老，不過你寫的文字就老得多啦，光看文字，還以為你是個老先生呢。哈哈哈！」

我趁機告訴他正在籌辦一份讀書月刊，希望他能給我寫稿，他一口應承，還連連說：「一定！一定！」

過了不久，我和古仔（即古蒼梧）到沙田的隔田村去探訪他，他的家在這郊外，四周有不少樹木，環境很優美，在那平房裡佈置很樸素，我印象最深的是他的藏書，他沒有書架，是用報紙包磚塊在兩邊壘起來，上面放一塊木板，一層一層地擺上各種書籍。這既省錢又顯得很方便，美觀實用。他留學回來，多的是外文書，其中大多是有關電影和傳理方面的。

據他說，一九七二年他跑到意大利去讀電影藝術，簡直是身無分文，只有買機票的旅費，所以在意大利這些年生活非常艱苦，是個典型的窮留學生，同那些夾着巨資留洋鍍金的有錢學生不同，他全身心投入學習，經常餓肚皮，很多時沒錢開伙，就以麵包充飢。他笑着說：「每逢拿到了一筆稿費，就去打牙祭飽吃一頓。」

最初他到意大利，進了在佛羅倫斯附近的波羅利亞大學，那間大學可是頂出名的，是歐洲建立的第一間大學，《神曲》的作者大詩人但丁和科學家伽利略都曾在這所大學教過書。雖然這間大學歷史悠

上圖：高朋滿座：（前左起）我、陳子善、小思、黃繼持，（後左起）古蒼梧、許定銘、陳輝揚、陳浩泉、黃俊東、馮偉才

下圖：（左起）我、葉維廉、黃繼持、古蒼梧、張曼儀、卞之琳、馮亦代、余丹、戴天在太平山山頂

久，但他就讀的美術音樂表演藝術系，卻剛創辦了兩年，是門很新的學科，專門從美術史方法學研究這門學問，也就是以結構主義的基本方法進行研究，結構主義是五十年代才發展起來的一門新學問，六十年代方才在歐洲廣泛流行，波羅利亞大學可以說是這個前鋒藝術運動的殿堂。

雖然他在去意大利前，在語文上曾下過一番功夫，因為懂英文再學另一種外語是比較容易些，但畢竟是年紀大了，到了大學上課，第一年教授講的課他只聽得懂三成，得靠借同學的筆記刻苦鑽研，第二年就聽得懂七成了，到第三年基本上能領會並且在寫作上能暢所欲言了。他畢業的論文題目是《新寫實主義的藝術史、評論史和史學史》。說實在話，什麼結構主義，新寫實主義，我都是在結識林年同後才認識的，而且是他不厭其煩地給我解說，我才初步了解這些新學問。

那天他交給我一篇稿子，就是在《開卷》第一期上刊登的《愛森斯坦著作選集六卷》，筆名「崔陽」。他還交來了一本畫冊，上面有梅蘭芳訪問蘇聯時的照片，愛森斯坦在一九三五年就拍攝過《梅蘭芳舞台藝術》的紀錄片。另外還有愛森斯坦畫的幾幅《伊凡雷帝》舞台造型的設計，都是很珍貴的，這為《開卷》生色不少。

後來林年同在浸會書院傳理系當系主任，工作就忙了，寫稿也就少了。每次他答應給我寫稿，當我催稿時，他總是說：「快了，快了，過些日子就寫……」總是拖拉，沒有下文，我就罵他：「你總是意大利時間！沒有一點時間觀念！」真是沒有他一點辦法，罵他也沒用，後來我乾脆不再催他了。為什麼我罵他「意大利時間」？那是因為他這個意大利博士曾有過忘了約會，遲到二十四小時的趣事，成了我們開他玩笑「意大利時間」的笑話。

不過我同他的交往卻很密切，經常聚在一塊，談天說地，無話不談，而且能說知心話。直到他後來病倒了，我和古仔、黃繼持一起，到浸會醫院去探望他，我們都知道他得了肝癌，相當嚴重。可是見面時，他仍如既往一樣，笑容滿面，樂呵呵地跟我們談笑風生，大聲地爽朗地笑，很樂觀，一點也看不出他的病容。當我聽到他去世的消息，真的一晚都睡不着，想起他生前那種豪爽的笑容，使我無限懷念。可嘆他英年早逝，他的一生就像一顆流星，在天上一閃而過，雖然暫短，卻盡情地發光發熱，令人讚嘆，驚奇美麗，留下永遠的記憶。

林年同生前著作甚豐，我在三聯書店工作，曾同林年同在浸會書院傳理系的一個高足盧偉力商量，想為林年同出一本文集，以紀念這位英年早逝的好友。我同三聯的老總蕭滋先生談妥了，他答應把它放在《香港文叢》裡面，就等稿件編出來了。可是那位高足一拖就是幾年，遲遲不交稿，直到我離開三聯告別香港，仍然沒有聲氣，我沒能為這文集成書出版，這是我引以為憾的一件事。

另一個值得懷念的好友是黃繼持，在辦《開卷》之前，我同學術界的人沒什麼來往，並不認識黃繼持，他是古仔的好朋友，是古仔介紹我認識他的。最初，我和他只是點頭之交，沒有進一步深談，我總覺得他是個高深莫測的學者，高攀不起，這大概是我自覺學識不如人的一種自卑心理作怪吧？後來談起來一算，其實我和他以及趙令揚、常宗豪等人都是同一年大學畢業的。

後來接觸多了，混熟了，才知道他並不是我想像的那麼高傲，而是個平易近人的謙謙君子。記得有一次我約了古仔和他一起到太古城去探訪劉以鬯先生，事後我們在太古城的露台上邊走邊聊，黃繼持說起某個朋友「眼角很高」，此君曾說全香港只看得起四個半人。繼持還說：「過去他口口聲聲叫我恩師，如今視我為『㚒師』了。他說過只佩服的四個半人，你知道是誰嗎？我算一個吧，另外三個是小思、古仔和劉以鬯，那半個人就是杜漸你呢！」

我聽了不禁哈哈大笑：「哈哈，真是榮幸之至，我這半個人就算是叨陪末座吧，總算是攀上你們四位大家啦！只是我被砍掉的另一半人，該如何活下去呢？」

這四個半人的笑話，真使人啼笑皆非，不過我覺得能叨陪末座也很不錯了。

有一次我喜歡研究山草藥的妻子硬拉我去參加一次郊遊，那是李甯漢大夫組織的「認識山草藥植物之旅」，我本來老大不願意去的，覺得花一整天去行山不值得，實在太浪費時間。不過妻子堅持一定要我參加戶外活動，我只好勉為其難地參加了。

到了集合地點，我發現黃繼持也在這隊伍中，原來他也對山草藥植物感到興趣，於是我們兩個就一邊走一邊談天說地，也就不覺無聊了。繼持突然問我：「你認識高潔嗎？她就是西維，最近她出了本《合金菩薩》，你看過沒有？」

我說：「我認識她，她是我在《新晚報》的同事梁良伊和高學逵的女兒，過去在廣州讀書，好像是八中紅旗的人，經過『文革』洗禮的，最近幾年才回到香港，目前在《新晚報》工作，不過她是我離開新晚後才入報館的，我跟她並沒有一起工作過。大概因為我是她父母的好朋友吧，她送了一本《合金菩薩》給我，散文寫得很不錯呢。文字很清新脫俗，我是很欣賞的。」

繼持說：「我一直以來，認為左派的作家中有兩個異數，一個是她，一個就是你。」

我問：「為什麼你把我和她目為異數呢？難道是因為我和她都是從『文革』劫難中能活下來，所以是異數嗎？」

他笑笑，不作正面回答，只說：「在左派的寫作人當中，你們兩個可以說是與眾不同的，我很欣賞你們。」

又有一次，古仔、繼持和我三個人去文樓的家聚會，也就是大家開玩笑公推羅孚為香港「文化教父」的那一次。事後坐地鐵回到九龍太子站，本來在這個站我們得分道揚鑣的，可是我們三個卻「雞啄唔斷」地聊着，捨不得就此分手，好像還有很多話要談似的。繼持突然問我：「你相信馬列主義嗎？」

這問題問得很突兀，我一時被問得愣住了。他又追問了一句：「你信不信馬列主義？」

於是我只好「從實招來」：「過去我相信過，以為這是救世靈丹，是一種解放人類的理想，所以我才會參加革命，回國讀書，希望能為國家人民做點事。不過我後來發現中國實行的並不是馬克思主義，毛澤東不是說了馬列主義千言萬語歸根結底只有一句話，就是『造反有理』嗎？這說明毛根本不懂馬克思主義。再說列寧主義和馬克思主義也不是一回事，如果說馬克思主義是種理想，一種學說體系，那麼列寧主義則是暴力革命的理論，同馬克思主義完全是兩回事了，我不贊成把兩者混為一談，如果硬把這混合的怪胎叫馬列主義，那我是不相信的了。」

「那你認為馬列主義是什麼？」他繼續審問我。

「在外國歐美的大學裡，有教馬克思主義的理論課程，那是作為世界很多種思想理論體系之一來加以研究的，作為一種哲學體系馬克思主義是一種值得研究的學科，我認為馬克思主義的共產主義，只是一種哲學推理的美麗理想，卻沒有得到科學實踐的驗證。我們從蘇聯到中國的實踐來看，所謂馬列主義，就是對人民實行無產階級的暴力專政。我對馬列主義沒有什麼研究，談不上批判它，只是我不再相信它是救世靈丹了。」

繼持很嚴肅地說：「我也不相信，但作為一種理論體系，還是需要去好好研究和加以批判的。」

我說：「我對政治已經沒有興趣去研究啦！」

繼持點點頭：「以後我們再談吧，這個問題很有趣，的確也很有意思。」

不過，我們再也沒有去接觸這個「嚴肅話題」了。只是那次在地鐵站我們之間簡短的談話，我的印象極深。馬克思主義作為一種思想體系，這點確實值得好好研究的；但馬列主義是一種暴力革命的專政理論，事實上到目前為止，全世界，從蘇聯到中國沒有一個國家經得起實踐的考驗。馬克思自己就說過：

我只知道我自己不是馬克思主義者，我播下的是龍牙，而收穫的是跳蚤。

早在一八八六年恩格斯就宣布放棄共產主義理論，他在《英國工人階級狀況》中指出：

共產主義不是一種單純的工人階級的政黨性學說，而是一種目的在於把連同資本家在內的整個社會從現存關係的狹小範圍中解放出來的理論。這在抽象的意義上是正確的，然而在實踐中卻絕對無益，有時還要更壞。

而列寧卻把這種理論實踐成為一種無產階級專政，據說這就是發展了馬克思主義，從蘇聯的實踐已證實了恩格斯所說的「絕對無益，有時還要更壞」了。蘇聯十月革命之初俄共本來打算是同各黨派合作組成聯合政府的，但後來列寧改變了主意，變成了共產黨一黨專政。在中國建國之初，何嘗不是以民主為號召許諾人民民主專政，各黨派以《共同綱領》團結建國？可是結果毛澤東在揮手之間就扔掉《共同綱領》變成一黨專政，人民民主專政也就沒有了人民民主，變成無產階級專政，憲法也只是一紙空文。這說明了無論是蘇聯或是中國的實踐，都完全是馬克思主義理論的「龍牙」長出來的「跳蚤」。在發生六四事件後，有一晚我們聚集在繼持家裡，大家都感到悲憤，對於一個動用坦克機關槍來屠殺學生的政權，我們都不再心存幻想了。

記得是那次行山看山草藥時，我曾勸說繼持把他的一些近作收集起來，讓我在《讀者良友文庫》中給他出一本書，他一口應承了，那就是他的《寄生草》。

我曾在《星島晚報》寫過一篇文章，介紹這本書。此文後來我沒有收入《書痴書話》，故此在這裡把它照錄如下：

《遊園樂——推介黃繼持的〈寄生草〉》

中國之園林，疊石成趣，曲徑低迴，亭台樓榭，移步換形，隨遊者視覺的轉移，每有一番新的景色。黃繼持的《寄生草》可以說是文學園林的導遊，引讀者欣賞藝術勝境之美。

繼持兄攻文學，於劉勰、鍾嶸研究頗有所得，對西方學術理論亦旁通博識，由他來寫文評，自是遊刃有餘。他謙虛把這本書叫作《寄生草》，戲之曰「寄生文字」，其實寓作於述，殊姿異采，頗具慧識。記得最初是緣起於一次郊遊，和他一起觀賞中草藥植物，走累了在道旁石凳小歇，我提出要他把近年所作結集成書，收入我編的《讀者良友文庫》，他素來是支持我的，當下一口應承，不久即交來書稿。全書分為三輯，一為港台文學之評論，一為中國文學之賞識，一為有關藝術之論。

《寄生草》所收文章，是書的導讀，如園林之嚮導，寫來文筆婉轉，似帶人穿梭於曲徑，有流動的美學趣味。此恰如中國之山水畫，既不需透視，卻隱藏着無限多的可能焦點，隨着遊目移動，隨機設定焦點，都可相應顯現出一幅新的景觀，且各個景觀變換而又互相涵攝，顯得氣韻生動。但繼持兄並不只固守中國文評的方法，他也將西方的理論融鑄進去，熨貼相應，從深度的透視中，呈現出文學內涵的人文精神。

繼持兄是學者，學者文章卻無學「格」論文的那種格式。學「格」評文多按西方導師之規格，從引言到結語，四平八穩，類同八股，加上比正文還長的一條條註釋，此固然可供考勤教學參考，但往往令讀者望而生畏，無多裨益。《寄生草》卻是給讀者看的評文，談書論藝，涉筆成趣，揮灑自如，若促膝暢談，使人感到親切，故能將人引入藝園，指點美景，言者娓娓，如朋友傾吐心聲，絕不會使人覺得學者高人一等，拒人千里。這正是繼持兄為文成功之處。本來評文目的之一正是一種藝術的導遊，以理論為依據，經知性的加強，使讀者經內省之途以識別作品之好壞，提高鑑賞能力，從而提高文化水準。這同學院文章是完全不同的，但其效用比那類按一定學「格」寫的論文大得多。

有人說，繼持兄為文過於雕飾，太追求文字工麗的美感，不易讀懂。我認為這確有其不足，但行文各有自己風格，實不需強求一律。《寄生草》並不是那種看一次就足夠的甘草文章，得再三咀嚼，才能如嚼橄欖，嚼出味道，這正是它們耐讀的原因。

雖說是「寄生」之草，但這樣的文章絕不易寫，首先要有博學專精的修養，其次得讀透原書，才能提升出自己的真知卓見，絕非草草而成，需下一番踏實功夫。《寄生草》既是一個學者的讀書隨筆，也是他知識提煉的昇華。

三部分中，香港讀者讀第一部分自然感到親切，談小思、西維、戴天、劉以鬯、陳浩泉，以至台灣的陳映真，都是我們熟悉的作家和作品，經他剖析，可使我們看得更深更透。第二部分談中國名家錢鍾書、楊絳、朱光潛、俞平伯的人與文，絕非泛論，關情至深，足顯一個學者對前輩的景仰和情懷。我尤喜《喬賞也是新園》，是繼持兄帶我遊賞藝園，滿目琳瑯，美不勝收，可作讀錢先生的導讀。至於第三部分，談論藝術，內容頗廣泛，從園林、禪學、電影，直到武功，揮灑淋漓，肆意縱橫，若沒有學者的學養，是談不好的。

《寄生草》是繼持兄為文學藝術的大廈獻出一木一石，也只有像他這樣真誠的人，才會這樣孜孜不倦地耕耘，甘當藝園的嚮導。這並不是說他沒有能力寫高頭講章，而是他肯為人作導遊，確是一片苦心。一書一世界，一葉一亭園，我也該把話打住，多說是多餘了。

我在離開三聯前，經總編輯陳昕先生同意，出版了我一九八七年至八九年間寫的一些書話，收入我編的《讀者良友文庫》，本來我想把這集子叫《小花集》，後來才改為《書痴書話》的。當我把這些「小花」拾齊，交給繼持過目，請他為我寫篇序，他一口應承了，而且很快就交了卷，這就是他那篇《書痴的小花》，從題目而可知，原先我是想名之為《小花集》，作為獻給自由民主的一朵小小的「紙花」。繼持的序文把我的那些小文過譽了，不過在當時確是「開春驟冷，孟夏凝陰」氣候變化莫測的季度，他肯為我寫這篇序，實在感激。

我離開香港前，曾問過繼持有沒有打算移民海外，他說：「我是個頑童，或者說，是個老頑童，我要留下來，看看九七之後香港會變成怎樣！」他以老頑童自居，你有他什麼辦法！在我移居加拿大後，我和繼持仍保持通信，他曾有一信，回答我關於香港近況的詢問。他說：「以老頑童心態觀看，只見群魔亂舞，眼花瞭亂矣。看來你移居異地，眼不見為淨，是有道理的，不必後悔。」

我曾在一九九四年回港，只見到道群和古仔，卻找不到繼持。回加後寫了一信給他，卻遲遲未見回音，直到一九九五年七月才收到他的回信，這是他給我的最後一封信：

「昨晚與古仔共宴鄭樹森，他才轉來你給我的信，原來信封上地址寫錯了一個字，B字寫成8字，卻使我七個月後才讀到來信，加上你來港時不遇，真有時空弄人之感了。我去年冬天身體甚差，哮喘發作很苦，一些日子『閉關』，不知世事，錯過與你見面，後來古仔說起，大感懊惱不已。我們是率真的朋友，血性中人，論事無忌，這樣的朋友已寥寥無幾了。我今年即使不在病期，也已少涉世務，很多事『冇眼睇』。香港正喧囂亂動，所謂文人，更醜態百出。我對此地並非留戀，只是日常不能離開中藥，又怕奔波外地建立另一套生活習慣，而且身體既差，也就『拼死無大害』，何況我也絕無『野心』攀援權貴，並且打算『九七』前退休，大隱隱於市，冷眼看世界。」

此信是一九九五年七月十四日寫的。可惜我再次回港時，繼持已去世了，令我惆悵萬分。他是個學識淵博的人，可惜卻英年早逝，懷思好友，黯然神傷，能不淚下？

懷念好友馬國權

那是一九六〇年的夏天，我從中山大學中文系畢業。經過一九五七年的反右鬥爭後，學校裡政治運動一直就沒有停止過，一天到晚盡是開會，不是要你「向黨交心」，就是要你去「拔白旗」，走什麼「又紅又專」的道路，加上「除四害」搞全民打麻雀除老鼠，要不就是下鄉勞動，反正就是不讓你好好休息，更不讓你好好讀書。我們畢業那年，沒有舉行什麼畢業典禮，當然也就沒有戴方帽子那一套了，我們這些大學畢業生全都被派到鄉下去掃盲，這就算是畢業典禮吧？

我們班分配到石歧的一個小村，白天下田勞動，晚上把村裡的農民聚齊來進行掃盲。搞掃盲的主要工作自然是由學語言專業的同學負責，我們那些學文學專業的大多是靠邊站，插不上手，最多也只能做些打雜的工作。我在晚飯後就沒有什麼事情可幹了。

記得有一天我在晚飯後走到河邊的小碼頭去洗腳，碰見一個高大個子的同學也來洗腳，他就是馬國權。

在過去我並不認識他，因為他是跟容庚教授學古文字的副博士研究生，研究生當然是比我們一般的大學生高很多的。我只知道他這年是研究生畢業，也被派跟我們一起下鄉掃盲。反正我們兩個都沒有什麼事幹，就坐在河邊聊起天來。

他告訴我他是一九五三年在中山大學畢業，後來再跟容庚教授學古文字學，讀了四年研究生。我好奇問他：「為什麼你研究生畢業也要同我們這些人一起下來掃盲呢？」

他聳聳肩頭說：「鬼知道為什麼呢，反正就是要我們下來勞其筋骨嘛，大概這樣就可以改造我們這些知識分子的世界觀吧。」

我苦笑道：「天可沒有降我們什麼大任呀，我不知道這樣勞其筋骨，能把我們這些人改造成怎樣，我的世界觀可就沒那麼容易改造，上次到虎門勞動，搞什麼五十畝田併成一畝弄虛作假的假高產田，還有十日十夜不讓睡覺割禾的放衛星，我非但沒改造到什麼，反而學會了抽煙的壞習慣。十日十夜不睡，只有在紙煙上塗萬金油猛地一抽，頓時鼻涕眼淚齊飛，自然清醒過來了，最後落得上了煙癮的結局。」

他聽了哈哈大笑，「這樣下鄉勞動，簡直是浪費青春，大學在反右後就一直在搞政治運動，沒有好好讀書，現在他們反對讀古書，一講中國文化傳統，就說是『厚古薄今』，我讀的就是古文字學，又不是現代漢語，要我怎樣才不厚古呢？這不是笑話嗎？這樣搞下去，真不知道學生畢業出來，將來怎樣工作呢？」

我說：「讀書只有靠自己了，可是你要讀書，那些不讀書的人就說你是走白專道路，哼，讓他們走紅專道路好了，我寧願自己多讀些書，不跟他們瞎胡鬧。」

他嘆了口氣：「對，你說得很對，書是要自己去讀的，沒有自覺，光靠課堂聽老師講是不夠用的，得自己找書讀，不要白白浪費光陰。你喜歡看什麼書？」

這下可對上我的口味了，我告訴他我是民間文學專業的，因為畢業前我擔當了整理車王府文獻的工作，在圖書館裡讀到了不少平日禁看的說唱作品；還告訴他我古今中外什麼書都愛看，只要能弄到手就看，書海是個大世界，在外文書裡也有很多好書值得一讀。例如我在天津的勸業場舊書店買到的一本波斯詩人莪默·伽亞模的英文傳記小說，內容如何如何。還把我在中學時因老詩人鄭樹榮老師介紹看郭沫若翻譯的《魯拜集》，故而對這波斯詩人產生了興趣，一一如數家珍地向他傾訴。

他聽了很感興趣，特別是聽說魯拜這種詩很像中國的絕句，也是四句一首，一二四句押韻，於是就同我談起唐詩的有名絕句。這樣一來，我們的談資就豐富了，那晚我們一直談到大家都要熄燈睡覺了，方才不捨地分手，相約明晚再繼續到河邊來聊。

從那晚起，我們每天飯後就溜到河邊，坐在小碼頭，談天說地，真是風涼水冷，直到別的同學掃盲結束，我們才回去睡覺。馬國權很善談，他給我講了不少古今文人軼事，諸如李清照和丈夫賭茶猜某句出在某書某頁，還曾給我講過諸如老佛爺如何殺害珍妃一類的掌故，講得如數家珍，娓娓動聽；我則給他講些外國作家的奇談趣聞。他戲稱我們每晚的河邊聊天為「天方夜譚」，我們的確一起度過了很多愉快的傍晚，由於意氣相投，頗有點相見恨晚，這就是我們倆交往之始。

下鄉結束，也就是畢業之後，我被分派到廣播電台工作，他則分派到暨南大學教書，幸好我們都分派在廣州，並不因各散東西而斷了來往，離開大學後，我們的來往反而更密切了。每個周末，我們都會聚在一起，不是我到他在高第街的家，就是他到華僑新村我的家，很快我們兩家人也就成了朋友，經常來往了。我叫他馬公（頗有點不敬，因馬公也可作公馬解），他則叫我的小名阿弟（因我的小名叫弟公），我們之間互相取笑，全無隔閡。

有趣的是，我和他並沒有約定，卻給我們的兒子起了相同的名字，我的大兒子叫李大為，他的大兒子叫馬大為（後來正名為馬達為）。馬大為那時才大約十多歲，已經很懂事了，他爸爸常帶了他到我家，頂可愛的，樣子長得像他爸爸極了，我常笑他們是一個模打出來的。

當時正值三年經濟困難時期，糧食短缺，我們畢業前，在學校早已經要吃「無縫鋼管」（白水煮通心菜）和「雙蒸飯」，還有什麼「小球藻」和扔在地上能彈起來的「蔗渣餅」。在廣州這樣的大城市也弄得物資短缺，生活必需品什麼都要憑證購買，什麼糧票布票油票糖票，農村的情況就更為困難了。這就是頭腦發熱搞「大躍進」帶來的惡果，想大跨一步登天到達共產主義，卻跌了一個倒栽蔥，反成了「大躍退」，整個國家經濟已經到了崩潰的邊緣，從鄉下來的人口中已聽到有餓死人的情況。不少人由於缺乏營養得了水腫，我們兩家情況已算比較好的，但用手指按按額頭，也會有個凹下去的坑，久久方才復原，怎麼辦？所幸的是我們兩家人都有港澳關係，國權的妻子當時還在香港，不時寄來一些接濟，我父母也從香港寄來了一些油糧，故此我們兩家人都還不至於餓死，但是長期缺油水，肚子空空如也，可真是「啖出個鳥來」。每到星期天，不是我到國權家，就是他到我家來，我們千方百計弄些可以入口的東西解解饞，有時在農貿市場我買到一點高價肉類和一些茄瓜，就油煎茄子，這在當時對我們這些又餓又饞的人來說，可算是了不起的美味了。我家一有點好吃的，就立即打電話給他，他就帶着兒子到我家來，吃上一頓。記得有一次國權的父親不知從哪兒弄到一碟燒鵝，他也掛電話給我，叫我去分享，這在經濟困難時期可是很不容易的。馬嫂從香港回到廣州，在暨南大學當校醫，我們兩家的周末聚會就更頻繁了。我和國權相濡以沫，兩家人就是這樣互相扶持，撐過那些大饑荒的日子。

我和國權一起經歷了這段艱苦時期，很自然成了終生的知心好友。有一天他跑到我家，專門給我刻了兩個圖章，還教我篆刻和書法。他給我講解王羲之的書法藝術，曾對我說：「看來你還是學瘦金體吧，你的腕力不夠，這種字體對你比較合適。」我說我喜歡鄭板橋的書法，他叫我先把楷書寫好，才好學變體的字，要有耐心和恆心，不能一步登天。可是我的字到現在還是寫得很差，就是因為我沒有練字的耐心和恆心。

我把幾年來搜集整理的廣東民間故事，交給廣東人民出版社出版了一本《廣東民間故事集》，得了兩百多元的稿費。國權勸我買張好的書桌，他說：「你也看見過我那張舊書桌，相當好用的，不錯吧？我們讀書人得有一張好書桌，因為這樣讀書方便些，我們除了睡覺的時間外，很多時間都是對着書桌的，你現在賺了點稿費，就買一張好書桌吧。」我覺得他言之有理，確實我們讀書人一生大部分時間都是坐在書桌前面的。

他特地帶我到西來初地的舊傢私舖，一家一家地去物色舊書桌，要知道解放後很多過去的富有人家，都把好的傢具出售，在舊傢私舖常常能找得到很好的書桌。我們最後看中了一張花梨木大書桌，是桃木桌面的，很漂亮，我花了九十塊錢，把它買了下來。我很喜歡這書桌，不只是因為它古色古香，而且桌面很大，十分合用。

我在這書桌寫了第一本中篇的驚險小說《成吉思汗的寶藏》。馬國權不只為我這本手稿寫了封面的題字，還一本正經地用毛筆給每一章寫上小標題，更為我介紹給香港《大公報》連載。他對我說：「我看你這小說適合在香港出版，剛好《大公報》副刊的老總陳凡先生來廣州組稿，他跟我談起，我向他提及大作，他很有興趣，你就把那小說給他去發表吧。」就這樣我那小說在《大公報》的「小說林」連載了，後來我還為《大公報》翻譯了哈葛特的《蒙蒂祖瑪的女兒》和一本非洲狩獵的冒險小說。另外我還通過國權的介紹，給香港的《文藝世紀》雜誌譯過幾篇印尼民間故事，當時我們認為這是很正常的，完全沒料到日後在文化大革命時被目為我「裡通外國」的「反革命罪行」。

有一次國權出差，到外省考察古文物，在某個地方的文物商店見到一個刻有「健翁」兩字的玉章，他買下來專門送給我。我很喜歡這玉章，那是一塊小小的碧綠晶瑩的舊玉，令人愛不釋手。可惜的是這個玉章我沒能保存，到了文化大革命，我被打成反革命後，玉章被紅衛兵抄沒，下落不明了。

文化大革命開始時，我還在梅縣搞四清，回到廣州，只見紅衛兵在華僑新村到處抄家「除四舊」，很多人家的衣物被紅衛兵視為「奇裝異服」，在村口一把火燒掉。我回到家那天，親眼看到著名電影演員淘金在村口被紅衛兵鬥爭，走進家門就發現我的所有藏書手稿和書房牆上掛着的黃永玉木刻《釣鯊》，全已被紅衛兵抄走，書房裡只留下一本蘇聯小說《司機》。據家人說，紅衛兵聲言：「司機」是工人階級，可以留下來，其他都是「封資修」，一本也不准留下，一律燒光。華僑新村在廣州是首當其衝的地區，紅衛兵在這兒可說是「大有斬獲」，紅衛兵所到之處，誰敢阻擋？廣州就有一家人因不讓紅衛兵進屋除四舊，被認為是反革命，一家幾口當場被那些「小將」活活打死，其殘酷是極罕見的，還在報上登了新聞，說這家人阻擋革命小將就是反革命，死有餘辜。住在我家隔壁的粵劇演員紅線女被剃了頭遊街，嚇得她的母親躲到我的家。在華僑新村有一家的夫妻在家裡睡覺，被紅衛兵闖進來揪鬥，硬說他們是狗男女亂搞，罰他們跪在地上，打破了他們的頭，還在他們頭上撒上鹽。這時華僑新村真是一片「紅色恐怖」，搞得人心惶惶不可終日。文化大革命到底是怎麼回事？我搞不清，燒書和鬥爭知識分子，不是在焚書坑儒嗎？我對着空空如也的書房，真是欲哭無淚。

一天早上，馬大為提着一個包袱，氣喘喘地跑到我家來，焦急地說他爸爸怕紅衛兵抄家，想把一套好點的衣服存放在我家。我告訴他華僑新村正被紅衛兵到處抄家，把人家的衣物抄走燒掉，國權這套衣物要是留在我這兒，反而是送羊入虎口，更難保存，我的書已經全被抄光了。大為只好趕快抱着包袱回家去了。

文化大革命期間廣州亂成一鍋粥，我在電台參加了造反派，備受圍攻，我不知道國權在暨南大學的情況怎樣，我妻子的一個哥哥也曾在暨大教書，結果被七鬥八鬥跳樓自殺死掉，我很擔心國權這個有學問的人會被視為「反動學術權威」挨鬥爭，但苦於無法通消息，特別是我們一派的群眾組織被「支左」的廣州軍區打成反動組織，我更沒法同國權聯繫了，生怕會連累他。

直到周恩來到廣州為我們這些被打成反動組織成員平反，記得在武鬥後，我才有機會跑到國權家去看望他。一進門只見他坐在家裡，就着門口的光線在抄寫一本著作，見他這樣我就放下心頭的大石了。他關心地問我：「聽說你們電台搞得很慘，你們有沒有挨打呀？我在學校一於逍遙，有空就躲回家來，搞搞這些東西，反正沒人理我，倒還算好過。」我說：「我們單位夠亂的了，我大姐被抓去石井坐牢，我也被打成反動組織成員，所以一直不敢來看你，怕連累你。」他說：「你家被抄過嗎？」我說：「我家抄了七次，什麼都抄光了。我的藏書被抄光，連手稿也全抄沒了。很對不起，大為把衣物拿到我家，我沒有給你收藏，幫不上忙。」他嘆了口氣說：「唉，我真幼稚，還以為華僑新村講政策會被優待些，那地方住着不少統戰對象嘛，不至於會亂搞吧，所以我才會那麼傻，叫大為把衣物藏到你家。想不到恰恰相反，我們這兒高第街反倒還算比較平靜，沒有搞到那麼慘，我住在這橫街小巷沒有人來抄家，我的書一本都沒有抄走。」但是我們都對文化大革命會變成怎樣，都看不到一線希望，我們相對無言，心中的苦悶盡在不言中。我臨走時，他握住我的手，說：「阿弟呀，留得青山在，不怕沒柴燒，你要注意身體，多多保重啊！」我聽了眼睛不由得濕潤起來，趕快說聲「你也保重」，掉頭離去。

跟着在一九六八年清理階級隊伍，這次我在劫難逃，被打成了反革命，送到五七幹校去了。直到一九七一年初，我回到廣州養病，才有機會再跑到國權家去。我們見面，談到各自在這些苦難歲月的經歷，相對不禁唏噓。

一九七一年我因母親病危突然回到香港，在再次回到廣州等候辦理回港的單程證那些日子，我去找國權，他告訴我，偶然找到了一本我曾借給他看的書，裡面印有他為我刻的藏書印，他知道我的印石已經全被紅衛兵搞掉了，就按照原來那印章，給我重刻了一個藏書印。我拿到單程證臨走前跑去見他，告訴他我終於拿到單程證回香港了，我說：「我這次一走，就再也不會回來廣州的了，留在華僑新村的那張書桌是吾之所愛，就送給你做個紀念物吧。你僱一輛大板車，趕快把它運走，否則我走後，我家裡這麼多人卻沒有人會珍惜這張書桌的，我不想明珠暗投，還是你搬回去有用些。」他果然同大為到我家把那書桌運回家去，這是我留給他的紀念品。

我回到香港後，仍有和他通信。記得我到《大公報》工作後，因為和陳凡先生有些過節，大概國權聽說陳先生對我頗有微言吧，國權曾有一信，給我提意見，希望我要尊重領導，要謙虛謹慎對人處事，那是一個好友的勸勉，我是很感激的。不過我秉性難移，終於還是離開了報館。

我前腳出他後腳入，一九七九年我離開了報館後，國權也來到香港，在《大公報》副刊工作，受聘當撰述員。他家住在天后廟道，我當時住在大坑，離他家不遠，有一晚我夫妻倆跑到他家去，聽他說馬嫂要想找工作，我就同我爸爸商量，讓中國銀行的醫療所聘請她去工作。有一天我找到了幾塊舊

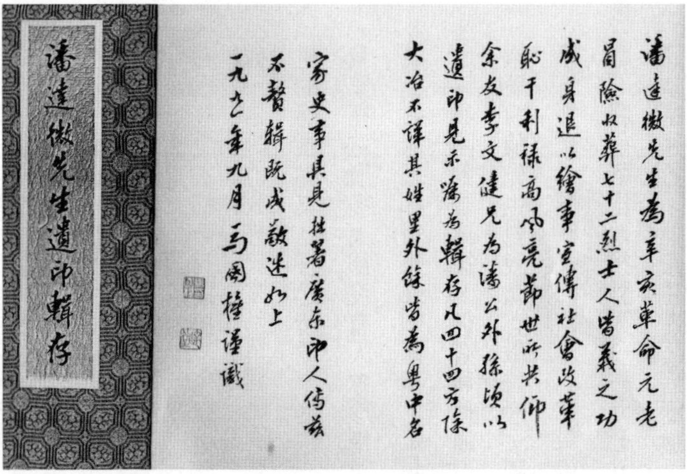
潘達微先生遺印輯存
潘達微先生為辛亥革命元老
冒險收葬七十二烈士人皆義之功
成身退以繪事宣傳社會改革
恥干利祿高風亮節世所共仰
余友李文健兄為潘公外孫頃以
遺印見示屬為輯存凡四十四方除
大冶不詳其姓里外餘皆為粵中名
家史事具見拙著廣東印人傳茲
不贅輯既成敬述如上
一九七七年九月 馬國權謹識

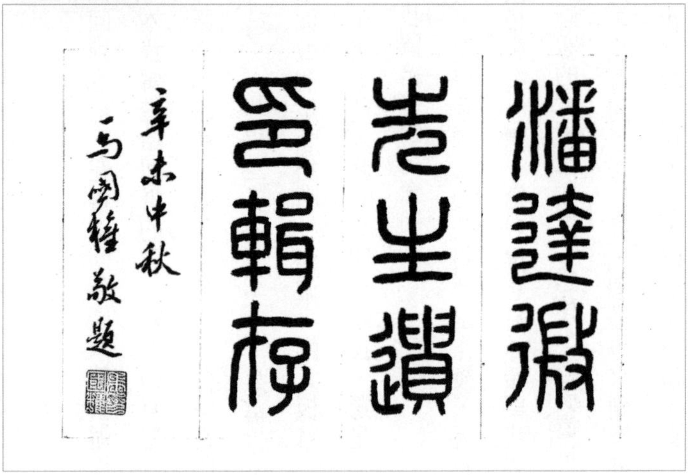
潘達微先生遺印輯存
辛未中秋
馬國權敬題

馬國權字跡

馬國權和我在多倫多

石章，國權挑了其中一塊芙蓉冷石，為我刻了一個我筆名杜漸的圖章。

畫家黃般若的兒子黃大德到香港，來收集我外祖父潘達微的資料，我將我收藏的一盒外祖父的舊圖章找出來，同他一塊去找國權，國權對我說：「我很敬重你的外祖父潘達微，他很有膽識，要知道在當時收葬七十二烈士，不是一般人敢做的事，他是個值得人尊敬的人。」他專門為這些舊章做了一本印譜。

在香港這些年，我同國權各忙各的，見面的機會反而比在廣州時少了，但不時還有機會聚在一起，見了面話語雖不多，但大家都心靈相通，不需多言，就能互相理解。

一九八九年我決定移居加拿大，我同他有過一次談話，我告訴他我要到多倫多同兒子團聚，他說：「你這決定是對的，我也有此打算，避秦政嘛，將來香港會變成怎樣，誰能說的準呢？」他也打算移居多倫多，我運行李時，他還託我運一張桌子。當他到多倫多後，曾到我家取回那張桌子。由於我住在密西沙加，他住在士嘉堡，一個東一個西，只有在中大同學會開會聚餐時才有機會見面，見面時我們談的仍是藝術和書。

記得有一次他掛電話給我，請我到他家去聊天，說他們士嘉堡有脆皮燒豬，他知道我愛吃燒豬肉，特別這樣說的。我駕車到士嘉堡，他老遠跑到街口迎接我。其實我們見面只要清茶一壺，就足夠了，正如黃山谷說的，「恰如燈下故人，萬里歸來對影；口不能言，心下快樂自省」，何需脆皮燒豬肉呢？

他在加拿大一住四年，終於還是不甘寂寞，要回流香港發展，在他臨走前，我曾去探望他，我說：「馬公，你到底還是耐不住寂寞，我在這點可比你強些。」他苦笑道：「你和我不同，我兩個兒子都不在這兒，你兩個兒子經常回家來看你，我回香港可以見得到大為，比在這兒好些。」我說：「這倒是實話。當初你不是說避秦政才來加的嗎？難道你現在回香港就不怕了？」他說：「我都老了，怕得那麼多呢？我希望回去還能在學術方面多做一些事，在這兒雖然環境很安靜，是個寫作上的好地方，但比不上在香港方便。」

我並沒有勸他不要回流，只是即將要分別，總有些依依不捨。他知道我在學畫畫，特地把兩本他收藏的畫冊送給我留念。

他回港後，託人帶給我一幅他寫的字，那是杜甫《丹青引贈曹霸將軍》的詩句：「學書初學衛夫

學書初學衛夫人　但恨無過王右軍　丹青不知老將至　富貴於我如浮雲

文偉先生雅屬　丙子國權錄杜詩

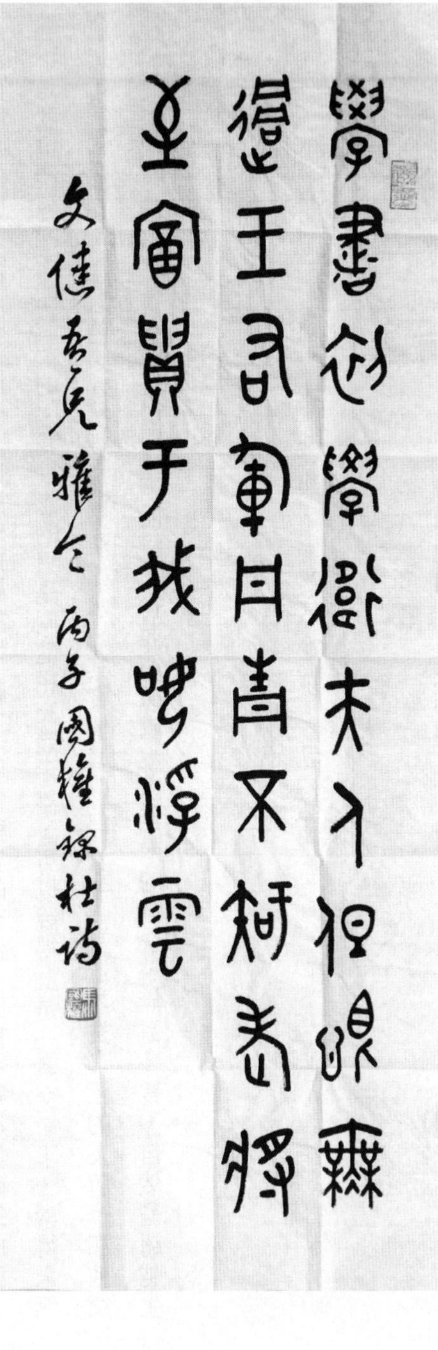

馬國權字跡

子，但恨無過王右軍；丹青不知老將至，富貴於我如浮雲。」可說是他自己的寫照，也是對我的勉勵，這是國權給我的最後的也是最珍貴的紀念品。

他在港因病於二〇〇二年四月二十七日去世。他一生著作甚豐，在古文字學方面有突出的成就，是當代著名的書法家。我這篇小文只是瑣瑣碎碎地記下一些他與我的交情，因他在學術方面的成就，絕不是我這門外漢所能談及的。我懷念的只是同他相交幾十年，可以說得上是「素交」了，素得毫無色彩可言，卻又包含七色，真的是交情淡如水，其實情濃似酒，我認為這才是真正的友誼。和他交往，使人如沐春風，這種友情厚誼，能使人從內心深處生出無限的愉快，無需多言，自然是超越生死的。

也曾風雨同舟

憶秦牧

一九六二年的早春三月，周恩來總理到廣州做了一次《關於知識分子問題的報告》，這報告給人帶來了春天的氣息。我有幸聽了這次報告，不過不准記筆記，現在時隔幾十年，已記不起到底周恩來說了些什麼了。唯一記得起的是，他說過：「將來到了下一個世紀還會有人唱〈洪湖水浪打浪〉的。」還說：「我們不要去理登陸月球的事，管好我們地球更重要。」諸如此類。反正他這報告，目的是為了要給那時經歷過多次政治運動，備受打擊，士氣低沉的知識分子打打氣鼓鼓勁就是了。

因為自一九五七年起，我們神州大地經歷了殘酷的反右鬥爭和勞民傷財的「大躍進」後，有人頭腦發熱想一步跨到共產主義，結果搞到中國經濟「大躍退」，人民經歷了三年餓死人的饑荒，大家都沒精打彩了。中央急忙做各方面的調整善後，以緩和這種緊張的關係，於是就有了《科學十四條》、《文教六十條》和《文藝八條》的出籠。

所謂《文藝八條》，就是要文藝界重新振作起來，給予作家比較寬鬆的創作環境。我們搞文藝的聽了，當然感到鼓舞，可是文藝界到底相不相信這些條條呢？於是我工作單位的領導就要我們這班經常同文藝界人士打交道的編輯，想法去聽聽作家們有何反應。

那天我碰見母親的好友黃蕊秋大姐，她是在省婦聯工作的，記得有次她同我母親到北京開全國婦女大會，我那時正在北京讀書，曾去探訪她們，還帶了北京烤鴨子給她們吃，因而跟她很熟。我跟她談起想要了解作家對《文藝八條》的意見，她問我：「你認識秦牧嗎？」我說：「秦牧大名鼎鼎，我讀過他不少作品，但沒有見過他本人。」她說：「我今晚要去秦牧的家，你跟我一塊去和他談談吧。」於是那天晚飯後，我跟隨黃蕊秋大姐一塊去探訪秦牧。

我們到了東山，原來秦牧的家就在東山的新華書店附近，我們走上一道黑黑的樓梯，他的家在樓上。那晚只有他一個人在家，他接待我們到他的客廳裡坐，寒暄後，我就單刀直入詢問他對《文藝八條》有什麼看法，他猶疑了一下，回答我說：「現在談還為時過早，得等過一些時候，看看再說。目前寫作的人還不很放心，政策隨時會變，誰也不敢說自己的看法的，《文藝八條》很好，但實踐起來，我擔心不容易做得到，大家還不放心呢。」

我聽他這樣說，也就不再追問下去，我心裡明白，解放以後對知識分子的打壓，搞到人人都心裡害怕，誰都不敢講出自己真正的看法，誰知道什麼時候又會再重提階級鬥爭？要是說錯了話，說不定隨時又會被抓辮子，打棍子，戴帽子，誰受得了呢？誰敢相信所謂「不抓不打不戴」的許諾呢？

蕊秋大姐問他最近寫什麼作品，秦牧說：「我寫了些關於文藝的小品，就是《藝海拾貝》。很多年輕的讀者寫信來問我，寫作應該注意些什麼，這樣的信我不可能一一回答，置之不理又過意不去，故此我就起意寫這樣一本關於文學理論的書，在報刊上發表，這是為了答覆這些年輕的朋友的。我從事文藝工作，對讀者的口味大致也知道一點，我知道讀者喜歡生動活潑形象具體的東西，不喜歡乾澀的文學理論，事實上喜歡抽象理論的人是不多的。我曾向出版社了解過，一般文藝理論書的印數都不多，大概只有一萬至兩萬本，我看並不是讀者不喜歡文學理論，而是不喜歡枯燥無味的理論著作，能不能用一種談天說地的方式來吸引人呢？它本身是文學，也可以用生動活潑的方式來談文學理論嘛，我開始想把這種想法寫成一本書，希望能達到印十萬冊。當時《上海文學》來向我約稿，我寫了一點，結果大受歡迎，我就繼續寫下去，於是就寫出了《藝海拾貝》。」據我了解《藝海拾貝》出版後，很受讀者歡迎，當年上海印了八萬，新疆又印了一萬，加起來就有九萬冊，這跟秦牧最初的想法差不多了，文革後的印數更大大超過幾倍呢。

我問：「秦牧同志，你很關心年輕的讀者，你也應關心一下更年輕的一代，我們中國的兒童讀物太少了，你有興趣寫一些給少年兒童讀者看的書嗎？」

他說：「我當然有興趣，我很想寫一些給少年兒童看的書，我有一個想法，我們國內的兒童應該放眼世界，因為世界上有很多事情很有趣，但我們現在的教育還很落後，應該讓我們的兒童的眼界更寬闊。我有一個計劃，寫一本兒童小說，描寫兩個孩子參加了一個馬戲團或雜技團，到世界各國演出，那就可以介紹世界各國的風光，每到一個國家，就可以看到那一個國家不同的風俗習慣，名勝景色，其中還可以加上壞人破壞，這兩個孩子如何同壞人壞事作鬥爭。這樣不是很有趣嗎？」

我說：「聽你這樣說，那將會是本很有意思的兒童讀物，希望你能盡快寫出來，我相信這故事頂新鮮的，一定會大受中國的少年兒童讀者歡迎的。」

那時他的《花城》剛出版不久，他送了我們一人一本在書店買不到的精裝本，還簽名留念，我們得了書自然很高興。不過我回到原單位，卻不知該如何向領導匯報，我不想對領導說秦牧認為談《文藝八條》為時過早，說什麼政策可能隨時會變，實踐起來有困難，這樣講對秦牧是不好的，反正領導也不知道我曾去見過秦牧，我乾脆不匯報，這事也就不了了之了。這是我第一次見秦牧，有機會同他這個全國聞名的大作家交談，獲益匪淺，使我很興奮。

到了一九六四年我被派到揭陽和梅縣去搞四清，有兩年時間不在廣州，緊接着就爆發了史無前例的文化大革命。等到我回到廣州時，秦牧已經在報紙上被點名，成了廣東最早被打成黑幫的文藝界人士了。

到了清理階級隊伍後，我們宣傳口的人員都被流放到英德黃陂畜牧場的五七幹校，秦牧是《羊城晚報》的副老總，也同是屬於宣傳口的人，同樣也被流放到那兒，幹校模仿軍隊編制，我們電台和報館雖同一個營，但不是同一個連，所以很少有機會碰面，但也見過一兩次，那是軍管把我們各連的「牛鬼蛇神」集中到營部訓話，我們這些牛欄中人才有機會見到對方，但「牛鬼蛇神」是不許交談一句

秦牧在區莊家中

話，不准亂說亂動的。

記得有一次我們被集中到營部的籃球場「曬太陽」，正午的太陽很猛，田蔚被曬得要暈過去，秦牧好心，請住在營部後面的一個女知青給田蔚一碗水，田蔚還來不及喝，就被一個軍管一把奪去潑掉。我們一直罰站到天黑，才放我們走，田蔚已經走不穩了，我在黑暗中扶了她這個「走資派」一把，才能跌跌撞撞地走回連裡去。

除了上述這一次，後來在幹校我就再沒有機會見過秦牧的面了。直到一九七九年，我辦《開卷》時，到廣州去採訪，方才有機會再見到他。

那次我去拜訪秦牧，他已經不住在原來位於東山的房子，搬到華僑新村附近的區莊，房子很小，一個很小的客廳和一間臥室。他在小客廳跟我交談，他的妻子紫風在臥室裡沒有參與我們的談話，後來她乾脆上街去了。這次我和秦牧一談就談了三個小時。我告訴他我們同是黃陂的難友，不過他是名人，我是個小人物，雖然都是關在牛欄裡的「牛鬼蛇神」，我認得他，可他不會認得我的。他說：「原來我們同是幹校的難兄難弟，你是在電台那一連，我是跟報館那一連，想不到我們曾經風雨同舟過，同是天涯淪落人嘛，我認識你們的台長田蔚。」

「有一次我們這班『牛鬼蛇神』，集中到營部聽軍管訓話，在籃球場曬太陽，田蔚曬得要暈過去，你向一個女知青討了碗水給她，軍管把水潑掉也不讓她喝。」

他說：「對，是有那麼回事，你還記得？」

我說：「我當然記得，當時我也在場嘛，我是跟田蔚關在同一個牛欄的，那天也一同被罰曬太陽，你那天同楊奇他們也一起到營部的籃球場受罰曬太陽。」

他苦笑着搖搖頭：「那時我們這些牛鬼蛇神是不被當作人的，早已被踩在腳下，永世不得翻身，對我們的種種精神和肉體的虐待，講出來也沒有人會相信的，文革真是一場可怕的大災難啊！」

也許因為我們同是在黃陂呆過的難友，我們談起來就沒有什麼顧忌，可以暢所欲言了。我告訴他：「我從四清回到廣州，根本不知道文化大革命是怎麼回事，那時你已經被報紙點名批判了，到底為什麼批判你呢？」

他搖搖頭回答道：「我也弄不清是怎麼回事，文革一開始我就首當其衝，《藝海拾貝》被批判為『反黨反社會主義的大毒草』，而且還是『全面地、系統地反對毛澤東思想的大毒草』，我被認為是『藝海裡的一條響尾蛇』，我對這一切批判，覺得莫名其妙，完全無法理解，後來才知道，曾讀過我這本書的人，有很多人因而無辜地受到牽連，這使我很不安。」

我告訴他，他在香港擁有不少讀者，教科書也選用了他的散文作教材。

他說：「我本來就是出生在香港的，我的家鄉是澄海，如果以出生地為籍貫的話，我應該算是個香港人吧。我父親原本是鄉下的一個裁縫，家裡很窮，生活很艱難，於是跑到南洋打工，後來當上了資方的代理人，在一間米行當經理。我是一九一九年在香港出生的，不過三歲就去了新加坡，直到一九三二年十二三歲才回到香港，先是回汕頭讀書，後來回到香港讀華僑高中。抗日戰爭爆發後，我就回到內地參加工作，曾在很多地方呆過，最先在廣州，跟着到韶關，轉入桂林、貴州，一直到重慶，走了好幾個地方。在抗戰期間，我也曾回到過香港一次，那時我是跟着中山大學的政治服務團一起行動，先是到中山縣，誰知碰上日本軍隊在中山登陸，戰火紛飛，只好折回香港，在香港躲避一陣。那時的生活十分困苦，我還曾買了一張漁網，和我弟弟兩人在宋王台的海邊撈魚，捉到幾條魚，這一方面是很好玩，另一方面是要補充營養，這些我不說出來別人是不會知道的。我那時還曾在華僑中學的夜校教過很短一段時間的書，很窮的時候，我還去賭過番攤呢。後來在香港再呆不下去了，我就回到國內，一直到抗戰勝利，我經香港去了上海，一直到一九四六年，在上海也呆不住了，我再返回香港，在香港度過三年的寫作生活。由此可見，從小到大，我同香港的關係是非常密切的，我在香港讀過書，也在香港做過事。解放後我還曾去過一次香港，那是我接家人回國內。我愛人紫風本來是在香港聖士提反女校教書的。我在香港期間，還曾在《文匯報》編過一個多月的副刊『彩色版』。所以可以說，我同香港的關係是很密切的。直到現在我還時不時給香港的報刊寫一兩篇東西。」

我問他：「我知道你本名叫林角夫，那麼秦牧這個名字又是怎麼來頭？是怎樣起的？」

他告訴我：「秦牧這筆名那是在抗戰時期隨便起的，我小時候和讀書都是用林角夫這個名字，這名字是家裡給起的，在家鄉別人都叫我『阿書』，大概因為我常常呆在樓上讀書吧。至於秦牧這名字也並沒有什麼特別的意思，只是隨手拈來，覺得這兩個字有點情調不錯，筆名要別人看了容易記住就是了，實在沒有什麼特別的含意，就那樣用上了。現在大家都叫我秦牧，林角夫這名字知道的人反而不多。」

那時候，國內正是撥亂反正，最引人注目的是「傷痕文學」，我問秦牧對這些作品又如何評價，他說：「我認為這種文學有它一定的價值，文化大革命的損害這麼嚴重，破壞得那麼厲害，應該吸取沉重的教訓，就這一點來說，這一類的作品，從各個角度來分析造成這種破壞的歷史因素，是有利於幫助人正視歷史事實，而且有利於吸取教訓，亦有利於克服這些缺陷，所以我認為是應該肯定的。即使它給人一種沉痛的感受，都是有其意義的。從這點來看，它起了正面的作用。昂揚的作品有它重要的價值，有些作品雖然低沉些，但是人看了覺得不能再走那種路，那些歷史障礙一定要克服，也是有其意義的。比如魯迅有一部分作品，是很悲痛的，我們看了以後，依然可以吸取積極的力量，甚至這些作品裡沒有什麼正面人物，如《狂人日記》，唯一的正面人物就是那個狂人，但看了以後，覺得一定要同封建勢力進行鬥爭，這就是它的積極作用。所以不能從表面皮毛地來看一個作品的消沉或者昂揚，而應歸根到底地看它含有什麼樣一種思想，要看這種思想是否有助於人們前進，所以我認為這一部分作品是有它的價值的。如果寫得叫人看了之後，長嘆一聲，覺得一切都沒有希望了，這當然不好啦。應該使人覺得要起來同那些不健康的東西鬥爭，如果能達到這個效果，那它就是有其一定的時代意義。中國封建的傳統這麼嚴重，如果不用一種大的力量去加以衝擊，是不容易消除的。如果不克服這些東西，實現四個現代化是困難的。你想想，大家都在工作在勞動，但那些官僚主義者可以隨意揮霍，或隨便搞特權的話，財富都入了他們的私囊，哪些地方有這種官僚主義者存在，當地群眾的積極性必然會受到影響，越多這樣的人就越多地方受影響，所以不克服這些東西就不得了啦。封建主義就表現在官僚主義者身上，表現在人的等級觀念，男尊女卑，宿命觀念，一人得道雞犬升天，一人有罪罪及妻孥，株連九族，這一類東西在中國十分流行，文化大革命更是赤裸裸表現出這種四舊的存在，它名義上是破四舊，實際上是這種四舊大泛濫。我們不應籠統地叫這種文學做『傷痕文學』，應該說是以《傷痕》這一類的作品為代表的文學。有些人對這些作品覺得礙眼，不喜歡，但文化革命是我們民族的一次大浩劫，四人幫搞的那一套東西，弄得經濟幾乎崩潰了，犯罪率上升，文化也在崩潰，何止是『傷痕文學』，甚至可以搞『災難文學』『浩劫文學』，也不為過，實際上到目前為止還沒有一部長篇的作品寫這方面的東西，只有一些短篇罷了。」

「你對劉賓雁的《人妖之間》有什麼看法？」

「劉賓雁的《人妖之間》是完全應該肯定的。中國自從解放後，最初幾年是不錯的，到了一九五七年反右以後，中國的政治生活就開始不正常，人們不敢講話了。在被打成右派的人當中，大多數人並不是右派。當然要說完全沒有一個右派是假的，的確有人想恢復舊制度，走放任自流的路，但絕大多數右派是劃錯的。他們有些只不過說了幾句很平常的話，甚至有些確實有真知卓見，歷史證明他們是對的。如馬寅初對人口問題發表的意見就是真知灼見，卻受到批評打擊，在這種情況下，人們就很難講話了，結果就變成在會場上說一種形式主義的黨八股語言，在客廳裡說的又是另一種語言，還可以透露幾句聲明不可外傳的話，在房間裡說的又是一種語言，那才是真的心裡話。這三種語言現在大概可以統一起來了，比較大膽的人在房間裡講的那些話，在會場也敢講了。」

「很不客氣提一個問題，你的作品近年似乎不像文革以前那麼揮灑自如，為什麼？這同你文革中受到衝擊會不會有關係？」

他笑笑回答：「我思想倒不是不解放，或者同年紀有些關係吧，青春作賦，皓首窮經，年紀輕時是比較揮灑自如些，年紀大了腦子裡面的東西多些，有這因素，但也不完全是這樣，今年我寫的童話就比較放縱想像來寫，但整個來講，是同年齡有些關係。文革受到衝擊這個問題影響不大，我很少去想這些事，雖然衝擊是厲害的。我倒不覺得自己思想很禁錮，年紀大了寫東西不像年輕時那樣火氣大這倒是真的。比較理性些，抒情的東西少了些，想像的東西少了些，很多人到了年紀大時，文風會同年輕時很不一樣的。現在精力比以前差了，不能幹太久，容易累。」

「經過文革，現在國內開放多了，但很多人還『心有餘悸』，擔心會收，你看會不會有收的可能？」

「一個社會的前進，就像開汽車一樣，汽車有軚盤，有時左點有時右點，會轉過了一點，有時要放多些油，有時又得收緊些，這是可能的，但像再出現文革這樣的事，出現大轉彎大收縮大倒退是不會的了。文革這麼創巨痛深，死的人那麼多，給千家萬戶造成這麼大的悲劇，差不多每個人家都有人以這個方式或那個方式死掉，這是非同小可的，波及很多家庭，現在的開放是同此有關的。照我看，歷史的大反覆是不可能的了，人心厭亂，教訓沉重，社會主義民主是大家迫切的要求，誰要再用高壓手段來搞的話，大家也不會同意，任何一件事要推行，要有一定的社會基礎，人民不允許，大家的覺悟不同了。但有時調整一下，有點小變動，這是難免的。」

在八十年代我和秦牧有機會多次見面，我到國內開會組稿或是他出國訪問回國經過香港，我們都有機會見面聊天。

有一次，我問他：「記得在六十年代初，我曾和黃蕊秋大姐去你在東山的家坐，你曾說過想寫一本兒童小說，講兩個孩子參加雜技團馬戲團出國演出，介紹各國的人文風俗和名勝風景，你有沒有寫出來？」

他笑着說：「我是曾打算寫這樣一本以孩子為主人公的兒童讀物，不過還未構思好，就爆發了文化大革命，什麼計劃都完蛋了。我沒有機會寫這本小說，是件很遺憾的事。我有寫一些兒童文學，但這本小說始終沒有動筆。你提起的那個故事，我至今還沒有把這本書具體化，我還是有興趣把它寫出來的。我想先寫些短篇和童話，特別是童話，我想多搞一些，現在兒童文學還很缺乏，我打算搞些知識性趣味性強些的兒童文學。解放以來，中國的兒童文學一直來都發展得不好，甚至現在也不能講很蓬勃，但是會有發展前途的。」

「中國的科幻小說是件新事物，你對中國的科幻小說怎麼看？」

「中國的科幻小說還只是春臨初展，最初作家協會搞科學文藝的只有四個人，這四個會員是高士奇、鄭文光、童恩正、葉永烈，現在我國科技方面急起直追，不抓緊可不得了，四化不光是搞些工廠、實驗室就了事的，青年一代沒有熱烈學科學的風氣，科技人員要補充是很困難的。科學幻想小說是幫助年輕人走入科學大門的一個有利手段，我國科學方面很重視這個問題，最近成立了一個科學文藝研究委員會，我也是其中一個委員，發展科學文藝，科學幻想小說這一部門我們特別弱。一般通俗科學普及的作品如《人體旅行記》、《菌兒自傳》這一類科普東西還有些，科學幻想小說就更少了，同需求比較起來，是非常落後，因此要加緊速度來搞這種作品。」

有一次他和我談起寫作的問題，他說：「我認為寫作人的腦子裡應當有幾個倉庫，其中一個是材料的倉庫，把東西積累起來，時不時要提煉一下；另一個是語言倉庫，要積累豐富的語言。這些都是要積累的，積累多了就可以寫些東西。我們每天都接觸很多新鮮事物，有現代知識的基礎，就好比投一塊石頭，能激起一些波瀾，積累多了就有創作的慾望，不怕沒有東西寫的。」

「你寫作最擅長的還是散文吧，你是怎樣開始你的創作生涯的呢？」

「我想，是在四十年代逃難到桂林的時候，我一邊教書，一邊開始寫些東西在報刊上發表，漸漸就變成了一個文學工作者了。可能因為我比較多寫東西，就被人看作一個作家了。當時在桂林有一個西南劇展，組織了一個劇評團，是由田漢帶頭的，有秦似、周鋼鳴、駱賓基等人，我當時只有二十來歲，也名列其中，竟然躋身到作家之列了。我第一本書是在我二十三四歲時候寫的，最先是交給開明書店，由葉聖陶編輯，那就是後來在上海出版的那本《秦牧雜文》，這本書是一九四三年寫的，一九四五年交稿，一九四六年出版，這是我出版的第一本小冊子，只印了兩千本，印了兩版，合共四千本罷了。這本書是通過葉聖陶老先生出版的，聽說葉老為了我這本書開了一次家庭會議，他一家好多個人都看了我那本稿子，討論取捨，最後統一意見，這本小冊子被接納了。很多年後，有一次我到北京見到葉老時，我問過他：『葉老，我的第一本書是你給我出版的，你還記得嗎？』他那時已經八十高齡，還連聲說：『記得記得』。我現在手頭還有一本，不過已經很殘舊，文革時我什麼書都沒有了，全被抄家時抄走了，我手頭這本還是朋友後來送給我的，那是上海中新社的陸谷葦同志在舊書攤買到轉送給我的，這四五十年前出版的書，現在是很難找到了，大概在某些圖書館還可以找得到這本書吧。」

我問：「你那本書是開明書店出版的，你得到多少稿費呢？」

「那時是賣版權的，一次過給一筆稿酬。我那本書的稿酬大概等於當時三個月的人工，不過我這筆稿酬被一個朋友借去應急，幾個月後他還錢給我，由於貨幣貶值，實際已所餘無幾了，故此我這本書在經濟上是沒有多大收益的。」

「你寫散文很多，有寫小說嗎？」

「我曾寫過小說，《黃金海岸》這本小說是解放初寫的，實際上是本不很成熟的作品。後來我還寫過一本《憤怒的海》，那是寫古巴的。後來因為同古巴的關係不好，所以後半部做了些修改，後來這本小說也出版了。」

「你會不會覺得自己寫小說比寫散文困難呢？」

「那倒不是，不過作家寫作，也各有不同的。有些作家擅於寫長篇小說，有些作家則擅於寫短篇，各有所長嘛。我比較習慣寫散文罷了，我個人覺得，其實把文學形式文學體裁分成高低，是很無謂的。每種文學體裁都各有長短，散文是輕騎兵，寫一篇千把兩千字的散文，當然比寫一部中篇或長篇的小說容易，但寫一篇好的散文並不比寫一篇小說容易的，因為一篇好的散文要求精煉，在短小的篇幅裡，做到具有文學魅力，要求就很高了，長篇小說寫得不好，沒有藝術魅力，篇幅再長也還是不能感動人的。」

我說：「我看了不少你的作品，我覺得你的文章有一個特點，就是有真心，有愛心和有童心。」

他微笑着回答：「你說得對，我認為一個作家要想寫出一篇好文章，首先要有真心，不說假話，讀者是不能欺騙的，講假話的東西，一看就會看得出來，虛假的東西是沒有讀者的。要講真話首先得有愛心，沒有愛心是講不出真話的，至於童心嘛，特別是寫給孩子看的作品，一定得有像孩子一樣的赤子之心，才可能寫出孩子喜歡看的東西。孩子的心是最天真純潔的。」

記得八十年代中，有一次秦牧和姚雪垠出國在回程經過香港，由三聯書店接待，住在灣仔的六國飯店。我那時已在三聯書店編《讀者良友》，就同黃東濤一起去拜訪他們。不過這次見面，使我大失所望，完全改變了我過去對姚雪垠的看法。本來我和黃東濤打算分工，我採訪姚雪垠，他採訪秦牧，結果我寫不出採訪，因為不知該如何寫才好。

記得那天我們到六國飯店，秦牧同東濤在長沙發那邊談，姚雪垠則坐在自己的睡床邊接受我訪問，他在自己身邊放了一個錄音機，他對我說：「你錄你的，我現在每次講話，我都自己錄一份做記錄。」我覺得好奇怪：這個人怎麼搞的，難道他有自戀狂嗎？對自己的講話如此重視，要錄音存檔？這次他主要是談在法國得獎如何威風，如何得意。當我採訪完畢後，這時東濤和秦牧還坐在房間另一端的沙發上在談話，我正想走過去參加他們的談話，只見姚雪垠往床上一躺，伸出手向我招手，要我到他的床邊去。他斜倚着床背，對站着的我說：「你認為諾貝爾文學獎應該給哪一個中國作家呢？」

我不假思索就回答：「應該給巴金。」

他說：「不對，應該給我！」

我聽了真有點不敢置信，實在有點意外，以至啞口無言地望着他，我想不到他竟會如此大言不慚，我懷疑自己是否聽錯了。

上圖：黃東濤和我在六國飯店訪問秦牧、姚雪垠

中圖：1968 年秦牧在古巴聖地亞哥灣留影

下圖：秦牧和冰心

他接着說：「我的《李自成》篇幅遠遠超過托爾斯泰的《戰爭與和平》，就描寫戰爭的場面說，比《戰爭與和平》更大更深刻。曹雪芹只寫了本《紅樓夢》，就有很多人去研究，搞什麼『紅學會』，現在國內已經有很多人在研究我的《李自成》，應該成立個『李學會』，我那書有很多東西值得人去研究，將來會成為一門『李學』研究的。比如我寫戰爭，就是立體的，這遠遠超過了托爾斯泰和曹雪芹。巴金解放後寫過什麼？沒有大著作，現代中國作家中有誰像我這樣寫出《李自成》這樣的大作品呢？」

我沒有搭腔，心裡卻感到噁心極了，但是因為我是接待一方，而他是客人，我不便對客人無禮，只有苦笑一下，不再搭理他。我作為《讀者良友》的主編決定取消刊登姚雪垠訪問的計劃，另請東濤寫了篇秦牧的訪問。

過了不久看到在新加坡的報紙上，刊登了姚雪垠對星洲記者講的話，白紙黑字，說的也就是曾對我說過的，認為自己應得諾貝爾文學獎，可見他說的這話並非開玩笑，可見他不只對我講過那麼一番話，還在另外的場合講過，而且是在對我講之前，早就已對星洲記者講過，在報上備了案了。這件事改變了我對這位老先生的看法，我不刊登他的訪問也就了事，不再把這碼事放在心上。我不懂得他為什麼如此嚮往諾貝爾文學獎，這老頭日思夜想真是想瘋了，自己落進了好炫耀自己的怪圈，而不能自拔了。

後來在報上看到劉再復對《李自成》這本書的批評文章，跟着出現了姚雪垠對劉再復的「控告」，他不是對我說過，應該搞個「李學會」來研究他的《李自成》嗎？人家評論一出來，他就暴跳如雷，要「控告」別人，真是老虎屁股摸不得？我就不信這個邪！我在《大公報》寫了一篇短文《諾貝爾文學獎「應」得者》，既把姚雪垠講過的大話揭示出來，也指出他的《李自成》是本為政治宣傳服務的流行小說。

後來我見到秦牧，他說看到了我寫的那篇東西，認為我批評得有理有據，他說：「其實姚雪垠在國外一直就是這樣自吹自擂，我就不止一次聽他這樣說過，他還問過我幾次有沒有看過他那本《李自成》呢，我是早在文革前，他那本《李自成》第一冊剛出爐時就看過，我記得歐夢覺大姐就曾批評過，說把農民起義軍寫得像解放軍，是拔高，不符合歷史事實的。事實上姚雪垠這本《李自成》，如果不是得到毛澤東的青睞，根本就不會有前途的，就是因為有毛的庇護，他才能在反右時毫髮無損，在文革的浩劫中平安無事地寫他的《李自成》。」

我說：「在中國眾多作家中，姚雪垠是極少數的幾個『幸運者』之一，他曾不止一次向我提到，他的《李自成》寫作始於一九五七年，在反右和文革他都得到毛澤東的保護，沒有受到衝擊。他還說過《李自成》從寫作到出版，都得到毛澤東的鼓勵，是毛澤東親自批准出版的。姚雪垠談及此事還頗為洋洋自得呢。毛的庇護對於一個作家來說，到底是幸還是不幸呢？一個作家能寫作出版一本書，都得要靠『聖上』的庇護，有一紙『聖旨』作護身符，到底並不是怎樣光彩的事吧？其實客觀一點來看，《李自成》這部作品充其量只是一部主題先行的流行小說，而且是一部為毛澤東的『造反有理』『無法無天』做政治宣傳的流行小說罷了。我可是耐心認真看完了這部『巨』著之後，才得出結論來的。我覺得姚雪垠違反了歷史的真實，完全是憑他『自己研究的結論』來曲解歷史和歪曲歷史，把這本書寫成宣傳『無產階級專政』政治需要的宣傳品。他自己口口聲聲說他是『不斷學習馬克思列寧主義毛澤東思想』而形成《李自成》的主題思想的，甚至說他寫李自成是要『為無產階級專政的利益佔領歷史題材這一角文學陣地』。我懷疑姚雪垠有沒有認真讀過馬克思的著作，要知道連毛澤東都沒有真正讀懂馬克思呢！毛澤東『天才地發展了馬克思主義』，毛不是說過『馬克思主義千言萬語歸根到底只有一句話就是造反有理』嗎？如果馬克思主義只是一句話『造反有理』，那麼就不必再去研究馬克思主義的理論了，可見毛澤東自己根本就沒有讀懂馬克思主義。造反，就是起而推翻舊政權，取而代之，毛澤東是把《水滸》的那種造反替天行道偷換成他的馬克思主義了，他這樣欣賞李自成的小私有者小農思想，說白了就是打江山取而代之，姚雪垠說：『農民起義領袖有帝王思想不能說明他落後，而是說明他反皇權的堅決和鮮明立場。』這是他為把毛澤東捧上神台，當一句等於一萬句的『神』，進行詭辯的一個注釋。」

秦牧曾對我說：「一部作品好不好，要經得起時間的考驗，人家托爾斯泰的《戰爭與和平》是經得起時間考驗的，幾十年後《李自成》還有沒有人看就不知道了，這位老先生看來是自我估計過高了，我可不敢拿自己的作品來同托爾斯泰的作品比較呢。姚雪垠拼命貶低托爾斯泰的《戰爭與和平》，認為他的《李自成》比《戰爭與和平》高出很多。托爾斯泰寫《戰爭與和平》至少沒有先獲得俄國沙皇的御准，也沒有得過諾貝爾文學獎，但我相信《戰爭與和平》以後還會長久被全世界的讀者喜愛和欣賞的，姚雪垠這是發神經，你不值得為他這樣生氣。」

我告訴秦牧：「我相信我那篇小文，一定把他氣壞了。在之前他還不時寫字寫詩寄我，從此之後就隻字也不給我，音信斷絕了，他的氣度大概也就如此吧。他這個人只愛聽讚美，只能聽歌頌，卻聽不得一點兒相反的意見，更遑論批評了，故此劉再復批評了他，他就『控告』劉再復。我在《大公報》這樣批評他，他拿我沒辦法，奈何我不得，更因香港的法律決不會把批評當作誹謗，他無法『控告』我。我倒希望他寫文章反駁我，可是他卻不吱聲了。我寫的都是有根有據的事實，並非假大空，有人證與物證，既然他講話都錄了音，何妨自己先翻聽一下錄音，還可以翻報紙查查自己是不是在海外曾講過這些大言不慚的話。」

秦牧聽我這樣說，不由得笑起來。後來劉再復曾寫過一封信給我，其中說：「謝謝你在與姚的論爭中，仗義執言，聲援了我，這種道義精神使我感動。」其實那只是我「抱打不平」的性格，又一次發作罷了，沒什麼好謝的。

記得有一次，我斗膽問起秦牧的家庭生活，他很坦率地告訴我：「我的家庭很簡單，生活也比較有規律。我和紫風是怎樣認識的嗎？那是一九四二年春天在桂林時，因為幾乎天天都會因為空襲而跑進岩洞躲警報，我那時在一間中學教書，學校恰好是在躲警報的中轉站上，所以我們二人經常見面，由於我們對文學的熱愛和對國家的憂慮，使兩個心越走越近。結婚前有一次，桂林一家影院徵集關於《浮生若夢》這部外國電影的影評作品，我們兩個都投了稿，經過幾張報紙評選，結果紫風是第二名，我得了第三名！五十年共同生活的歲月裡，我們經歷了不少風風雨雨，但我們互敬互愛，感情一直很好。我們沒有孩子，不過外甥倒有十幾個，經常有來往。我寫作是什麼時候都能寫，不過我不挨夜寫作的。文革前我住在東山，你不是和黃蕊秋大姐來過我那家嗎？文革一來，就把我所有的書和傢具全抄走了。這些都是身外之物，沒什麼關係，我不像那些搞學術研究的，要是把參考書抄走了，那就成問題了，如果把資料卡片抄走掉，那可就很慘啦，幸好我是搞創作的，裝在腦子裡的東西他們是沒辦法抄走的，所以關係不大，抄家我根本不當回事。我的生活也很簡單，不抽煙不喝酒，不過我喜歡吃零食，我那些兒童作品中的兒童主人公，大多是嘴饞的零食王呢，哈哈。」

他曾說過：「有些年輕人聽說我們沒有子女，千里之外寫信來，提出願意做我們的兒女，我們都一一謝絕了。我們夫妻沒有世俗的子嗣觀念，樹上結的果子是這一類樹的後代，而不只是這一棵樹的後代。」

他的妻子紫風也曾說過：「愛情和歲月是正比例，日月越長，愛情越深。因為我們志同道合，情同手足，越是遭受挫折，就越是要恩愛相助。」而秦牧也曾經回應說：「夫妻之道，既能走過芬芳的早晨，又能走過泥濘的黃昏。」

在《秦牧全集》收錄的詩歌中，有他給紫風的幾首舊體詩，那都是在經歷文革的歲月後寫給愛妻的情詩，感情很真摯感人。

互憐白髮秋光裡，同勵丹心晚步間。
老去誠知終化蝶，情絲好吐在生前。
繾綣半生同險夷，情深翻少作情詩。
今宵同步桂江月，猶似當年初見時。

秦牧是在一九九二年十月十四日心臟病突發去世的。在秦牧走後，他這些深情的詩句，將陪伴着紫風度過日後的歲月，相信紫風會堅強地繼續走下去。

理想主義者的痛苦

憶黃秋耘先生

記得是在一九七四年十月十三日，外國語學院在廣州殯儀館舉行饒彰風的告別儀式。那幾天我剛好到廣州探望大姐，接到饒海珠妹妹的通知，知道要給饒伯伯開追悼會，就和大姐趕忙去參加。饒彰風伯伯是我父母的好友，也是看着我長大的老前輩，他生前非常關心我的成長，當我思想上有什麼想不通時，他經常給我以開導和幫助，正如我媽媽說的，饒伯伯是個熱水瓶一樣的人，外表不動聲色，但火熱心腸，是個很能真心幫助人的人。在文化大革命這場史無前例的大浩劫中，他受到「四人幫」殘酷的逼害，被殘害致死。那天的告別儀式，是由我以前的頂頭上司田蔚大姐主持。那時還是「四人幫」統治的日子，開這麼一個會可不容易，人數受到一定的限制，但前來參加告別的遠遠超過禮堂可以容納五百人的數量，足有上千人。很多的人站在門外，人人都熱淚盈眶，悼念這位革命前輩。

散會後，我和大姐走出殯儀館，在門口碰見一位長者站在一輛汽車旁，他向我大姐招手，說有汽車可以載我們走。我們謝謝他，說明我們家就在華僑新村，離這不遠，走路很快就到，不用搭他的汽車了，我只同他握了一下手。

我們步行回家，一路上，我問姐姐：「這位好心的人是誰？」

她說：「你不認識他嗎？他是黃秋耘，我們出版局的局長，現在是我的頂頭上司。」那時節她正在出版社幹編輯工作。

我搖搖頭回答：「我沒興趣同大官打交道。」

大姐笑道：「你對大官有成見罷了，不過他人好極了，一點也沒有官架子，很平易近人的，不同於一般的大官，他本身就是個出名的作家。」

我說：「我知道，文革前我看過他的《杜子美還家》，的確寫的很好，我看是篇為民請命的歷史小說。文革前我曾經想過把他這篇小說和陳翔鶴的《廣陵散》、《陶淵明寫輓歌》幾篇小說改編成廣播劇呢，幸好還沒有動筆，就被派到鄉下去搞四清，否則就惹大禍了。」

她說：「他的散文寫得特別好，你找來看看吧，你一定會喜歡他的散文作品的，他是個很重感情的人。」

這就是我第一次見到黃秋耘留下的印象，在我看來，只覺得他顯得很蒼老，兩眼無神，對於這樣一個大首長大作家，實在有點敬畏，不敢接近。不過從他要用車送我們回家這點看，他可沒有擺一點官架子，倒是很平易近人的，只不過是我不了解他而已。第二天我就趕回香港去了，我這次只是匆

黃秋耘晚年的照片

匆見了黃秋耘這位大作家一面，也沒跟他交談過一句，只覺得他很老氣橫秋，我是斷斷沒想到我會同他成為知心好友的。

過了好幾年，到了八十年代中，我在三聯書店工作，有一天下班時，總經理蕭滋先生拉住我，對我說：「今晚藍真先生請客，你要是沒有什麼別的事，就陪我一塊去吃一餐飯吧。你認識作家黃秋耘吧？今晚老藍要請的客人是他呢。」

我剛好也沒什麼特別的事，就陪同他一塊去赴會，地點是在陸羽茶居對面的一家叫稻香村的飯店。黃秋耘比我們先到，早坐在那兒等我們了。

蕭滋介紹我們認識，說黃秋耘剛訪美回國經過香港，安排我坐在他的旁邊。這次我見他不像幾年前那樣蒼老，變得容光煥發，至少精神狀態顯得年輕多了。

最初我很拘謹，小心翼翼地對他說：「秋耘叔，我見過你的，那是好多年前在饒彰風同志的告別儀式，散會後你說有汽車可以載我和我姐姐回家，不過我們因為離家很近，步行就可以了，沒有搭你的汽車。」

他點點頭：「哦！原來你是文侶的弟弟？我跟她很熟的。你剛才叫我什麼來着？你千萬不要叫我做叔，叫我哥好了，我們是同輩呢。」

我說：「怎麼會呢？你開玩笑吧，你比我大很多，我是你的後輩。」

他搖搖頭道：「我們真的是同輩，雖然我年紀比你大些，但我爸爸同你爸爸是結拜兄弟，所以我們是兄弟輩，以後你千萬不要叫我叔，叫我哥哥好了，我比你大嘛。」

我真想不到他竟會這樣說，一時還拐不過彎來。我聽了有點愕然，想不到他還摸了我的底呢！他笑着解釋道：「我爸爸同你爸爸過去一起讀書，很要好的。你爸爸做醫生，我爸爸開西藥房，所以說我們是一家人嘛。」這樣一談開來，我就不再感到拘束了，把他當作兄長一樣，感到他很親切，平易近人，不過我心裡還是把他當作長輩和前輩，在文學道路上他是我尊敬的前輩，論年齡他跟我的大哥差不多，把他當兄長也還說的過去。從此後，我就不客氣地稱他秋耘兄，說起來，確實是有點僭越。

那晚我們邊談邊吃，談得很開心，我曾拜託他在廣州為我打聽找尋我外公寫的話劇《聲聲淚》劇本，他答應回廣州後代為打聽。分手時，秋耘兄吩咐我，一定要寫信給他。

我還沒給他去信，他的信就已先來了。他在信中說：

「蒙委託找尋潘達微先生著《聲聲淚》劇本，近獲悉，廣州中山圖書館藏有該劇，但未刊台詞。又最近有中國戲劇家協會廣東分會出版的《廣東話劇運動史料集》第一集，亦刊載《聲聲淚》之概略及《聲聲淚》第二幕全文，假如你想蒐集《聲聲淚》劇本，請逕函該會洽商，既有原本，則複印一份，自非難事。該會主席李門同志，也是我的老朋友。

「家父名黃慶和，與令尊雖屬摯交，所謂『結拜兄弟』，只是戲言，並未正式『結拜』，到三十年代，香港已不興那一套了。不久前，我的弟弟從美洲回國，我直接問過他，他記得比我清楚。我十七歲就離家北上，在清華讀書，對家中的情況，只是略知一二而已。我已獲准離休，今後想搞點長一點的東西，但有一部分工作還不能完全擺脫，未知能如願否。」

其實對於上一輩年輕時的交往，我更不清楚，不論是戲言還是真的，我們的父輩是好朋友，那倒不假。既然他要我稱他為哥，那我也就不客氣，乘機提高自己的輩份了。他所說的「想搞點長一點的東西」，大概就是後來他出版的自傳回憶錄《風雨年華》吧。

從那次開始，我同他的書信來往就多起來，見面的機會也多了。

有一次他同我談心，告訴我他原名叫黃超顯，出生在第一次世界大戰的最末一年，省港大罷工時他只有七歲，北伐那年才八歲，廣州起義時只有九歲，他在自傳《風雨年華》中所記載的，是他從一九三六年起到一九七六年這段時間四十年代的回憶。他說：「一九三六年我還不到十七歲呢。」

我說：「你十七歲時我才一歲呢，你同我文雄大哥的年齡差不多。」

他說：「十七歲還是個大孩子，並不很懂事，那時我從香港到北京進了清華大學讀書，本來我是在香港一間英文書院畢業的，還考上了港大和倫敦大學，國內則有清華大學、燕京大學和中山大學收了我，五間大學任我選擇，我選了清華。本來港大和倫敦大學都因我成績優異給我獎學金的，我所以會選擇清華，大概我是受舅舅馬小進的影響吧，他是南社詩人，所以我從小就喜歡讀古今中外的文學名著。我父親是在香港開西藥房的，阿爺黃藻雲是個名中醫，家裡希望我讀醫科做個醫生呢，我卻走文學的道路，幸好我父親受的是西方教育，比較開通，對子女採取比較自由放任的態度，肯尊重子女的志向和選擇，放我到國內讀大學。」

他這麼一說，我聽了不由得哈哈大笑起來，我說：「聽你這樣說，我同你的經歷頗相似，我家裡也是從小灌輸，希望我讀醫，我卻不聽話，結果變成了一個要筆桿的爬格子動物。」

他也笑道：「不錯，其實就算當時我們真的讀了醫，很可能到頭來還是會改變初衷，從事文字工作的。你看魯迅、郭沫若、許地山還有俄國的契柯夫還不都是學醫的，後來都變成搞文學嗎？當然我們不敢也不能同這些大師相比，我只是要說，文學同醫學是沒有不可逾越的界限的，都是要接觸人，研究人，都是『人學』嘛，醫學是從生理上研究人，文學是從心理上研究人，在研究人這一點來說，沒有什麼不同的。」

他在北京讀書時參加了「一二．九運動」。當年參與「一二．九運動」的人現在大都已老去，如今像他這樣還活着的「一二．九老人」為數不多，已經屈指可數了。我問他：「你寫的那篇《丁香花下》，寫的就是在一二．九時期的那段日子的經歷吧？」

1941 年黃秋耘年輕時攝於香港的照片

他頗有點感慨地說：「我從一二．九開始走上了革命的道路，這是我革命生涯的起點。從十七歲起，走上這條充滿驚濤駭浪、暴風驟雨的人生道路，半生戎馬，幾十年就這樣走下來了。你是不是覺得我那篇東西有點『淡淡的哀愁』呢？」

「是有一點，但我覺得很有詩意，這樣寫很有感情啊，如果寫革命就一定要寫成轟轟烈烈，革命者一定是高大威猛，像不食人間煙火那樣，讀者是不會接受的。你能這樣寫很好嘛，很有人情味，至少我就覺得很真實很感人。」

「因為那不是虛構，是我真實的經歷。有個英國學者曾說我這篇東西，是篇『感傷的羅曼斯』。」

「Sentimental romance？」

「是啊，他說這篇東西有點像斯托姆的《茵夢湖》，你說像嗎？」

我搖搖頭，表示不以為然。

1949年穿戎裝的黃秋耘

「我也認為不像，什麼？你認為有點像？也許有點兒像，但又不十分像吧？當然，這根本就是兩回不同的事，我生活在中國的那年代，烽火連天，充滿血腥和火藥味，怎麼可能有《茵夢湖》那種低迴婉轉的羅曼斯呢？我參加革命後，一直過的是戎馬生活，這是一點也不浪漫的啊。」

「深有同感，這正是我喜歡你寫的散文的緣故。你寫的《霧失樓台》，我就很喜歡，我也在國內經歷過文革那些日子，我完全能夠理解你這種感受的。在香港甚至海外，很多讀者沒有經歷過文革這場史無前例的浩劫，是不容易理解描寫文革那時期的作品的。文革那時我和大姐同在電台工作，都成了牛鬼蛇神呢。」

「哦，原來如此，我還以為你一直是在香港工作，原來你文革時是在國內，我認識你姐姐是在文革後期在出版局工作那段時間，你那時在哪裡工作？」

「我在七一年才回到香港的，當時我得了肝病從幹校回家養病，因為我媽媽病危，新華社的梁威林社長把帶我回香港，否則我還呆在幹校呢。」

「那麼說，你也是關在黃陂牧場了，我們是同一幹校的難兄難弟啊，你們電台是一連吧？我在幹校當過養馬的，也當過木工，還算不很辛苦，因為我沒有關進牛欄，還是個一般學員『五七戰士』，算是個自由人。我曾把幹校比作奴隸社會，軍代表和營領導是最上層的貴族，是奴隸主；一般的『五七戰士』是個『普通一兵』，也就是平民，是中間階層的自由人；你們那些牛鬼蛇神是被列為『專政對象』，自然就是最底層的奴隸了，凡是最髒最累的活就是你們這些奴隸去幹。當時幹校的一些領導對牛鬼蛇神的虐待，簡直令人髮指，到了傷天害理的地步，我們連一個叫林遐的散文作家，就是被虐待致死的，他已經肝硬化，硬要他去挑泥磚，上百斤重一擔，等於逼他去死啊。」

我告訴他：「我也挑過泥磚，四塊泥磚一擔，每塊泥磚四十斤，一擔一百六十斤，我那時瘦得皮包骨，體重都不到一百斤，但我還是得把那擔泥磚挑起來，來來回回挑了十幾次。」

「你為什麼會是牛鬼蛇神呢？文侶也關在牛欄嗎？」

「我是反革命分子，大姐是反動組織頭頭。一清理階級隊伍，就把我們兩個關起來了，到幹校後，我們都在牛欄裡，不過她比我早解放出來，我的問題搞了很久，審查五一六又把我搞了一番，我當奴隸時間比較長些，你說得很對，我們這些奴隸是不被當作人看待的。」

「我在幹校幹了一年多，還當了個木工班長，比較清閒，有時還停工待料，沒事可幹，除了幹活，食飯睡覺，思想簡直是一片空白，不過倒也看到了各式各樣的人物精彩表演，幹校也算是一個小小的舞台，一群小小的政客在那兒作充分表演，那些當領導的對待下面的人，比狼還要狠。羅曼・羅蘭有一齣戲叫《狼群》，就是描寫法國大革命時期那些革命領導人互相傾軋，互相殘殺，像一群餓狼一樣。我們幹校在某種意義來說，就是一個個分散在荒原的狼群。知識分子整起知識分子來，比工農兵還要狠，在這些人的表演中充分顯示出他們的醜惡靈魂的陰暗面。」

「對，我看有些人的確比狼還要狠毒，賣友求榮，落井下石，無中生有，嫁禍陷害，什麼事都敢幹得出來，這種人簡直沒有一點人性，實在很可怕。」

他很感慨地說：「老子曾說：禍兮福所倚，福兮禍所伏。這些人一時得逞，曾幾何時，還不是最後原形畢露嗎？說什麼幹校是為了改造我們這班知識分子，實際上是把我們流放在那個不毛之地，好看管起來罷了。」

我很同意他這種說法，「我想改造是假，把不聽話的知識分子關進集中營是真，怕知識分子造反，聚眾鬧事，其實秀才造反，三年不成，怕什麼呢？你有聽說過嗎？林彪死後，在省委大院裡有大字報揭露，在黃陂四周的山上駐紮的砲兵團，已經選好了機關槍陣地，林彪一上台，就把我們這班關在幹校的人全部消滅掉，幸好林彪跌死，否則我們就在劫難逃了。」

「我也聽說有這樣的傳聞，他們大概認為知識分子不好辦，不聽話，所以把我們這些大大小小的知識分子都流放到偏遠的山區，不准亂說亂動，五七幹校實際就是集中營，他們害怕知識分子，誰叫你們有知識呢？」

「在他們看來，有知識就是有罪，我們的原罪就在於此吧。」

「雖然在幹校我勞動強度會強一些，倒還是學到了些木工的本領，做木工除了可以鍛煉身體，還有一種好處，就是培養耐心和觀察思考的能力。你在幹校都幹些什麼？文侶又是幹什麼呢？」

「大姐出了牛欄就在養牛班，我仍關在牛欄，當然是幹那些別人不幹的累活髒活，什麼都幹過。到宣布我解放，雖然出了牛欄，當然還掛着條尾巴的，並沒有摘掉反革命的帽子，他們卻讓我在廚房幹活。我也不明白為什麼讓我這個反革命在廚房工作，難道不怕我在餸菜裡下毒毒死他們嗎？不過我在廚房幹活卻學會了煮供兩百人吃的大鍋飯，還學會了宰豬。」

「宰豬？你會宰豬？」

「跟老農學的，頂原始的宰豬法，我宰了不下百隻豬，很熟練了，我能從到豬欄抓一隻豬，把牠宰掉，到燒成一鍋紅燒肉，全部時間只要兩個小時，那是有人看着手錶給我計時的，厲害吧？」

他聽我這樣說，大笑了一場：「想不到你這個文弱書生會宰豬？這倒真是拜幹校之賜了。」

記得有次到廣州參加省港作家聯歡的活動，住在白天鵝，我和古仔一間房間住，在吃了晚飯後，一塊跑到黃秋耘和秦牧的房間去聊天。我和黃秋耘坐在他的床上，他曾語重深長地對我說：「文健，你在香港工作不容易，要踏踏實實地做點對人民有益的事，寫東西也要穩打穩紮，千萬不要像某某人那樣，一天到晚跑上層路線，巴結領導，還不是要謀求職位，想升官發財嗎？你看他到處交際，花公家的錢一點也不肉痛，動不動就向人討字畫，其實別人好的字畫是不會給你的，要來也沒什麼意思，我對他的所作所為，很不以為然。他這種人既不好好寫作，也不認真讀書研究點學問，他在文學上就到此為止了，不會有什麼大作為的，最了不起也只會成為一個文學活動家，也就是魯迅先生所說的空頭文學家，這樣有什麼意思呢？我主張『背對文壇，面向文學』，文壇這東西實在有很多醜惡的事，我們要背對着它，不要去追求在文壇的虛假名聲，而應當老老實實地去寫作，寫文章要有感而發，不要寫應酬文章，不要硬湊地去寫。像某某人那樣，成天寫一些奉承吹捧人的文章，令人看了也覺得肉麻到要起雞皮疙瘩，即使他真的爬上去，也實在是沒有意思的。你千萬不要學他那個樣，沒出色啊！」他這樣誠懇坦率的話，使我很動容，他是把我當成自己的親弟弟一樣，給我以教導和忠告，希望我不要走歪路。一般人是不會這樣直率地講話的。

接着我們又談起他那篇《霧失樓台》，他問我：「如果說我的作品有點感傷的話，《霧失樓台》倒是真有點感傷的，它曾改編上電視，你有看過嗎？」

我說：「我沒看過，不過我喜歡那篇散文，你寫得很優美，確實也很有點淡淡的哀愁。不過這樣的故事，在我們生活裡是經常發生的。在文革時期這樣的事情，並不是怎麼稀奇的事。」

「說到那種淡淡的哀愁嘛，要知道在文化革命那些腥風血雨的日子，有很多不公平的事，使我無法忘懷，我把它寫出來，就是想把它封存起來，免得它總是在我心頭縈繞，令我不得安生。經歷過文化革命這場浩劫，只要不是鐵石心腸的人，有誰能沒有那樣一種迷惘和哀傷呢？這電視劇改編得不怎麼樣，要把一篇散文改編出電視劇，那是很不容易的。在拍成電視劇時，上面看了不滿意，删去了某句話才讓播出，唉，那就删去好了。」

我說：「那怎麼可以讓他們隨便删呢？我反對删，你應該堅持不讓他們删改啊。」

坐在隔床的秦牧插嘴說：「我也不同意删，我說呀，秋耘兄，你太怕事了。」

黃秋耘對我們這樣的批評，只報以淡淡一笑，很寬容地不再說了。

他的自傳《風雨年華》最初在香港出了本薄薄的書《往事並不如煙》，是其自傳的上半部，我看過後，對他說看了覺得不夠過癮，他說：「這只是一部分，我還要寫下去的。其實下半部已經寫好了的，交給了出版社，上面調去審查，又提出要删去一些章節，也許是太敏感吧，惹得他們不高興，不過我已經把删去的部分複印了幾份，分別收藏起來，等到有機會，在適合的時候再發表。」

他還把一些在刊物上發表的片段讓我看，說：「你看過就知道我是個很『得人驚』的人，並不是你想像的那麼好的。」

我看過後對他說：「相反，我覺得你是個很好的人，你的心太善良了，所以你要吃虧的。你對朋友總是很寬容的，對敵人卻無情，你有很崇高的理想，但你不可能成為一個政治家，因為你心地太善良了。拿破崙說過：政治家是不講良心的。一個有良心的作家，怎麼可能成為不講良心的政治家呢？讀你的文章，文如其人，看得出你有軍人的氣質，冷靜沉着，能克制自己，但另一方面你也是一個人道主義者，一個理想主義者，是個追求真理的詩人，文如其人，多情敏感，充滿正氣，有着一種內省，同時有着一種大愛。這裡面有着一種約翰·克利斯朵夫的痛苦，我名之為理想主義者的痛苦。」

他說：「文健啊，革命並不是我們想像的那麼美麗的，裡面有污穢和血，所以有時就會令人有難以解脫的矛盾，這就是我們這些理想主義者的痛苦。看來這個十字架是得一輩子背下去了。」

黃秋耘的文章很重感情，正如他說的：「散文之美，在於情和文，而情是第一位的。抒情，就是作者把自己的光和熱散播出去，借以打動讀者的心。」正是他的情能力透紙背，能動人心弦。而這種情又是和他的真誠分不開的。他的文字很優美，也很淡雅，是一種不加修飾的美，是一種爐火純青的美，沒有多餘的形容詞，像對讀者娓娓交談，他的散文是和真情融合一致的。他寫的不是一般的散文，是血淚文章啊！這就是所謂「秋耘風格」吧？我深深感受到他強烈的愛與恨。

我曾在《大公報》寫過一篇介紹他這本書的文章，我認為他是個理想主義者，有着「理想主義者的痛苦」。他看了後，曾寫信告訴我：「拙著承過譽，汗顏之至，所示尊見極是，但對於形成『痛苦』的矛盾，似乎未作進一步的剖析，只輕輕點到，使人有『欲說還休』之感。去年九月間我從東北（黑龍江、吉林）南歸途中，在北京住了八天。因《風雨年華》下半部送審後，領導部門指出廿多處『措辭欠妥』，必須刪改，改好後，再經領導審閱，已獲通過。如無『特殊故障』，春節前後可望出版。還有一部《雜文選粹》，由湖南出版，聽說已印好，日間可見書。去年出版三種新著，雖不甚理想，但已可算『荒年中的豐收』了，一笑。我今年已獲准離休，但外事活動尚難完全擺脫，但願從此可以息影家園，閉門讀書寫作，不受干擾。何時來穗，希望顧舍下一談。」

不久他託他的姐姐送來了四本新出版的《風雨年華》，那是完整版，由人民文學出版社出版的。他說明這四本書，一本給我，其他三本分別送給董秀玉、曾敏之和潘耀明。

那時我主編的《讀者良友》停掉了，因為董秀玉想要我和林道群編一本新刊物《文化中國》，我四處約稿，自然寫信向秋耘兄邀稿了。他很快就寄來了一篇《中國文化憂思錄》。他在信中說：「寄上一篇雜文《中國文化憂思錄》，文中所說的都是實情。當然，值得憂思的遠不止這些，但不便抒諸紙筆，只好欲語還休了。」

這篇文章，我主張在新刊物刊用，董秀玉持不同意見，我同她爭得臉紅耳赤，剛好那時陳原先生來到香港，我們兩個就在聖安娜餅店買了一盒蛋糕去探訪他，他住在北角的招待所，我在走出電梯時，一不小心，把那盒蛋糕西餅跌落地上，見了陳原先生，打開盒子一看，蛋糕西餅都跌得塌在一起，不成樣子了。陳原先生很幽默地說：「不要緊，雖然不好看，但一樣好吃的。」我們請他給我們做評判，看看黃秋耘這文章能不能刊用。他看了後，認為「還是先放一放，因為目前國內正是乍暖還寒，慎重起見，還是多看一下氣候吧。」就這樣把稿子先壓下來了，我是心有不甘的。

後來我們把《文化中國》創刊號的樣本都排出來了，董秀玉的想頭很大，想在中港台三地同時出版，結果北京不同意，最後這份刊物竟「胎死腹中」了。這篇稿子一直留在我手中，我捨不得丟掉，至今還保存起來。我知道秋耘兄是把原稿給我的，他自己沒有留底，我不想這篇稿子埋沒掉，這是篇好文章，我還是在這兒原文照抄，作次文抄公吧。

近幾年來，我主要從事國際文化交流工作，經常接待外賓。有一次，我和幾位中青年作家一起去接待日本客人。客人中有一位漢學家，頗懂得一點中國文學。宴會上酒酣耳熱之餘，那位漢學家故意提出些難題來考我們，他首先背誦了一首唐詩：「月落烏啼霜滿天，江楓如火對愁眠，姑蘇城外寒山寺，夜半鐘聲到客船。」然後問我們這是誰的作品？什麼題目？座中幾位中青年作家面面相覷，答不出來。我不想在日本客人面前丟人現眼，就率爾而對：「這是張繼作的《楓橋夜泊》。」日本客人又問，楓橋在什麼地方？我說在蘇州附近，詩中不是明明寫着「姑蘇城外寒山寺」嗎？日本客人看到這首詩難不倒我們，又指着餐廳牆上掛着毛澤東同志的一首詞問道：「今日長纓在手，何時縛住蒼龍？請問這蒼龍象徵什麼東西？」座上那位青年翻譯員搶着回答：「蒼是青草色，蒼龍就是青色的龍。」我連忙插話說：「不對。在這裡，蒼龍是黑色的龍，象徵反動的政治勢力。當時指的是國民黨反動派和日本帝國主義。你們日本不是也有個什麼『黑龍會』嗎？」日本客人聽了，就沒有再問，而且面有愧色。

早幾年有人提倡中國這一代作家要「學者化」。老實說，這未免要求太高，但既然稱為作家，起碼對《楓橋夜泊》和「蒼龍」一類的常識，倒是應該知道一點的。常言道，天下間沒有不識字的秀才，那麼，對祖國傳統文化一無所知的作家，恐怕也是不可能存在的吧。我國的知識分子，包括稱為作家的高級知識分子在內，對祖國傳統文化的無知，真是令人又是慚愧，又是擔憂。

且不說已經「不合時宜」的舊文化，當今中國人的新文化素養又如何呢？最近我去看過一個作為旅遊勝地的縣城和一個有四十多萬人口的中等城市的新華書店，真是叫人觸目驚心。我在新聞出版局工作，對書刊的發行情況不能不做認真的調查統計。原來最暢銷的書刊大都是一些格調低下的所謂「通俗小說」，不是什麼「宮闈艷史」，就是什麼「碎屍奇案」，總之是色情加兇殺，武俠小說已經算是「上品」了。至於雜誌的封面照片，大多數是「大美人」，有些還是裸體或半裸體的「大美人」。「大美人」並沒有什麼不好，但是她們那種搔首弄姿的媚態，實在叫人噁心。同時，在新華書店的降價門市部裡卻堆積着不少嚴肅的文學書籍，其中有些降價書還是著名作家的近作，降價最低的是三折，一部分是五折，但仍然無人過問。這兩家書店的經理都表示，以後他們再也不敢訂購這一類「高檔次」的貨色了，因為實在銷售不出去。現在嚴肅的文學作品印數到五千冊以上的就算是暢銷書，超過萬冊的幾乎絕無僅有。如同在金融市場上「劣幣驅逐良幣」一樣，在中國的文化市場上，格調低下的出版物也正在排斥好的和比較好的出版物。

前幾年，有人說香港是個「文化沙漠」。上月我在香港住了六天，發現那裡近幾年還是出版了一些好書的。銷路如何，我不知道。假如有人說，今天中華人民共和國的九百六十萬平方公里領土上，在一定程度上是一片「文化大沙漠」，看來也不能算是危言聳聽。當然，這一片大沙漠上還有不少綠洲，我們還有不少好的和比較好的文學、音樂、美術、電影和電視作品……還是有條件衝出亞洲，走向世界的。只要在深化改革的過程中，有關黨政領導部門採取適當的措施，首先要給文

我和黃秋耘

化工作者創造一個寬鬆的、可以自由發展的環境，逐步擴大綠洲，縮小沙漠，中國的文化還是有可能生機勃勃、繁榮昌盛起來的。我想，這恐怕不能算是奢望。但是在當前，縱目神州大地，所見所聞，作為一個關心祖國文化的知識分子，我不禁從心底裡湧起一陣難以歇止的憂思，但願這只是杞人憂天吧！

一九八八年十月下旬

如今二十多年後看來，這篇雜文並不過份，倒是很有分寸的，我相信董秀玉現在看也不會覺得他講的太敏感吧。秋耘兄的這種憂思，並非杞人憂天啊，值得我們憂思的事還多着呢。我曾收到他一信，他說：「董提議將《讀友》停刊，另籌辦一份新的雜誌，真正貫徹百家爭鳴方針，此議甚好，當然，發表文章還要掌握一定分寸，不要貽人以口實。董業務水平較高，思想亦頗解放，北京委以重任，是知人善用的。董與我雖非深交，也算是談得來的朋友，她坦率真誠，且頗有見地。但香港一地，情況複雜，掣肘頗多，恐亦難展抱負也。她過穗時曾過訪，適我外出未遇，遺憾之至。」

我曾特地上廣州到梅花村五十四號他的家去，那天我們很暢快地談了一個上午，他不讓我走，一定要我留下來跟他一起吃午飯。我們一直談到下午四點，我才告別回港。

那天我們談了不少問題，其中包括對文革的感受，我說：「在文革那段日子，整個國家的人都像瘋狂了一樣，那是一種集體的瘋狂，個人崇拜這種現象已經使全國人都瘋了，全都像盲目一樣，毛指向哪裡就跑向哪裡，敢於說不的人，如像張志新一類的人，就被消滅掉，我看簡直就像《一九八四》這本書中描寫的一樣，有過之而無不及呢。」

他說：「個人崇拜所以會變成這樣恐怖，掌權者當然要負主要的責任，但這同我們的民族性也有一定關係，幾千年儒教思想的傳統使中國人有一種希望有個明君，有清官，從古代到今日都是這樣，所以很容易使個人崇拜得逞。當然蘇聯也搞個人崇拜，把列寧、史達林當神一樣，其實都是在愚弄老百姓，你說這是集體瘋狂，這是因為集體本身缺乏民主意識，加上傳統的英雄崇拜思想作祟，以為有一個明君就解決一切問題，不用自己操心，只求平平安安過日子當順民就夠了，實際上中國會產生對毛的迷信是有其社會基礎的。」

我很贊同他的看法，我說：「我同意你這種意見，但我看這還有一個制度的問題，共產黨特別強調領導一切，搞的是一黨專政，所謂民主集中，講到底只有集中，沒有民主，中國根本就缺乏民主的意識，這種過度統一的制度就造成了個人崇拜的土壤，如果不改變這種制度，就不可能真正破除個人迷信的。」

秋耘兄說：「你說的有道理，不過要改變這種現實是不容易的，這就是你說的理想主義者的痛苦嘛。」

那天他很誠懇地勸告我，要我耐心聽聽董秀玉的意見，不要太過堅持己見，合作不易，要多尊重別人。他像一個大哥哥一樣對我苦口婆心地勸說，董秀玉到香港工作不容易，希望我能多協助她，還說，莊子說：「涸轍之鮒，相濡以沫，相呴以濕，不若相忘於江湖。」你們要有商有量，互相支持。至於他的稿子不用也無所謂，不要因為一兩篇稿子就鬧得傷感情。要我學會「對己嚴，對人寬」。他還說：「文健，你是個很耿直的人，這是你的優點，但也是你的缺點，過於耿直，就會變成執拗，容易得罪人，固執己見就不好了。直話直說是對的，但也要看對象是什麼人呀，要學會尊重別人的意見，你尊重別人，別人會更尊重你的。」

他指着他客廳掛着的那副對聯說：「那是老舍先生贈的：一代文章千古事，餘年心願半庭花。寫得真好。文健，千古文章事，得失寸心知。不管什麼情況，不管什麼環境，都要繼續不停地寫作，要有感而作，不要掉荒了筆桿，筆不寫就會生鏽的。心裡要記住祖國和人民，我們寫作不只是為了抒自己的情，要抒祖國和人民之情。」

那天我們談得很多，對於我們都認識的一些人和事，他都很坦率地加以褒貶，他語重深長，使我頗得教益，我至今仍不會忘記他的教導。臨走前，他的夫人為我們按快門，拍了一張照片。這是我見到他

我為黃秋耘畫的像

的最後一面了。

回港後，我收到他一封短函：

「杜漸兄，附上合影，以留紀念，望珍藏之，以後恐怕難得有此機會了。陳原來信說，你年底前可能移居加拿大。董秀玉大姐亦將去職，其實如有可能幹下去，似不妨多幹一些日子，三聯雖小，也是一番事業也。不知你們以為如何？行前如到穗，盼到舍下聊聊天。便請告董大姐，謝謝。」

我在「六四」後沒有再回國內，故此沒能再見到這位親切的兄長了，到加拿大後不久，文侶大姐夫婦也跟着移居到多倫多。她有一天告訴我，秋耘兄已經過世了。他是二〇〇一年八月去世的，很低調，不發訃告，不舉行送別儀式，不驚動親朋戚友，故我知道得較遲。他這個「官越升越小的老革命」，是個「言無不真」的作家。我回想起同他接觸的日子，得他不少勸告和指點，如今再也聽不到這個親切的兄長語重深長的教導和叮嚀了，使我心中無限懷念。我認為他是個理想主義者，他悲天憫人，有一副菩薩般的慈善心腸，而要面對的革命現實卻是充滿污穢和血腥，確實如此的醜惡，一個理想主義者當然要想鞭撻它改造它，但理想主義者往往是慘遭失敗而告終的，故而這就是理想主義者的痛苦了。他就這樣走了，但他的大愛卻長留人間，想念這位值得永遠懷念的兄長，我曾畫過一幅秋耘兄的油畫畫像，永遠紀念這個心地善良的好友。

永遠的雲姐姐

記黃慶雲大姐

據說作家木令耆從美國回大陸，說要在中國見兩個「雲」，一個是黃秋耘，另一個是黃慶雲。我也是這兩個「雲」的「粉絲」，對於我而言，黃秋耘是我的兄長，而黃慶雲則永遠是我的偶像雲姐姐。

早在一九四一年我讀一年級的時候，我兩個在真光小學讀書的姐姐就是《新兒童》的忠實讀者，我那時雖然還看不懂《新兒童》這本刊物，大姐曾給我講過許地山的童話《桃金孃》和《螢燈》的故事。我又從她們的口中，經常聽到她們談及「雲姐姐」，知道有一個「雲姐姐信箱」，是有問必答的。她們把雲姐姐說得那麼「神」，好像她是個無所不曉的人物。我聽着聽着，也就知道《新兒童》有這麼一個人，但我沒有見過她，只是在心目中想像她一定是個很完美漂亮的大姐姐。我躺在跑馬地青青的草地上，望着天上飄過的白雲，覺得自己也像在天空上面隨着白雲在飄行，我心裡想，「雲姐姐」一定就像天上的白雲一樣美麗、輕盈和高貴。

到我在桂林讀書時，大姐有訂閱《新兒童》，我也跟着開始閱讀《新兒童》裡的故事，如許地山寫的《桃金孃》，還有諸如《金河王》一類的童話，開始引起了我對閱讀的興趣，跟着我還看了《愛的教育》。

直到抗戰結束後回到香港，在嶺南小學讀書時，我才真正成為《新兒童》的忠實讀者。每期《新兒童》出版，我必定由頭到尾讀了個遍，我很喜歡讀「雲姐姐信箱」。

由於我很喜歡畫畫，特別喜歡《新兒童》這刊物裡面李石祥的插圖。也許因此，我用鋼筆畫了一組連環圖畫，還寫了一封信給雲姐姐，請教如何畫畫，寄到《新兒童》的「雲姐姐信箱」。

我記得那連環圖畫是講螞蟻辛勤勞動，知了一天到晚只知道不停地唱歌，蝴蝶不停地在花間跳舞，他們都鄙視螞蟻的勞動。可是冬天來臨，北風吹，大雪飄，蝴蝶和知了都餓暈凍死掉，只有螞蟻有足夠的糧食度過嚴寒的冬天。

我寄出了稿件和信之後，想不到在下一期的《新兒童》中竟把我那連環圖畫刊登了出來，雲姐姐還寫信對我鼓勵一番。如果說我後來會走上文藝的道路，那是由於雲姐姐在《新兒童》刊登了我有生以來的第一次投稿，所以說雲姐姐是把我帶進文學天地的第一個引路人。

事隔幾十年後，八十年代有一天我同香港兒童文學作家何紫聊天，偶爾談及讀小學時第一次投稿給《新兒童》的往事，想不到他這個有心人隔天竟拿來了一本《新兒童》借給我看，那是他在他整套的《新兒童》珍藏中，專門為我找到了我投稿的那一期，上面不只有我畫的那套連環圖，我還發現在

1950 年的黃慶雲

「小讀者」欄裡，有一個小讀者竟是汪明荃，還刊登了她小時候的照片呢。

到了我在聖士提反讀書，有一天在放學後，我到中環街市旁的初步書店。經營這小小書店的胡鐵鳴介紹我認識兒童文學作家謝加因。當時謝加因在編香港《少年兒童文學叢刊》，正在搞徵文，我就把我的一篇連環圖說明《牛仔翻身》，當作是「詩」，作了我一生的第二次投稿，結果也刊登了。

胡鐵鳴和謝加因告訴我，他們組織了一次到香港仔的郊遊，有雲姐姐黃慶雲參加。我回到學校，拉了好幾個同學參加了這次郊遊。這次我才真的第一次見到心儀已久的雲姐姐。

記得那是一九四九年初春，那天雲姐姐身穿旗袍，外加一件背心，十分漂亮，她一點也沒有架子，總是微笑着，待人很親切。謝加因則像個「孩子頭」，戴着一副金絲眼鏡，十分活躍。他們兩個同我們這些才十幾歲大的孩子玩作一堆，我們在香港仔漁民子弟學校的操場上做遊戲，猜謎語，唱歌，雲姐姐同我們一塊玩一塊笑。我覺得她是一個很可親的大姐姐。這一天我們玩得很盡興。

隨着新中國成立，雲姐姐離開了香港回國內去了。以後我在國內讀書和工作，卻沒有機會見過她。我再次見到她已是幾十年後，在七十年代末我辦《開卷》，到廣州約稿，才再次見到雲姐姐，我約她寫了一篇回憶《新兒童》的文章。她很快就把稿件寄了給我，刊登在《開卷》第二卷總十八期上，題目是《回憶〈新兒童〉在香港》。

我特地帶了稿費到廣州送到她的家，那天她剛巧不在家，當時在家的是她的女兒周蜜蜜。我把稿費交給她，發覺她很像年輕時的雲姐姐，簡直像是一個餅列印出來的。後來周蜜蜜來了香港，我們的交往就多起來了，成了好朋友。

我想應該是在一九八八年吧，雲姐姐也早就回到了香港，我們見面的機會就多了。當時她在新雅幫忙編一些兒童讀物，我也曾應她之邀，為她翻譯了一些稿件，特別是關於恐龍的，我為她翻譯了五本一套的《彩色恐龍世界》畫冊，是專門給少年兒童閱讀的，包括《地球上的巨無霸》、《恐龍的真面目》、《奇形怪狀的恐龍》、《恐龍揭秘》和《恐龍世界重現》。我想大概是因為那時電影《侏羅紀公園》引起孩子們對恐龍的興趣，所以才會出版這樣一套恐龍的書吧？我自己就對恐龍很有興趣，因而寫了一本科幻小說《逃出恐龍世界》。

記得慶雲大姐曾把一本新出版的小說《刑場上的婚禮》相贈，那是一本寫給青少年看的中篇歷

2010年我探望黃慶雲

史小說，寫的是我們廣東的真人真事，是一部英烈傳。這是她在文革後寫的作品。那年周蜜蜜還為我出版了一套《世界科幻文壇大觀》。

我離港後，曾於一九九四年回港時，由黃大德帶我到美孚去看望過一次雲姐姐，談得很開心，還拍了張照片留念·直到二〇一〇年，我再次回香港，專門去探望雲姐姐，那年她是九十高齡，還很健康，她和周蜜蜜請我在美孚的一家飯店吃晚飯，我們談到深夜。記得她曾對我說：「廣州那些人說要為我慶祝九十大壽，我才不打算去呢，沒什麼意思！」她對國內什麼都向錢看，很不以為然，感到很迷惘和不安。

一個人活到九十歲，見識自然很多，我佩服雲姐姐年紀那麼大，頭腦仍然十分清晰，對國內發生的種種大事都一目了然，她為我講解了很多發生在近年國內我在海外生活無法理解的事情，她對人對事的褒貶都很中肯，十分有分寸。要知道我們現在所處的真是一個令人感到痛苦和困惑的年代，確實，中國的思想界和知識界正面臨着一個痛苦和困惑的考驗。

雲姐姐同我都是在中山大學中文系畢業出來的，當然，她是我的老前輩，比我早上二十屆。她出生於一九二〇年五月十日，比我大十五歲。她是番禺人，出生於廣州。祖父本是一個鄉下的貧苦農民，到南洋打工，成了巨富，歸國在廣州置業買產，可惜不到四十歲就去世，從此家道中落，大家庭就從此分崩瓦解了。她的父親曾經留學日本，回國後當過繪圖測量員，也當過教師，可是經常失業，是個好好先生，她母親也當過教員，這樣一個家庭生活很清苦。黃慶雲的童年很平凡，也很寂寞。父母因為生活奔忙，很少關心她，而教她識字的是她的外祖母，大約四歲她就認識幾百個字了。由於她有一個叫黃碧雲的姑姑因參加革命，被反動政府殺害，他們一家人只好出走遷居到香港。她自己說她的童年很平凡和寂寞，不過她在五歲時，可曾當過一陣子的「童星」呢，可以想像得出，她小時候一定十分可愛。那是她好奇到鑽石公司拍片場看熱鬧，見別人教學員表演，她也學着去試試，結果被導演看中，讓她參加拍電影。因為她的乳名叫妹妹，導演還給她起了個「黃梅」的藝名，不過她只在《愛河潮》拍過一個鏡頭，在《小循環》拍過幾個鏡頭，後來這事讓父母知道後，加以制止，她的演藝生涯也就終止了。

她母親要她努力讀書，她十五歲就考進了中山大學中文系，那時她立志要當一個教師，對兒童教育有深入的研究，這種對兒童的關心對她後來成為一個兒童文學家是很重要的。

在那災難重重的年代，日本侵略者的鐵蹄踏遍了半個中國，廣州淪陷後，她為了繼續學業，回到香港在嶺南大學借讀，完成了大學後，她想從事教育事業，就再當了研究生。她的導師是曾超森博士，寫的論文就是兒童文學。

這時香港大學的馬鑑教授辦了個小童會，收容了一批在香港街頭的流浪兒和擦鞋仔。馬教授請她去給這些兒童講故事，於是她在不用上課的時間就在般含道的一間洋房裡為這些孩子講故事，辦小小的圖書館，還指導他們閱讀。這些可愛的孩子都喜歡聽故事，聽之不厭，她講到沒有故事可講了，就自己開始編一些故事講給他們聽，她的第一篇故事《跟着我們的月亮》就是這樣寫出來的。

馬鑑教授同一些團體還辦了個兒童劇場，她也參加活動，她說過：「據我的記憶，第一次大會和演出，好像是在娛樂戲院。我記得吳其敏先生也有份參加了的。我的第一個兒童劇本《中國小主人》就是那個時候寫的，孩子們叫我姐姐，也是那時候開始的。直到《新兒童》創辦，我剛滿二十一歲，正是他們的姐姐呢。」

講到創辦《新兒童》，雲姐姐在她為《開卷》寫的回憶中說：「一九四一年春天，指導我論文的老師曾超森博士問我，願不願意當一個兒童雜誌的主編，我毫不考慮地答應了。其時，我還是一個研究生，又因為是領公費的，每天還得抽兩小時幫助教授們收集資料，整理教材，只能用業餘時間來編寫，而另一個姓李的同學，也是用業餘時間來搞業務工作的。當時一股熱情，也沒估計到困難有多少，經過三個月的籌備，《新兒童》就在一九四一年六月，以半月刊的姿勢，跟孩子們見面了。」

在談到《新兒童》為什麼這樣受孩子們喜愛時，她總結出三點：「從開辦雜誌那一天開始，我就這樣想，雜誌既然面世了，那它就是屬於廣大的孩子的了，這是第一點。第二，我是個學教育的人，我認為辦兒童刊物不能是我講你聽那樣灌輸式的教育，而必須是啟發式的。這樣孩子才能成為刊物的參與者。第三，我們不要孩子們靜靜坐着去閱讀刊物，還要他動手去做。因為我相信孩子應從做中、從實踐中去學習的。」

那時每天都有幾十封小讀者來信，向「雲姐姐信箱」提問題，談心事，報告新聞，交換相片，十分熱鬧的。「雲姐姐信箱」是這本《新兒童》雜誌最吸引人的地方。為什麼會這樣吸引人呢？按照她的說法就是：「這信箱是建立在編者和讀者間的姐妹兄弟般的情誼上。信箱給孩子們解答科學常識問題，但這不是主要的。主要的是在社會知識方面。我常常用談心方式去跟他們覆信，談心，我確是把自己整個心放在上面。我覺得我和孩子都處在同一個社會裡，所不同者就是我是成熟的年長者，而他們是未成熟的個體，因此我有責任去幫助他們認識這個社會。不是直接指示他們如何做，而是引導他們從生活中去認識，去觀察，去分析，是我們有共同的，高尚的，向上的理想。孩子們常常在信裡把看到的，想到的都告訴我。有一個孩子的爸爸死了，他也把爸爸的照片寄給我，想我分擔他的哀思。有個孩子給人家迫遷，憤慨地把遭遇告訴我。我也將這信公開給其他孩子看。其他人的雜感就更多了。有些長大了的孩子曾寫信告訴我：『當時，我是含着眼淚讀你的覆信的。』可是，他們又怎麼知道，我常常是含着眼淚寫這些覆信的呢！」在小讀者和她之間，有着一種多麼深厚的愛，這就是「雲姐姐信箱」

最吸引人的地方。幾十年後，每當我們這些七八十歲已經變成「老讀者」的人，一談起來，就滿懷感激之情感謝雲姐姐給予我們的愛心。

《新兒童》一九四一年在香港創刊，但到十二月，香港淪陷，回到國內在桂林出版，一九四六年日本投降後又回到香港復刊。經歷了抗戰後，《新兒童》已不只面對香港的孩子，而是面對全中國的兒童，甚至面向海外南洋的孩子。雖然它的印數長期以來都只有六千份，最多的那些期也只有七千五百份，但《新兒童》的影響力是很巨大的。它是我們那輩子的孩子的精神糧食。

解放以後雲姐姐回到國內，仍不斷寫作，繼續主編少年兒童刊物，把《新兒童》改為《少先隊員》，在一九五九年她主編的《少先隊員》受到不公正的批評，認為太注重文藝性、知識性和趣味性，她因而離開了編輯工作。在那以後她把精力放在兒童文學的創作上，寫出了很多好書。文革後她還創辦過《少男少女》面對青少年讀者的刊物。一九五六年她寫了一篇以廣州起義歷史為題材的文章《不朽的青春》，很獲好評，文革後，她再次把周雍、陳鐵軍兩位烈士的事蹟，創作了長篇歷史小說《刑場上的婚禮》。她回到香港後創作的小說《我愛香港》、《金色童年》和長篇歷史小說《香港歸來的孩子》，都是兒童文學創新的傑作。她筆下不斷寫出一本本好作品，這證明了她給孩子們許下的諾言，她曾說：「現在我不是編者而是寫作的人了。美國有句話：『故事是舊的，可孩子是新的。』意思是說哪怕是古老的童話故事，也可以給兒童閱讀，因為孩子不斷出生，什麼故事對他都是新的。我想，這句話也許已經過時了。我們不能把孩子看成是一成不變的圓顱方趾的小動物，他的圓顱，也受外界的影響而有各種的想法，他的方趾，也是向新的路上邁進的。為了這，我就要不斷的學習，新兒童啊新兒童，我也要不斷地推陳出新，才能和你們一同前進了！」

頂有意思的是，二〇〇九年她獲香港藝術發展局年度最佳藝術家獎，她從她女兒周蜜蜜手中接過獎時說的一番話：「大家見到我真的很老了，因為我寫兒童文學已七十年，我寫，就是樂在其中。行樂須及時，及時創作提高自己。樂在其中把握時間。魯迅說救救孩子，對我而言，恰恰相反，是孩子救了我，救了我們，使我不老。明日的世界一定會越來越好，孩子可以建設自己理想的世界，他們的力量是不可小覷的。」

雲姐姐已經九十多歲，她已從妙齡的雲姐姐一步一步變成雲姨姨，如今已是雲婆婆了。她還在孜孜不倦地為孩子們寫作，她是一棵長春樹，她把一生獻給了一代又一代的孩子，她把大愛獻給所有的兒童，那是一種多麼令人感動的大愛啊！她是不會老的，因為她的心是永遠也不會老的！她是我永遠的雲姐姐！雲姐姐，我愛你！

拜訪錢鍾書、楊絳兩位大師

一九八六年的夏天，董秀玉交給我一篇楊絳先生寫的文章《記錢鍾書與〈圍城〉》，我決定要在《讀者良友》上轉載，但為尊重作者，我寫了一封信給楊絳先生，希望她能同意我們刊登。

很快就接到她的回信。她很客氣地說：「我不但同意，還很感激。書上有四個訛字和二處標點錯誤，轉載時請改正為荷。」她很仔細地列出那些需要改正的地方，在第幾頁、第幾行、第幾字，應改正為何字，十分認真，令我十分佩服。在我編刊物的過程中，能如此清楚地一個字一個字列出來，那麼認真地改正稿件的作者，我碰見過的只有兩個人，一個是梁上苑先生，另一個就是楊絳先生了。

直到一九八八年的春天，我和董秀玉一起到北京組稿，一天上午，董秀玉問我：「我約好了下午去見楊絳，你有興趣一塊去嗎？」我連忙說：「當然要去，我十分希望有機會拜見錢鍾書、楊絳兩位先生。」那天午飯後，我們乘坐出版社的車到錢楊的家去。

早春三月，北京天氣還很冷，早一天還下過大雪，我穿大衣仍覺得北京春寒料峭。本來我們約定是兩點鐘去到他們家的，記不起是因為什麼緣故耽誤了，我們竟遲到了四十分鐘。我們到達時，他們

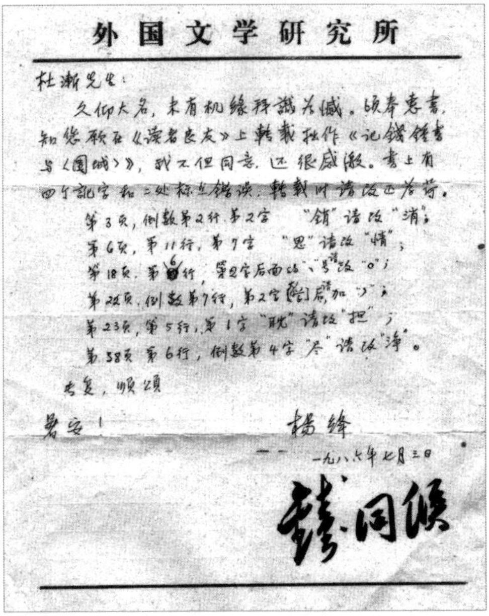
外国文学研究所

杜渐先生：

久仰大名，未有机缘拜识为憾。顷奉惠书，知您愿在《读者良友》上转载拙作《记钱锺书与〈围城〉》，我不但同意，还很感激。书上有四个讹字和二处标点错误，转载时请改正为荷。

第3页，倒数第2行，第2字 "销"请改"消"；

第6页，第11行，第7字 "思"请改"情"；

第18页，第6行，第2字后面的"、"号请改"。"；

第24页，倒数第7行，第2字[答]后请加"："；

第23页，第5行，第1字"耽"请改"担"；

第58页，第6行，倒数第4字"尽"请改"净"。

专复，顺颂

暑安！

杨绛

——一九八六年七月三日

楊絳的來信

已經在等着我們了。

說實在話，我以前並沒見過錢鍾書先生，只知道他是我們中國文壇的一個很有學問的奇人，他的書我讀得不多，《圍城》和《談藝錄》倒是拜讀過的，令我甚為傾倒。他學問的廣博高深在當代學者中是罕見的，我很早就盼望有機會能聆聽他的教誨。不過在我走上樓梯時，心中確實有點矛盾，心情忐忑不安，相當複雜：一方面覺得有機會能拜訪他們實在是很幸運；另一方面因為錢先生是個大學問家，心想他一定是個十分嚴肅的人，說不定話不投機，會把我這個半桶水的野狐禪給轟出門去呢。

一敲門，門就開了。楊絳先生笑容滿臉熱情地把董秀玉和我迎進門，由於我們遲到，顯然她早在等着我們的到來。進門後經過一段過道，進入他們的書齋兼客廳，錢鍾書先生笑着迎接我們。

可能董秀玉事前曾告訴他們我也跟着來，錢先生一見我就對我說：「你在《大公報》那篇談勞倫斯的文章我看了。」

我慌忙說：「我那是胡說八道的。」

他笑笑說：「我認為不錯，我同意你的意見。」

我有點難為情地笑起來，一時間我還弄不清他是同意我那文章的觀點，還是同意我是胡說八道的說法。他肯定看出也明白我那尷尬的笑，趕忙解釋道：「我認為那文章寫得不錯。」我們不由得相視大笑起來。

這樣一笑，我立刻被他親切的笑容征服了，最初那點會見大學者的緊張心情，頓時鬆弛下來。

楊絳先生也笑着說：「你們談吧，我先跟董秀玉談談正事。」那是因為她剛完成小說《洗澡》的寫作，董秀玉要她把書稿給香港三聯出版。他們兩個就坐在一起商量有關書稿的問題，錢先生則坐在他的大書桌後面跟我聊天。

其實他們這書齋很細小，靠窗有一張小書桌，那是楊絳先生寫作《洗澡》的地方，她和董秀玉兩個就坐在那兒談話。

錢先生的書桌佔了書齋很大地方，背後是個並不很大的書架，對着大書桌是一張大沙發，我在沙發正襟危坐面對着錢先生。

我說：「錢先生，坦白承認，您的書我讀得不多，只拜讀過您的《圍城》和《談藝錄》，您的《管錐編》我還沒讀過呢，我很佩服您的學問，您是個大學問家，我很想向您請教，您是怎樣讀書的？您這麼豐富的學問是怎樣獲得來的？能把你讀書的經驗告訴我嗎？」

他微笑着說：「讀書，就是一本一本地讀嘛，做學問是沒有什麼捷徑的，只能一本本去讀，一般的書就只是看一遍就夠了，有些書就精讀幾次，把知識一點一滴地積累起來。這是最蠢最笨的方法，也是最老實最實用的方法。」

「您的記性一定很好，這麼多的東西您怎麼能都記得住呢？」

「我記筆記啊，看到一點有用的就記下來，人的腦子是靠不住的，光靠腦子記是不行的，得眼勤手勤，我記下的筆記很多，還沒時間好好加以整理，我常把筆記反覆看，時有新的看法，又把新的看法補充進去，記筆記是很有用的方法，《管錐編》就是從部分筆記整理出來的。」

「您不只國學的根底很好，外文也很好，令人佩服。現在無論國內或是香港的學生外文和中文都不怎樣，有些連中文也寫得文句不通，更不用說外文了。您是怎樣學會那麼多種語言的呢？」

「講到學外文，我小時候最初也像一般人那樣，開始時讀些舊小說，如《西遊》《水滸》《三國》《聊齋》一類的書，後來發現了一套林紓翻譯的小說叢書，那是商務印書館發行的，有兩小箱的書，這是我十一二歲時的大發現，讀得津津有味，簡直像發現了一個新天地，方才發覺外國文學有很迷人之處。我不只讀狄更斯、歐文、司各脫的小說，我還很喜歡哈葛特的驚險小說，如果說我那時想學英文的動機，就是想有一天能從原著痛痛快快地讀遍哈葛特的小說。」

「我也喜歡哈葛特的驚險小說，讀中學時就讀了《所羅門王的寶藏》，後來還譯過他的《蒙蒂祖瑪的女兒》。您學英文後真的再從原文看過這些小說嗎？」

「當然看了，對照之下，結果發現林譯有很多誤譯漏譯，因為林琴南本身不懂外文，是聽懂外文的人譯給他聽，他用中文寫出來的，自然錯譯比比皆是了。不過話說回來，我後來又重看了這些林譯的小說，仍覺得它們很有味道，我差不多把大部分林譯又看了一遍，重讀仍頗得其樂。我最初學外文的動機就是這樣簡單，大可以給我扣上個帽子：『動機不純』，就是為了看原文小說嘛。」

「想不到你也這麼喜歡看哈葛特的驚險小說，在這點上我們倒是同道中人，我也喜歡看驚險小說，我不止愛看驚險小說，還喜歡看推理小說和科幻小說呢。」

「一個人不可能一天到晚只讀經典和嚴肅的著作，也可以讀些有趣味的消閒作品，同樣可以增長知識學問的。有勞有逸啊，這有什麼好奇怪呢？」

「可是有些人就不這樣看，認為讀推理小說就是有樣學樣教人犯罪，讀科幻作品就是胡思亂想精神污染，讀驚險小說就脫離現實逃避主義。我是讀書無禁區的，我才不理他們這一套，什麼書都看，我覺得給讀書設限，是很愚蠢的事。」

錢先生顯然對我們的交談有了興趣，這時他從大書桌後面站了起來，走到我前面的一張靠椅坐下。他說：「讀書當然是無禁區的，設禁區只說明這些人不學無術罷了。歷代都有這麼一些無知的人，以為禁這禁那就能把人求知的慾望斷絕，這是不可能的。人的求知興趣是很廣泛的，難道設下禁區，讀者就不會設法突破你的封鎖嗎？不是有這麼一說，禁書就是為這些被禁的書作義務宣傳嘛，你越禁就越多人設法找來看。你即使禁得一時，也不可能永遠禁下去的，往往是適得其反，你不能禁止人思想嘛，焚書坑儒這一套是行不通的。」

我說：「可是，有些掌權的人就是喜歡搞這一套，拿什麼精神污染的話來嚇唬人。就舉個例子說吧，前一段我國的大科學家錢學森就反對科幻小說。」

錢先生揚起眉頭，問道：「他是科學家，又不是搞文學的，怎麼會反對科幻小說呢？」

「前些年國內大搞反精神污染時，他老先生曾對北京科教電影製片廠的人發表談話說：科學幻想這類影片當然可以搞，但應該是科學家頭腦裡的那種幻想，而不是漫無邊際的胡思亂想，應該搞那些現在還沒有搞出來，但能看得出苗頭，肯定能實現的東西。我不贊成無邊無際的幻想，那樣搞對青年，對什麼人也沒有好處。科學幻想一定要講科學。科幻小說的老祖宗凡納爾在一個地方說鍋爐裡燒的是鈉，我就有點意見，鈉哪有那麼大的能量？科學幻想作品不科學就成了『污染』。科學幻想作品實際上應該是科學家頭腦裡想的形象化的表達。現在搞科學幻想，太長遠的東西是次要的，主要應配合四化，搞二〇〇〇年的嘛。文藝界的朋友對太空的東西很感興趣，但這不是我們的重點，暫時也不可能。人到月亮上去沒有太大的意思嘛！周總理就講，我們不去，讓他們去。因此這不是個好題目。」

「哈哈，他老先生把科學同文學給搞混了，邏輯思維和形象思維是不同的。其實科學家頭腦裡的那種幻想和文學家頭腦裡的幻想又有什麼不同呢？也就是幻想嘛，沒有幻想，科學家就不可能有所發明，文學家沒有幻想，也就不可能搞創作。他其實要說的並不是什麼科學幻想的問題，要點就是要文學藝術為四化服務，也就是為眼前的政治服務罷了。」

「難怪很多寫科幻小說的朋友說他是，對科學家談政治，對文學家談科學，還有人很刻薄地翻出他在大躍進弄虛作假大搞浮誇風時，在《中國青年報》著文胡說，糧食可以畝產兩千多斤的二十倍，這樣吹牛皮的話，算是科學家頭腦裡的幻想嗎？他這種幻想又有什麼科學可言呢？我對他搞科學研究的成就很敬佩，但對他談文藝方面的話就很不以為然。」

錢先生哈哈大笑：「我以前寫過一篇文章談《伊索寓言》的故事，講到蝙蝠這種會飛的動物，蝙蝠碰見鳥就充鳥，碰見獸就充獸，人比蝙蝠就聰明多了。他會把蝙蝠的方法反過來使用：在鳥類裡要充獸，表示腳踏實地；在獸類裡偏要充鳥，表示高超出世；向武人賣弄風雅，向文人裝作英雄。就是那麼回事啊。」

我又問：「錢先生，我看您的書架上並沒有多少書，您看的書都是從圖書館借來看的嗎？」

他說：「我自己的書並不多，很多書都是託人從圖書館借的，我沒有那麼多地方放書。圖書館的藏書很多，問題是要懂得去用，光是收藏書是沒用的。你認識王元化吧？他是我的好友，最近當了太監。」

我一時沒聽明白他說的意思，這時楊絳先生插進來說：「你又亂說啦！」

錢先生解釋道：「我說的沒錯啊，他到上海當了圖書館長，都不好好利用那些書，不就是當了太監嗎？圖書館有那麼多書，就像是後宮有很多美女，他都不會去享用，那不是成了太監了嗎？」

錢鍾書贈書《談藝錄》的封面及題詞

在場的人聽了他這麼一說，都忍不住大笑起來。楊先生也笑了，低聲地說了聲：「又講痴話啦！」

錢先生指着我說：「他又不是外人，不必擔心。」他對我笑笑說，「聽說你的愛人到日本去讀書了，是學什麼的呢？」

我回答：「我老婆都快五十多了，說是要學日文，她也是當編輯的。」

「那很好啊，多學些外國語，沒有害處的。我那本《圍城》就快出版日文本了，等來了樣書，我送一本給你們。他們把書名改為《結婚狂詩曲》，聽說翻譯的很認真，你們給我看看吧。」他站起來，走到書架旁，取了一本精裝的《談藝錄》，坐到書桌，用毛筆簽了名，遞給我。他說：「先送你這一本書吧。」

我好奇問他：「為什麼他們把書名改成《結婚狂詩曲》呢？聽起來有些怪怪的。」

他說：「無所謂的，這樣可能日本的讀者會更容易接受，書名並不重要，內容才是重要嘛。」

我說：「我們的日文水平是『有限公司』，不過我們會認真拜讀的。」

錢先生說：「那位日本譯者荒井健在解放初就同我通信，後來聽傳說我死了，他為了紀念我，就趕着譯我的《圍城》，先後兩次計劃都沒有成功，最後還是岩波文庫決定出版，他譯了四章，還有五章是由他的高足中島長文夫婦譯的，譯好後由他全部審定。總共花了六年時間進行反覆推敲和潤飾，這樣認真，相信會譯得不錯的。」

我聽說錢先生身體不太好，生怕我們的拜訪會妨礙他休息，楊絳先生說：「他前一段身體差些，近來好多了。」錢先生告訴我們，他最近服用了一種新藥，效果不錯，所以精神也好多了。從他談笑風生，可以看出他說的是實話。

錢先生聽我們把《讀者良友》停掉，正在籌辦一本新的雜誌，認為把《讀者良友》停掉很可惜，並覺得我們要辦一份新的雜誌不會很容易，最初他很為我們擔心，後來在聽了董秀玉的說明後，對這本新的刊物很有興趣，還給我們出了不少點子，可見他對我們這些後輩是十分關心的。

我們談着談着，時間過得很快，天色已經暗下來了，一看手錶，不由得吃了一驚，已經六點鐘，我們足足佔據了他們三個鐘頭的寶貴時間，連忙起身告辭。楊絳先生泡了咖啡，拿出點心，硬要我們留下，還說：「談得那麼痛快，別走，再多談一陣吧。」我們又留下來聊了一會兒，但由於晚上還有約會，只好告辭了。

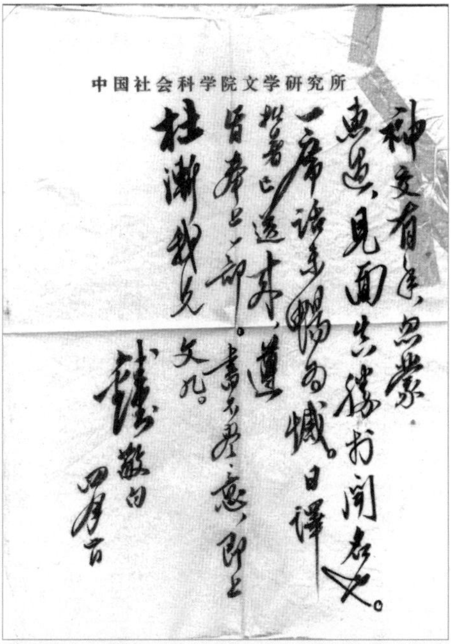

上圖：錢鍾書的來函

下圖：錢鍾書寄贈的日譯《圍城》書影

這次得見錢楊兩位先生，還得到錢先生一本贈書，收穫可大了，更重要的是能有機會聽了他一下午的談話，如沐春風，受益良多。由於我是當天聽董秀玉要見楊絳先生，匆忙跟着去的，事先沒有一點準備，既沒有帶錄音機，也沒有帶照相機照個相留念，實在很可惜。不過能聽到他們談笑風生的一番話，就像談家常一樣，也是心滿意足的事，我完全被他們征服了，跑到大街上，心頭暖呼呼的，連北京雪後的春寒都不覺得了。以上有關談話所記，全是當晚憑記憶補記下來的。

回到香港，在四月底，就收到錢先生寄來的《圍城》日譯本，那是岩波書店出版的兩本上下冊的《結婚狂詩曲（圍城）》，日譯者是荒井健、中島長文和中島翠。據譯者荒島健在譯後記說：「我將《圍城》的書名改譯為《結婚狂詩曲》，有人批評我這是『低級趣味』。但我三月份到北京給作者呈獻日文譯本時，他表示對書名的改譯毫不在意，這樣，我就放心了。」錢先生都不在意，我作為讀者還有什麼話說呢？我曾對照過幾段，覺得譯文優美而平實易懂，可見譯者確實下了不少功夫。據說日本作家丸谷才一的書評說這本書的日譯「質量很高」，並說：「說句心裡話，我讀了這部作品之後，有生以來第一次感到現代中國的小說真是了不起。這跟對魯迅和巴金所懷有的敬愛之情不同，它讓人感到一種對可怕的東西的畏懼。」

我認為錢先生的這本《圍城》和楊先生的《洗澡》，這兩本書合起來讀，可說是中國現代的《儒林外史》，極其深刻地描寫出現代中國知識分子的人生百態。我每次讀這兩本作品都會笑，有會心的笑，有哈哈大笑，有苦笑，有自嘲的笑，也有帶淚的笑。他們寫出了我們這代知識分子的內心世界，的確是現代的《儒林外史》。我沒有資格評論這兩本書，因為作者的解剖已經夠深刻不留情面了。正如錢先生在《〈圍城〉日譯本序》說的：「關於這部書本身呢，作品好歹自會說它的話，作者不用搶在頭裡，出面開口，多嘴是多餘的。」小說本身早已形象生動地說了話，我也就不敢多嘴了。

鬼馬尤加多　文豪舒巷城

舒巷城

那是七十年代我還在《新晚報》當編輯的時候，有一天在《新晚報》的副刊，看到一塊很小的「豆腐乾」，作者署名尤加多，那是一篇只有百來字的短文，寫的是祭鱷魚，文章很短，全文照錄如下：

韓愈被貶潮州時寫了一篇「好似真嘅一樣」的《祭鱷魚文》，有這樣的妙句：「……今與鱷魚約，盡三日，其率醜類南徙於海，以避天子之命吏。三日不能，至五日，五日不能至七日，七日不能，是終不肯徙也。是不有刺吏聽其言也。……」

昨夜，隔壁阿光走來說：「多哥，這篇古文，你同我解一解。」對於這樣的古文真是唔識解了，忽然心念一動，如此這般解下去：

「……我而家同你地的大鱷約定。限三日，同你地班臭鱷手足搬到南方對面海去，千祈唔好係皇家警官面前攪攪震。三日唔搬，五日？五日唔搬，就一個禮拜。一個禮拜都唔搬，即係有心整蠱唔肯去第二處搵食，當我地的警官死嘅嗟……」

我看了這段短短的文字，感到驚艷，十分欣賞。因為我知道在香港這個商業城市有很多大鱷魚，窮兇極惡，食人唔吐骨，此文沒有正面寫這些鱷魚，卻把港英警察的嘴臉寫得活龍活現，反過來也把那些鱷魚的惡態全寫盡了。這使我想起，過去在香港畢打街的香港大酒店，舊時有「鱷魚潭」之稱，那些把香港視為「冒險家樂園」的人物，大多聚集於此。確有不少鱷魚頭，大鱷小鱷，男鱷女鱷，中鱷西鱷，一天到晚，在那兒「咢來咢去」，個個都擇人而噬，真可謂窮兇極惡矣。尤加多這篇《祭鱷魚文》，是把韓文公的《祭鱷魚文》作了現實的解釋，用香港土話之生動，我很佩服。我把這篇短文，用紅筆把它圈畫出來，介紹給別的同事，奇文共欣賞。

我曾對嚴慶澍說：「老嚴，你是外江佬，對香港的本地語言的妙處，還不夠了解，我這個香港仔認為這篇短文寫得真好，運用土話之妙，叫人拍案叫絕！真把香港警察的嘴臉寫得十分活靈活現，就是那些鱷魚頭，也寫得淋漓盡致，不止在香港食到盡，還一直食到海外去啦！這個作者的文筆真是了得，他到底是何許人也？」

老嚴笑道：「你不知道他是誰嗎？他就是你陳文統大師兄常說的那個鼎鼎大名的『秦老西』啊，他筆名很多，舒巷城你應該認識他吧，不認識嗎？那麼改天我介紹給你，這個人你非認識不可，他真名叫王深泉。」

我心裡不由得感嘆，香港這地方真是臥虎藏龍啊！我結識王深泉，就是由唐人介紹的。尤加多、秦西寧和舒巷城都是他的筆名。其實他的筆名還多着呢，王深泉才是他的真名。我對舒巷城這位作家早就懷着很大興趣，因為我已看過他好幾本書，我第一本看的是我妹妹買回來中流出版社出版的《巴黎兩岸》，我很喜歡這本小說，後來又陸續看了《太陽下山了》和《艱苦的行程》，但對這樣一個寫作態度很嚴肅的作家，早已心儀，知道他竟以尤加多的筆名，寫出如此幽默的短文，更是驚奇。

第一次見深泉兄，是他到《新晚報》來交稿，嚴老總介紹我認識他，他給我的印象是十分謙虛，個子不高，瘦瘦的，頭髮不多，戴着一副眼鏡，是個笑容滿面的謙謙君子，沒有一點架子。我們一見如故，因為我們有很多共同點，愛好相同。我對他說：「我看了幾本你寫的書，覺得寫得很好，認為你是個香港少有的嚴肅作家，但我想不到你會寫出如此幽默鬼馬的短文章。」他聽了呵呵一笑，說：「我用很多不同的筆名寫各種各樣的東西，你喜歡我那篇祭鱷魚的小品嗎？謝謝你，香港的鱷魚實在太多了，那篇小東西是我有感而發，隨手寫下來的。」後來唐人告訴我，深泉在洋行打工，當會計，不想洋行的同事知道他是個作家，故此用了很多不同的筆名寫作。

我知道深泉兄是個惜墨如金的人，不隨便給人寫東西的，故此我一直不敢約他寫稿。直到八十年代我搬到康怡花園居住，有一天在街上碰見他，知道他就住在我附近的太古宿舍，從我家只需走下一段坡道，就可以到他的家，我們就有機會常碰面了。

一九八四年七月中旬的一個下午，他約我到他家去聊天，他說他太太去了檳城探親，家裡只有他一個人，我們可以聊個痛快。我是有所備而去的，帶了個錄音機，準備對他作一次錄音訪問。到了他家，我提出這個要求，他搖頭擺手不肯答應，我只好退而求其次，把錄音機收起來。

那晚晚飯後我們一聊就聊了五個小時，談得真的很痛快。我當晚回到家中，已經十二點鐘了，我趁還記得，趕緊把談話的主要內容記下來，寫成了一篇沒有錄音的不算是採訪的訪問記，那就是《夏夜對談》，刊登在《讀者良友》第三期的《舒巷城特輯》。

我寫好這篇《夏夜對談》後，第二天還專門跑去請他過目，他看完後，笑着對我說：「你昨晚真的沒有開錄音機嗎？你的記性真好啊，我們聊天的主要東西你都記下來了，我沒有什麼好修改補充的，我都說過，任你寫嘛，就這樣好了。」

這篇《夏夜對談》內容如下：

李：為什麼你不肯讓我做錄音訪問？

王：我對訪問感到怕怕，對着錄音機更覺很大的精神壓力。

李：錄音訪問記錄得準確些，我是怕記得不準確，歪曲了你的意思。

王：如果是聊天，可以海闊天空，天南地北，不受拘束，談起來心情舒暢些。至於你回去寫什麼，那隨你的便吧。

李：你這是考我的記憶力。

王：我看過你寫的那篇《書痴的話》，我們兩個都是痴人，你是個書痴，我也是一個痴，我是對生活十分痴的，也許正是這種痴的執着，所以我才搞創作。

李：我們的愛好有很多是相同的，比方音樂、繪畫、電影、戲曲，不過有一點不同，我不懂新詩，所以不敢談詩，也不敢譯詩。

王：我們都是性情中人，正因為都是痴，所以才談得來，我小時候是生活在西灣河，前幾年住在黃泥涌道，最近又搬回離西灣河很近的鰂魚涌，這兒是我生活的基地，我的童年，少年時代就是在西灣河、筲箕灣度過的，經常同街坊的朋友去聽說書人講古，還學唱粵曲。我媽媽喜歡薛覺先，我爸爸喜歡馬師曾，我則什麼都喜歡，還學薛覺先的唱腔，也學小明星的唱腔呢。從小時候起，我就同這兒的街坊居民打成一片，他們有些人也知道我寫作，我最喜歡聽他們聊天，從他們的口中我得到不少寫作的素材。

記得在這時，我曾打斷過他，告訴他，薛覺先是我大姐的契爺，他同我們家很熟，他是個忠於藝術的演員，台風很好，我記得他最後在廣州演《花染狀元紅》這齣戲時，突然在演出中途爆血管，還堅持演出，最後演出完了，還要人扶着他出來謝幕，謝幕後立即送去醫院才死的。我還講了個故事給他聽，抗戰前有一次覺先聲劇團到我家鄉七堡演出，不知是什麼緣故失場，被觀眾「柴台」，向舞台上扔爛果皮，劇團趕緊放下大幕，那張紅色的大幕是我爸爸送給他那個劇團的，鄉親們一看上面繡着我爸爸的名字，就大叫：「那張幕是我們自己人的，鄉里鬼鬼，大家不要扔了！」這才避過那次「柴台」。又有一次薛覺先到新會演出，在一間酒店見有一個盲公賣唱，就請來唱曲，那盲公不知道他是薛覺先，對他說他會唱薛覺先的拿手曲子，於是用新會的鄉下話唱起來，後來回到香港他到我家學着唱給我們聽，其中「人約黃昏後」一句，還在句中加上「嗰個」兩字，變成「人約黃昏嗰個後」，我也學着用新會鄉下話唱給深泉聽，笑得他彎了腰。我小時候也喜歡唱薛覺先的曲子如《胡不歸》之類，我媽媽則喜歡學小明星的平喉。於是我們兩個就大唱其粵曲，過足了粵曲癮。

李：人家說你是香港的鄉土作家，我不知道這種說法有什麼道理，不過我認為你寫的東西，是反映現實的，也許這同你從生活中獲取素材有關係吧。

王：我認為創作的泉源是來自生活，一部小說或一首詩，是一件反映人生的藝術品，所以最重要的是生活的積累，我結交的朋友有很多是社會中、下層的人，他們當中有說書的，有唱粵曲拉二胡的，有工人，有海員，從他們的生活中，有好些可取的材料。比如我要寫一篇海員的小說，海員朋友就給我講了很多航海的事，我連船上的工作，甚至海員當更的時間，都問得一清二楚，要寫海員必須知道他們是怎樣生活的，但更重要的是了解他們的思想感情。

我很同意他這說法，我曾告訴他，我在六十年代也曾經到船上生活過，去體驗生活，由於我一點也不會暈船，可以整天站在船台上，船長說我天生是個當海員的人呢，勸我不要讀那麼多書，乾脆來當海員算了，但我那次在海上生活了一個禮拜，畢竟是一次很失敗的經驗，沒寫出什麼東西來。他聽了笑着說：不要緊，生活經驗是要積累起來，將來會有用的。

李：這點我在《倫敦的八月》和《雪》看得出來，更不用說《太陽下山了》。有人說你寫東西「以單純手法去表現單純意念」，我是不同意這種看法的，倒很想聽聽你的見解。

王：在香港搞文學的人當中有很多不同的觀點，不只是政治上的觀點不同，在藝術觀點也有不同，有各種藝術流派，我不打算去非議別的流派，因為一個流派之能存在，必定有一定道理，我認為可以從各流派中吸收對自己有用的東西，這可以豐富自己的創作。如果有門戶之見，那只會局限了自己。至於批評我單純這一點，我以為單純很好嘛，批評者顯然把「單純」和「簡單」兩個概念混淆了，單純並不等於簡單，單純是有很豐富的內涵的，詩和文章要寫到單純，那要相當高的功力，十分困難，我現在仍在學習，單純本身也是一種美。

李：我不懂詩，但就文章而言，如果文章能寫得平淡如水，看後其味無窮，實際上比茅台還要濃烈，那就是爐火純青，進入化境，這種單純的文章才真難寫，也是文章的最高境界了。

王：現在有些年輕作者動不動就說文章有沒有文采，以為堆砌一些美麗的詞藻，就叫做有文采，應該說還未了解寫文章的難處，追求所謂的文字美，只是形式主義，是沒有靈魂的，像魯迅、茅盾、巴金等大作家寫文章就十分樸素，不事雕琢，但雋永耐看，如得自天然，這樣的文章才是真正有文采的，他們並不濫用形容詞，樸樸實實，卻貫注了很深的感情，要改他一個字都不行，我以為寫文章要走自己的路，創造自己的風格，如果認為單純是我的風格，我不以為這是對我的批評，而是對我的鼓勵，我主張沒有技巧的技巧。

李：其實那幾位大作家都是很重視技巧的，但寫到看不出技巧。看得出的技巧那只是花巧了。

王：我認為先有人，然後才有文章，文章是表現出作者的人格的，寫文章作詩，首先要誠懇，講的是真話，寫出來的東西才有內涵，如果只追求技巧，那只不過是玩弄文字，讀者是最能分別好壞的，所以首先要有人格，有感而發，然後才有文章，沒有了真誠，文章就是虛偽了，讀者一下子就辨別出來。

李：堆砌形容詞，只不過是用華麗的外衣掩飾自己靈魂的蒼白和內心的空虛，實不足取，技巧是為內容服務的。目前很流行意識流，你對這點又有怎樣看法呢？

王：意識流是一種文學表現手法，其實我們寫作時，往往不自覺就已在運用這種技巧，在亨利·詹姆士和喬哀思之前，就已經有小說家自覺或不自覺地在作品某些地方採用了類似的手法，魯迅的某些小說中也有。目前內地一窩風地搞意識流，這不是一種正常的現象，學一些新的技巧是需要的，可是意識流並不是每樣題材都能表現的，用得不恰當，效果會適得其反。比如劉以鬯的《酒徒》寫得成功，正因為他寫的是個酒徒，是醉與不醉間的精神狀態，劉以鬯把這種技巧運用得恰到好處，所以成功。但他也並不是本本小說都用意識流手法的，這就要看內容的需要來決定用什麼樣的表現形式了。

李：其實有多少人真正讀得懂喬哀思的《尤利西斯》呢？我很懷疑。這書並不容易讀得懂。意識流手法運用得好，也是能相當深刻表現人性的；用得不恰當，就畫虎不成反類犬了。

王：有的人很喜歡喬哀思早期的《都柏林人》。

李：是的，我也認為這本書寫得很好。

王：蕭乾早在三十年代就已經在上海寫文章介紹過意識流，他經過深入研究，得出的結論是此路不通，是條死胡同。

李：魯迅在小說某些片段也用過意識流，但用得不着痕跡，如果認真研究，也能找得出來。這種手法的運用決定於內容的需要，什麼也用意識流，那是開玩笑。我認為這樣刻意地去追求技巧，只表現作者的不成熟和缺乏生活。任何一種手法，用得恰到好處，就加重對讀者的衝擊力，用得不是地方，反而會削弱作品的藝術感染力量。

王：我主張沒有技巧的技巧，並不是不要技巧，相反，我是十分重視技巧的。有時寫一段東西，反覆改上很多次，才找到最恰當的方法來表現它。例如在《艱苦的行程》裡，我寫和母親別離的那晚，在床上輾轉反側，無法入睡，思潮起伏，別離是痛苦的，這種離愁有很多種方法來表現，最後我將它改成「聽見母親在隔壁廚房移動柴枝的聲音，雖然輕微，但一下子就把我驚醒了。整個夜裡，我哪裡能夠睡得好……」感情達到了頂點，才定下了稿。有時感情到最濃時，反而不用濃的筆墨，而用淡淡的一筆，才能把感情凝聚，得以充分發揮，產生衝擊力，有時越單純就越有力量，比如蘇東坡的「明月幾時有，把酒問青天……」寫得多麼淺淡，但詩意濃極了。

李：寫作這事，真是甘苦自己知，別人是很難理解的。

王：有時由於自己的經歷，有過一段辛酸，雖然寫成一首詩，如果別人沒有經歷過這種生活，就無法理解詩中的真意，我寫過一首《海邊的岩石》，別人可能以為這是首抒情小詩，它只有八句：

自從在海邊停下來
我不再漂泊了
我默默地聽風和浪花
訴說他們漂泊的一生
一萬年過去了
我望着月落星沉太陽升

又每天，每天
望着船與海潮歸來

我少年時代碰上抗戰，顛沛流離，經歷過一段艱苦的漂泊，離鄉別井的痛苦，這首小詩包含了我很深刻的感受，如果沒有經歷過那段漂泊的日子，我是寫不出這首詩的。

李：坦白說，我對新詩是個門外漢，我更喜歡舊詩，聽說你也寫舊詩，對嗎？

王：我喜歡舊詩的凝練，但我寫的舊詩很少發表，我不只喜歡舊詩，也喜歡倚聲填詞作曲，我喜歡唱粵曲，有時把新詩也譜來唱，我過去在《伴侶》就寫過一些歌曲，我喜歡中國戲曲，也喜歡外國古典音樂。例如莫扎特的那首〈朔那大〉，旋律十分單純，但優美極了，還有貝多芬、蕭邦……這才是真正的藝術品，你能說莫扎特沒有技巧嗎？真正美的藝術品都並不複雜，是單純的，這是他創造了自己的風格。

李：我更喜歡貝多芬的交響曲，那是一個人真情性的表現，文學與音樂是一樣的，看去渾然一體，像沒有技巧，但卻極美，那才是有藝術境界，一眼看去就看出是技巧，不論技巧有多高超，都會顯出匠氣。

王：關鍵是在於誠意，搞藝術的人如果沒有誠懇，最終只是個藝匠。我認為作品要表現人生，反映生活，這是通過作者的人格來加以表現，我不贊成為藝術而藝術，有人認為寫詩與文章，完全是為了表現自我，你看不懂，只是你水平低，你不懂詩。這條路是走不通的。托爾斯泰、契訶夫、陀思妥耶夫斯基等人的作品之所以偉大，正是它們反映了人生，這樣同時也表現了他們偉大的人格，那才是表現了真正的自我。所以，我認為先有人，然後才有文章。

李：我從《巴黎兩岸》看出你的藝術觀點，我發現書中的西蒙也是一個痴，是個畫痴，在那樣的環境下，要追求真正的美，是多麼痛苦的事啊，所以我看了很感動。

王：西蒙不正跟我們香港的寫作人一樣嗎？為了生活，不能不寫些「搵食稿」，他並不想畫行貨的，這種痛苦只有我們親歷其境的人才會體會到的。西蒙太執着了，所以他只有死了，我真不知道搞藝術到底是幸還是不幸呢。

在這次《夏夜對談》後，雖然和深泉兄還經常有機會見面，只是沒有機會再深談。大概是在一九八八年冬，我因為三聯書店編一套給學生閱讀的叢書，其中有一本想約張五常先生寫關於經濟的，那時深泉兄在港大為張先生工作，有一晚，深泉兄約我到中環一間高級餐廳見面，他對我說，是代表張先生來的，因為張先生因種種原因，不能為我寫那本書，要向我道歉，我雖然感到很失望，但也不能強求人家的，只好作罷。

於是，我和深泉兄那晚把這件事拋開，從七點一邊吃飯一邊聊天，一直談到十點，很開心地談了兩個多鐘頭，這是我們的另一次很隨便的對談，並不是訪問，記下的也是一些主要內容罷了，算是《冬夜對談》吧。

王：你不要怪張五常，他也有他的難處，並不是他不願意寫，因為他是考試局的人，不方便給你寫的，會被人「督背脊」的。

李：我明白啦，不寫就不寫吧，我不會留難你們的，不要再提這件事了。深泉兄，我不久就要移民到加拿大，跟孩子家庭團聚了，也許這次跟你一起食飯，以後就不容易再有機會見面聊天了。我對香港這地方說實在並不留戀，但我很捨不得離開在香港的朋友，真是沒辦法。

王：人生就是這樣，有聚有散，天下無不散的筵席，朋友相識就是一種緣分嘛，你是我很談得來的朋友，雖然我們見面不多，但我們有共同語言，共同的興趣，可以知無不言，言無不盡，同你聊天很開心的。

李：我一直想問你，你為什麼到港大工作呢？你到底同張五常是什麼關係，要為他工作？看來你同他的關係匪淺啊。

王：我同他是幾十年的老朋友了，自小玩到大的，小時候我住在西灣河太寧街，他是我那時代的老友記，我有三個弟弟，那時一起玩的還有乒乓球冠軍容國團，足球名將黃文華、象棋神童徐道光等，很多個人。張五常是個絕頂聰明的人，我和他很談得來，他是個有很多古怪想法的人，我們經常聚在一起談天說地，他會背很多唐詩，後來他到英國留學，學有所成，我和他是所謂惺惺相惜，比如我發表了《太陽下山了》，寄去給他看，他說是可以得諾貝爾文學獎的傳世之作，當然這是過獎的話。這次我在他那兒的工作並不忙，只是為他改改稿件罷了，工作並不繁忙的。

李：那你有更多時間搞你的創作了？

王：那也不見得，我最近很少寫東西，我這人很古怪，寫作要有所感而發，一來勁可以寫出很多，沒有所感就一點也寫不出來，寫作是不能勉強的，如果像機器那樣不停地寫啊寫的，有什麼樂趣呢？乾脆就別寫了。我認為寫作是一種很痛苦的享受，勉強地寫東西就不是享受，而是只有痛苦了。

李：我知道你的英文很好，你讀過很多外國文學作品，你最喜歡哪個作家的東西？

王：我喜歡海明威，就拿他得諾貝爾獎的那篇《老人與海》來說，篇幅並不長，但描寫人性的內容極其深刻，他寫東西在英文方面來說，很有獨到之處，句子短小，文字有力，看上去像是簡單的句子，但包含着很複雜的內容，簡潔的文字是很單純，但很美，我喜歡他的文風。

李：在你寫的東西裡，我由於對詩沒有研究，也不懂詩，故而免談。在我看你的書當中，我最喜歡的是《巴黎兩岸》，其次是《太陽下山了》，但最引起我回憶往事的是你那本《艱苦的行程》。

王：你怎麼知道《苦難的行程》的？

李：是李怡介紹我看的，記得那是有一晚他同幾個朋友在我家聚會，他說《七十年代》登了一篇很值得看的紀實作品，我就找來看了．我從內地回來香港，最初在藥房學配藥，本來不打算再拿筆桿了，不過愛看書是我的習慣。你那本作品是以你親身經歷寫成的，我也經歷過你所說的那段行程，香港淪陷後，逃出虎口，隨家人一直逃到桂林，滿以為桂林是大後方，可以避過這次戰爭災難了，誰知道來了個湘桂大撤退。又再次逃亡，逃到貴陽，後來再逃到重慶。在貴陽還碰上日本飛機掃射，我被旁邊中彈打死的人撞下山去，下巴留了個大疤痕呢。所以看這書時，真是感同身受，大概是因為同樣經歷過這段苦難的行程吧。

王：這段經歷是我無法忘懷的，現在的青年沒有這種經歷，是無法想像得出我們那種感受的。

李：最疼愛我的婆婆，就是在那次湘桂大撤退中，得霍亂病死在河池的。一路上我見得死人多了，生生死死，實在是場噩夢。

王：如果我沒有經歷過那段苦難的生活，我是寫不出這樣一本書的，它的確是本紀實作品，是來自真實的生活的感受嘛。

李：其實你的《巴黎兩岸》和《太陽下山了》，也是來自生活的感受的。《太陽下山了》就不必說了，那是你在西灣河生活多年的生活體驗嘛。我在大坑也生活了十年，侶倫先生曾勸我，要寫自己真實感受的生活，所以我才寫了《阿福》這本小說的，寫的都是大坑裡面的人物，雖然沒有一個人物是真人真事，但每個人物都有原型，不過是我把他們重新塑造而成罷了。

王：對，我在《太陽下山了》裡面的人物，也都是我在那兒生活多年所見的人物，不過小說是小說，不是寫報導，可以重新塑造人物，把幾個不同的人組成一個，只不過是把這人物寫成一個更真實更具體更生動更可信的人吧。

李：說實在話，我更喜歡你那本《巴黎兩岸》，寫外國題材，你寫的很感動人的。我看了覺得你很殘忍，讓西蒙死掉，不過我明白他是不能不死的，因為他正是一個追求藝術的人被這個不合理的社會壓死的，搞藝術其實頂危險，我爸爸就勸告過我，要我不要搞藝術，會餓死老婆瘟臭屋。

王：這是我們這些搞文學藝術的人的宿命啊！

李：你記得我最初是怎樣認識你的嗎？是你用尤加多的筆名在《新晚報》寫的那篇關於鱷魚的短東西，我看了簡直是拍案叫絕，問唐人這篇東西是誰寫的，才知道是你的大作。

王：不錯，那時我給《新晚報》寫了不少這種短小的短文和打油詩。

李：讀你那篇祭鱷魚，使我想起我爸爸的老師李淡愚，他也是我的啟蒙老師，是有新會聯聖之稱的一個怪傑，他有一副諷刺公安局的對聯，頂有意思：上聯是「哀哀諸公，牛公馬公，公然辦公，公心何在？公道何存？只是借公而利己」。下聯是「堂堂當局，左局右局，局了又局，局內者甘，局外者苦，幾時結局免傷人。」我認為他把「公」字和「局」字，用得十分鬼馬生動，這同你把「鱷」字運用得同樣生動鬼馬，有異曲同工之妙。其實鱷字也同樣可以玩出很多花樣，因為「鱷」字與「惡爺」的「惡」字，「頭咢咢」的「咢」字同音，大可以做文章把那些鱷魚頭寫得更生猛的。你啊，真是鬼馬尤加多，文豪舒巷城！

我和深泉兄的交往，純粹是由於兩人志趣相投，惺惺相惜，來往不算頻繁，但一有機會見面就無話不談，一定要說個痛快。我從來沒有邀約過他寫一篇稿子，他也從沒有給我編的刊物投過一篇稿，所以我們之間完全沒有一點「利益關係」，跟這樣的朋友可以無須顧忌地說真心話，真誠相對，講錯了也不會生氣，可以完全放心信任得過，絕不會背後說人是非，此可謂「君子之交淡如水」了。

這是我們最後的一次見面，我到加拿大後，是張初兄告訴我，深泉兄在一九九九年四月十五日，在家中端坐去世的，我只能說，深泉兄真是前世修得，能這樣安然故去，福也。想起他生前的笑語，聽他唱粵曲，談音樂，論文藝，音容宛在，唉！又一個好友先我去了，不覺悵然。

如兄如弟　如師如友

憶藍真先生

藍真先生仙逝的消息傳來，使我哀傷萬分，長夜難眠，回憶前塵，同他幾十年情誼的往事，——如在目前，不禁潸然淚下。他是我的良師益友，親如兄弟，有如兄長般對我呵護備至，教導我，指引我，在我迷惘時引導我走正確的路，知遇之恩我是不會忘懷的。大家敬重他，都稱呼他為藍公，因為他是香港出版界的老前輩；由於同他私交甚篤，我私下都叫他老藍，因為他確是我的知己好友。

藍公原名藍宗民，一九二四年出生在廣東澄海，比我大十歲。「藍真」這名字是他參加革命後起的，這名字起得真好，名符其實，他為人處世，就是一個「真」字，個性率真，待人真誠，辦事認真，樣樣都十分的「真」，是個真正的人。

回想起來，我最初認識他，是在一九四八年的春天，那是六十多年前的事了。當時我還是個十二三歲的番書仔，記得是剛過春節，口袋裡有幾個利是錢，大姐約我一塊去逛書店。她帶我走進隔着中華書局一條小巷的一個側門，走上一條頗為寬闊，踏上去每步都會發出咯吱咯吱聲響的木樓梯，上到二樓，通過一道玻璃門，裡面竟是一間書店。我可想不到書店竟然會開在二樓，這間生活書店大概是香港第一間二樓書店吧？對我而言，生活書店是個新世界，進門是三張大桌子，上面陳列着新書，四周是高高的書架，擺滿了各種各樣的書籍，全是我從未見過的。我抬頭見牆上掛有一幅人像，我問大姐：「那人是什麼人？」大姐告訴我：「他就是這間生活書店的創辦人鄒韜奮先生。」那天我真是如入寶山，大開眼界，買了一本《米老鼠開報館》和一本《洋鐵筒的故事》。我發現這間書店的店員同別的書店很不同，待人十分熱情，不會給人冷面孔看，相當親切。這是我第一次到生活書店的印象，我知道了這樣一個好去處，自此我幾乎每個星期六放學，都一定上生活書店跑一趟，成了一種習慣，從此與生活書店結下不解之緣。

我留意到在生活書店，有一個年輕人，經常站在隔開店堂和騎樓的玻璃門旁邊，很嚴肅地用銳利的目光環視着店內的一切，我最初覺得他樣子頂兇，沒有笑容，樣子很不好看，就認為他一定不好相與，有點怕他。直到有一次我買書，他到櫃檯收書錢，竟和我交談起來，很和氣地問我：「你是學生吧？」

我回答：「我在聖士提反書院讀書。」

他感到奇怪：「原來你是讀番書的，為什麼喜歡看中文書呢？」

我說：「過去我在嶺南讀書，學校有圖書館，可以借來看，現在的學校裡沒有圖書館，所以只好來買書看了。」

他又問：「你都愛看些什麼書呢？」

我回答：「我什麼書都愛看。」

他說：「最近有一本新書，是周而復寫的，叫《白求恩大夫》，你看過沒有？那是講加拿大一個醫生到中國抗日救傷的故事，很有意思的。你這樣喜歡看書，我們給你一張讀者優待證，你以後來買書可以優待你，打個折頭，可以便宜些。」

於是我有了一張書店的優待證，從那以後，我到書店，他都會介紹一些新書給我，由於他態度隨和親切，我不再覺得他不好相與了，這位大哥哥就是老藍，這是我和他最初的交往，那只是一個小讀者同書店的交往，我始終沒有問他名字，不過我倒是曾把自己的名字告訴過他，我相信他是記不起我的名字的，畢竟我只是他千百個讀者中的一個小讀者罷了。到了一九五一年冬，我回到國內讀書，也就中斷了同這間很特別的書店的情緣，不過生活書店和那個曾給我介紹書的大哥哥的樣子，在我腦海裡留下了很深的印象。

事隔二十年，我回到香港，發現香港已經同四五十年代大不相同，原來生活書店原址的那棟樓房，早已拆掉，改建成大廈，舊蹤已經無法尋覓了。我再次見到老藍是在七十年代中，那時我在《新晚報》工作，因為有一篇翻譯馬爾滋小說的稿件，交給吳其敏先生主編的《海洋文藝》，排好後突然被抽稿，我希望吳老給我一個解釋，這讓吳老很為難，於是告訴老藍，老藍請吳老約我去三聯見面。

我到三聯，吳老帶我去見老藍，老藍把我拉到中環的一間美心喝咖啡聊天，最初我只覺得他這人很面熟，但他是三聯書店的最高負責人，我還沒有聯想到他就是二十多年前那個曾介紹我讀書的大哥哥。

他很耐心和誠懇地對我說：「你不要再追究吳老不刊登那篇小說的原因了，他也有他的苦衷，他不想得罪人，結果變成這種左右為難的局面，其實吳老是個好人，你千萬不要怪他。你那篇稿子吳老也給我看過，我就看不出有什麼資產階級人性論，這完全是陳凡他一個人的意見罷了，他左得出奇，硬要吳老不要登這篇稿，這令吳老很為難，只好把稿子退還給你了。其實事情很簡單，搞到這樣複雜就不好了，你大人有大量不要計較，以後另外給吳老寫些別的稿子吧，你一定要支持吳老辦好這份《海洋文藝》。」

經他這樣委婉地解釋，我滿肚子的火氣頓時消掉，當即回答他說：「這點你大可放心，我以後一定會繼續給《海洋文藝》寫稿的，我讀過吳老寫的文章，我知道吳老是個很有學問的人，我很尊敬他，還想拜他為師呢，以後會請他多指導我，就怕我寫不好，不能令他滿意，不過我會遵照他的要求給《海洋文藝》寫稿的。」

我越看老藍的臉，就越覺得在什麼地方見過，突然靈光一閃，我回想起來了，問了他一句：「你過去是不是曾在生活書店工作過？」

他瞪大眼望着我說：「你怎麼知道我在生活書店工作過？奇怪！很少人這樣問我的，你知道嗎？現

（左起）我、嚮導、藍真、古蒼梧、梁披雲、何達、梁鑒添登上泰山南天門

在的三聯書店前身就是生活書店啊。」

我說：「我是生活書店的讀者啊，一九四八年我就到生活書店買書看，我記得你那時常站在玻璃隔門旁，最初我很怕你，因為你常板着臉孔，可是後來你同我交談起來，態度很和藹親切，你還介紹我看《白求恩大夫》這本書，給我發過一張讀者優待證。」

他笑道：「那麼說來，原來你是生活書店的老讀者。現在很少人知道有過這間生活書店了，原來生活書店的那座樓也已經拆掉了。」

我說：「我還記得那是在皇后大道中的中華書局旁邊，隔着一條小巷，從旁門進去，走上一條咯吱咯吱響的木樓梯，那是皇后大道中五十四號二樓，對嗎？我回內地讀書，二十年後回到香港，曾去找過，找不到了。」

他說：「不錯，是五十四號二樓，左鄰二十二號是中華書局，馬路對面就是百新書局，百新鄰近是商務，那時幾家書店都集中在那一帶的，現在那地方只剩下一家商務了。」

我說：「過去我不喜歡進商務，因為它燈光很暗，大多是賣本版書和教科書，店員對讀者很冷淡，我只在那兒買過一套《野人記》，以後就不敢再去了。中華書局雖然燈光火猛，但它大多是做文具用品生意，書並不很多，我也只在那兒買過一本《格林童話集》和一本活頁筆記本。百新我曾買過一些舊小說，那兒多是些上海出的舊書，很少新書。只有生活書店有很多新出的好書，我每個星期六一放學就跑到生活書店去，看有什麼新書好書，都成了習慣啦。生活書店最使我覺得舒服的是它的店員對待讀者很熱情，有為讀者服務的精神，不像別的書店的店員緊緊地盯着讀者，好像怕人偷了他的書一樣，不喜歡人打書釘，隔久不久就走到你身邊咳一下哼兩聲，使人很難受。」

他說：「你說得對，生活書店的創辦人是鄒韜奮先生，生活書店的傳統就是『竭誠為讀者服務』嘛。講起來，我是一九四七年到香港的，那時我才二十多歲，最初在生活書店辦的持恆函授學校讀書，讀哲學，還在這學校工作過，以後就成了生活書店的一個員工，一直工作到現在。後來生活書店和讀書出版社新知書店聯合起來，就成了今天的三聯書店了。持恆—生活—三聯，我就是這樣一直走下來的。」

我們那天談了一個上午，頗有懷舊之思，我們還談了當時香港的其他幾間中文書店，如利源街的新民主出版社和在電車路的智源書店，還有在中環街市旁，皇后大道中和域多利皇后街轉角處的初步書店……。我告訴他我和初步書店的胡鐵鳴陳英夫婦很熟，我還曾到他們在擺花街的家吃過飯呢。經過這麼一個上午的閒聊，我和他已經變成很談得來的朋友了，他用不了多久，就摸清了我的底細。

談到最後，他問我在報館工作開不開心，我就老實告訴他很不開心，他問了我一句：「你有興趣搞出版嗎？」

我說：「當然有興趣，不過我從未搞過出版，沒有經驗。」

他聽了點點頭，說：「沒有經驗不要緊，有興趣搞才是最重要。你可以邊幹邊學嘛，誰又生下來就會搞出版呢？只要肯學，很快就會變成有經驗的了。」我當時並沒有把他這話放在心上，沒想到他可是真的想拉我出來搞出版呢。原來他講這話是頂真的，後來竟向費公彝民提出要把我「借調」出來，讓我離開報館，獨自去辦雜誌。

過了不久，老藍組織了一個回大陸觀光的旅行團，邀我參加，同行的有方志勇、梁披雲、梁鑒添、何達、劉文良、陳琪、溫煇、翟暖暉、羅志雄、陳國華、高劍波、吳羊璧、潘耀明、徐友梅、古仔等人，帶隊的是老藍和黃仕芬，北京三聯范用和董秀玉到深圳來會合，一塊漫遊了半個中國，還登了泰山觀日出。很有趣的是在登泰山時，我們一路上閒聊，談到自己的年齡，原來最老的梁老披雲比詩人何達年長十歲，何達比老藍大十歲，而老藍又比我大十歲，我比古仔剛好大十歲，這真是巧合極了。我們都一齊登上了泰山的南天門。最後我們一行人到達北京，還有機會同廖公承志座談，廖公講話妙趣橫生，鼓勵我們在香港出版各種不同類型不同個性特點的刊物。

回到香港後，老藍問我：「你想搞本怎樣的刊物？」

我說：「我這個人就是愛讀書，不如辦一本提倡讀書專門談書的雜誌吧。」

他拍手道：「好啊！香港正是缺少人來提倡讀書，你要是辦一份可讀性強的讀書月刊，會是很有意義的工作。不過，你要有思想準備，這工作會相當辛苦，香港這個商業社會缺乏讀書風氣，你要出這樣一本提倡讀書的雜誌是會虧本的。」

我說：「我知道一定會虧本的，但總得有人開風氣之先，我是只開風氣不為師，萬事開頭難，只要不把老本虧光，能辦多久就辦多久吧，開了個頭就會有人繼續下去的。」我在老藍的支持下，鼓起勇氣辦了一份讀書月刊《開卷》，這是我走進出版界之始。

我這初入行的人，根本不懂得如何經營一本雜誌，老藍看出我的毛病，給我指出我有知識分子自鳴清高的缺點，很誠懇地給我忠告，他說：「你要學會計算成本，你資本不多，要辦這樣一份讀書雜誌，不講收入只講支出，那肯定會虧本的，你不要怕錢字，錢固然是污糟的東西，但沒有錢又如何辦得成大事呢？做人要實際，不要怕講錢，不要自鳴清高，要想辦法如何能增加收入去維持一個刊物。你可以拉廣告呀，有廣告就有收入了，可以用來填補其他虧損，這樣收支就可以平衡，至少可以損耗少些，雜誌也就可以維持長久些。你可以去找費公談談，讓他給你介紹一些廣告，他認識的大商家很多，每個給你一個廣告你就有不少收入了。」我遵照他的話去找費公，費公寫了封介紹信給我，讓我去找各大商賈「敲竹槓」，果然大有所獲，拉到不少廣告。

藍真先生與夫人李蕙合影，及照片背後藍真先生的題字

老藍還對我說：「你要辦好雜誌，一定要放下知識分子的架子，學會拉廣告，當年鄒韜奮先生辦《生活》雜誌，就是親自去跑廣告的。他還自己寫廣告，用幾十個字介紹一本好書給讀者。每封讀者來信他都親筆回信，這樣親力親為，是生活書店的優良傳統。鄒韜奮就是憑着一顆熱愛讀者的心，竭誠地為讀者服務，才能把生活書店和雜誌辦得這樣有聲有色，希望你也要繼承這樣的好傳統來辦好《開卷》。」他更再三叮嚀我：「辦刊物要有自己的特色，要有自己的個性，要別人辦不到唯獨你辦得到，那才會有讀者看的，如果你辦得同別人辦的一個樣，誰會去看它呢？沒有個性的人是沒有人喜歡的，沒有自己特色的刊物同樣沒有讀者看的。」他還耐心地同我研究擬定《開卷》的宗旨，想出種種辦法如何去提倡讀書。

由於接觸多了，我們越發談得來，我發現他

思想頗開明，並不因我常發怪論而見外，能很耐心地傾聽我的不同見解。這是老藍的一個優點，使他能交上各種各樣的朋友。我曾說他：「老藍，你很謙虛，總是說自己沒讀多少書學問不多，可我覺得你懂得的東西比我這讀過大學的多得多。我想這是因為你能廣交朋友，接觸各種不同見解，所以思想開放，能廣納不同意見，變得學識廣博了。」

他說：「我初來香港時，那是一九四七年，在持恆讀哲學，認識了導師胡繩先生，得他很多教益。後來他離港北上，離別時他在我的筆記本上寫下四句留言：『讀萬卷書，行萬里路，會萬種人，做萬件事。』這十六個字足夠我一生受用了。前面兩句八個字是常見的，並不稀奇，後面兩句那八個字可是他想出來的，我們搞出版的就是要同各種各樣的人打交道，『會萬種人』就是要結識各種各樣的朋友，傾聽各種各樣的不同意見，吸收各種各樣有用的知識，這樣才能辦大事，『做萬種事』，你認為對嗎？」老藍就是這樣循循善誘地教育我，要我誠懇地同各式各樣的作者和讀者交朋友，沒有這些朋友支持就辦不成刊物了。

八十年代劉以鬯先生主持《快報》副刊時，約我寫一個小說連載，讓我有機會寫了一本小說《阿福》（後改名為《大坑兒女》），那是我根據在大坑生活十年的生活體驗寫成的。在鼓勵我寫這本小說的人當中，侶倫先生和老藍對我至為關切，他們兩位和劉以鬯先生可以說是我這本小說的催生人。老藍不時給我的小說提出意見，指出哪些地方應該加強，那些地方可以省略。比如我寫的是生活在香港那個年代的一群青年男女的掙扎奮鬥，其中有不少香港口語，有人提議我應該改為規範的國語，老藍則認為保留一些本土口語，才有香港小說的特色。他舉出黃谷柳的《蝦球傳》和歐陽山的《三家巷》為例，說這些作品裡就有很多廣東語言色彩的東西，並不會因此就失去存在的價值的。又例如小說寫到結尾，老藍主張以開放式的方法來結束，他認為生活本身就像一條不停奔流向前的大河，小說裡的人物還在走向未來不斷發展，會有很多種不同走向的可能，應留下餘地讓讀者去想像。老藍認為香港本土的小說越有本土的特色，也就越有價值。我認為他這些見解是很有見地的，他經常教導我們這些後輩，要重視和珍惜本土文化，對香港本土文化做出貢獻。

《開卷》辦了兩年，在停刊後，我曾一度和友人搞過幾間出版社，主要是我不懂得經營，只憑一股熱情，結果都以失敗告終，最後欠下一屁股的債，真不知如何收科，差點得賣房子還債。就在這關鍵時刻，老藍向我伸出手，拉了我一把，介紹我到三聯見蕭滋先生，聘請我做特約編輯，把《三聯通訊》改革辦成一份介紹書的月刊《讀者良友》，他一再提醒我：「你要堅持《開卷》的風格，把這月刊辦成為讀者服務的刊物，使它成為書店同讀者和作者的橋樑。」

有一天我到老藍家，見到藍夫人李蕙大姐，她很熱情地對我說：「原來你爸爸是李崧醫生，他常給我們看病的，我媽媽一見他，病就好了一半了。」

我說：「爸爸曾告訴我，錢舜玉姑娘的媽媽也是這樣，說見了他，病就好了一大半了，這是病人信任他，他曾開玩笑說不如送張照片掛在她床頭，她就不會病了。這大概是心理治療吧。」

她說：「有人說出版界有三李，都是能幹的人，一個是李怡，一個是你，還有一個是李……」

我連忙打斷她的話：「打住！這我可當不起，我才不是能幹的人呢，我是個獨行俠，不興『埋堆』，最討厭拉幫結派。我同這兩位李不同的，我很敬重李怡，佩服他有獨立見解，我同他是君子之交，但我從未給『七記』寫過一篇稿子，我的水平不如他多了；至於那另一個李，不提他也罷，我同他不是一種人，千萬不要把我同這位不學無術的仁兄連在一起，用動物生殖器作書名的人我可受不了。」

李蕙笑道：「你不同他連在一起，我也姓李，你同不同我連在一起呢？我心中也有個三李：你爸爸是我們的醫生，是我們的老大哥，他年紀最大，我很尊敬他，值得稱他為『老李』；我年紀比你大，我是『大李』；你最小，你是我的小弟弟，就當『小李』吧！」

我說：「好啊，老李大李小李！你認我做細佬，那我就多了一個家姐，以後我就當你是我的親家姐啦。」

從此我就叫李蕙作家姐，儼然成了他們家的一員了，李蕙真的把我當作弟弟一樣疼愛，我跟老藍更親密了，我們的關係是如兄如弟如師如友。我們還曾約同幾個好友，一塊到歐洲遊歷了一番呢。

一九九二年我決定移民到加拿大同家人團聚，臨走前到老藍家去辭行，那晚他和李蕙姐兩個一直送我們到街口，最後他還依依不捨，激動地擁抱着我說：「我很捨不得你們啊！」

到我在一九九四年回港，跑去老藍家探望，那晚他們夫婦特地出門上街到鳳城酒家跟我吃飯。李蕙大姐對我說：「細佬，你的面子好大呀，老藍今晚可是幾年來第一次肯同人出街食飯呢！」我安慰老

1998 年藍真夫婦到加拿大我家探訪合拍照片

藍：「看開些，有機會到加拿大來玩玩，開開心心過日子！」

那時他們的小女兒列冰一家也移民來加拿大，還跟我同住在一個城市，離我家並不遠，時有往來。老藍夫婦好幾次來加拿大探望列冰，也常常到我家來看望我，我帶他們到我地庫的書房看書看畫，我老婆則帶他們去欣賞她引以為傲，一手栽培的花。老藍頗為感慨地說：「現在你們過的是神仙生活，遠離塵囂，能夠有這樣安靜的環境讀書寫作，實在令人羨慕。我在大環頭也有間讀書的房子，我和李蕙常去那兒讀書寫字。」我覺得老藍的性格變得開朗，對人對事已經看得很開，他曾對我說：「我們做人只要問心無愧，名譽地位又算得了什麼呢？做人要看破世情，站得高點，萬事都不要去計較。搞出版就是為讀者出版好書，個人得失無所謂，無關重要，只要讀者得到好處益處就得了。你以為對嗎？」我聽了連連點頭說：「正合吾意，完全同意！」

有一次他們夫婦到加拿大，我曾專門駕車同他們出遊，載他們到格雷文赫斯特鎮（Gravenhurst）去「朝拜」白求恩大夫的故居，老藍還為我們和李蕙大姐在那故居前拍了照片留念。我對老藍說：「幾十年前，你在生活書店介紹我看《白求恩大夫》那本書，今次我就特地同你們到白求恩大夫的故居一遊，以表示感激你把好書介紹給我，使我走上正確的人生道路，你可是我的一個引路人啊。」

我在家裡專門親自下廚，弄了幾味拿手菜請他們吃，老藍在飯後寫了兩句詩給我：「羡君管趙蓬萊侶，文采燔功一慨然。」他解釋說：「這是陳寅恪的詩句，你和阿丘多才多藝，過的是神仙伴侶的生活嘛，管趙是指趙孟頫管道升夫婦，是對

1998 年，藍真先生為我夫婦與李蕙在白求恩大夫故居前拍的照片

蓬萊侶，燔功是指廚藝，你們兩個既能寫一手好文章，又能燒一手好菜，這兩句詩正合你們呢！」

老藍這個人極有人情味，也很有浪漫氣質。記得在七十年代末那次回國觀光，我們遊完青島濟南後，乘搭火車到北京，一路上我們在車廂裡有說有笑，又唱又鬧，那天古仔吹洞簫，羅志雄大唱粵曲，我則唱了不少文革前流行的蘇聯舊歌，由《小路》、《莫斯科近郊的傍晚》、《遙遠的地方》，最後唱到《喀秋莎》。我開唱了第一句「正當梨花開遍了天涯」，到唱第二句「河上飄着柔漫的輕紗」時，發現老藍在低聲跟着唱，到第三句「喀秋莎站在峻峭的岸上」，他的歌聲越唱越響亮，我倒變成了他的伴唱了，到第四句「歌聲好像明媚的春光」，已變成他大聲地獨唱了。看來他對這首歌曲情有獨鍾呢！

傍晚時分，我坐在火車過道看風景，老藍走來坐在我旁邊，我取笑他說：「你還說不會唱歌，剛才唱《喀秋莎》你唱得真好啊！」

他說：「你知道嗎？這首歌對我有特別的意義，當年我追李蕙時，同她通了四年信，這些情書我叫作『永遠的喀秋莎』，因為我很喜歡這首歌，那時還是戰火紛飛的年代，我愛上了她十七歲天真爛漫的笑容，她長得很漂亮可愛，於是我就『放出了一匹愛情的野馬』！」

我笑他：「想不到你這麼浪漫！」

他也笑道：「那時我還很年輕嘛，年輕人當然有浪漫情懷的，現在我都一大把年紀了，沒那麼浪漫啦！」

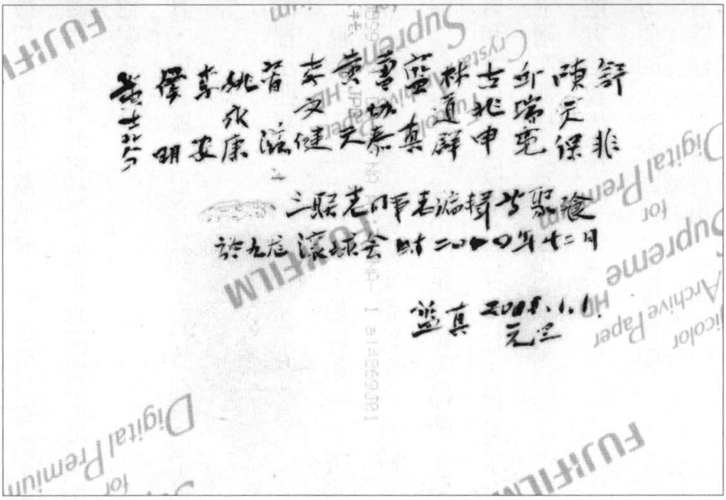

2010 年三聯老同事老編輯聚餐，及照片背後藍真先生題字

我曾問過李蕙姐：「老藍說追了你好多年，你才嫁給他，是這樣嗎？」

她說：「他樣子長得很難看，我最初確實不喜歡他嘛。」這倒是真話，李蕙姐還拿出年輕時照片給我們看，她的確很漂亮，我還記得老藍年輕時的容貌，他那時絕對不是個「帥哥」！

我問：「那你後來為什麼又嫁給他呢？」

她說：「我後來發現他這個人很真，很真誠，很真實的，其實他這個人頂不錯的，也就不再覺得他難看了。」

我忍不住哈哈大笑：「真是情人眼裡出西施！」

他們的愛情就是那麼真純持久，歷時六十年而不衰，始終如一，去年我有幸參加他們的「鑽石婚」，他們才真是令人羨慕的蓬萊仙侶啊！老藍還喜歡陳寅恪的另一首詩：「扶病披尋強不休，燈前對坐讀書樓；餘生若得長如此，何物人間更欲求？」這不正是老藍夫婦晚年的真實寫照嗎？

這次回港，聽說老藍病了，我曾和古仔到法國醫院探望他，他見了我們兩個很高興，大聲說：「文健，你什麼時候回來的？你就像上兩次那樣到我家去住吧。」

我說：「我兒子在康蘭居租了個地方給我們住了。」

他說：「那也沒有在我家住那麼方便的，就當回自己的家住嘛。」

古仔故意問他：「藍公，我們來看望你，你認得出我們嗎？」

他指指我們兩個笑着說：「怎麼不認得？我大文健十歲，文健大你古兆申十歲，我們曾一起上泰山，怎會不認得你們呢！」想不到這竟是我們同老藍最後一次交談了。

老藍走了，每個人到最後都會走的，我覺得老藍這一生，活得值了。他把自己的一生獻給了書，獻給了傳播文化知識的事業，盡自己最大努力地竭誠為讀者服務，像一頭不畏艱辛的老牛一樣，只問耕耘不問收穫，他這個老三聯人的一生為我們後輩樹立了一個很好的榜樣，我們會永遠記住他的，他永遠活在我們的心裡！

回眸歷史

秘密大營救的兩個英雄俠士

記梅州大俠廖安祥和光頭大俠潘柱

梅州大俠廖安祥先生是我父母的好友，我有幸認識他，而且成了忘年之交，也算是我的一次奇遇。

我最初知道有他這麼一個人物，是在一九六二年，有一個晚上，已經九點多鐘了，我父母突然從香港回到廣州的家，往常他們上落省港都是由亞洲公司一位年輕人小周負責接送的，可是那晚除了小周外，同他們一起到來的，還有一個上了年紀的客家阿伯。媽媽吩咐我叫他「安伯」，我上前向他問好，他笑嘻嘻地問我：「你在廣州讀書嗎？」我說：「不，我已經出來工作了。」他有點不相信地看着我：「你還很後生嘛！我還以為你還在學校讀書呢。」

安伯當晚只在我家稍坐片刻，就同小周一起離去了。我好奇地問媽媽：「這位安伯是何方神聖？」媽媽說：「他叫廖安祥，是亞洲公司的負責人，是個很有本事的人物。」

我再次見到安伯，已是十年後的事了。一九七二年我在香港同爸爸到九龍運動場道京華大廈去拜訪爸爸的好友黃佩球，我們乘電梯上去，我一走出電梯，見前邊有兩個門口，就冒冒失失走前去按門鈴，誰知按錯了隔壁的門鈴，應聲來開門的竟是廖安祥先生，他一見我們父子兩人，連忙開門招呼。這時我也認出他就是安伯，我趕忙道歉，說明我們是去拜訪黃佩球，是我按錯了門鈴，他笑着說：「冇相干，黃佩球就住在我隔壁，經常有人會按錯門鈴呢！」我爸爸說：「實在對不起，打攪你了，我們約好黃佩球去郊外，改日再來拜訪你吧。」安伯笑着說：「好啊，改日我地去飲茶啦！」他點着頭把門關上，由於這次按錯門鈴，我知道了他的住處。

由於我和安伯並不熟悉，只因他是我父母的朋友，我這後輩同他根本沒有什麼來往的。直到一九八七年，有一次我去參加香港電台舉辦的一個有關香港歷史的廣播節目《歲月如流話香江》，是有關香港往事回憶的活動，發現廖安祥先生是嘉賓之一，他上台講了一段話，回憶日本帝國主義佔領香港的歲月，如何營救留在香港的文化人，可以說是當事人第一手的資料，這種口頭歷史資料的保存，是很有價值的。

他講完後，剛好坐在我旁邊，我就主動湊過去跟他搭訕，自我介紹，還提及我的父母，他聽了點點頭說：「哦，原來你係佢地個仔，我同你爸爸媽媽好熟好熟的。」

我說：「聽了你剛才的講話，我很有興趣，現在香港很提倡口述歷史，你的經歷如此豐富，簡直就是香港的一段很有意義的活歷史，你何不將這些經歷記錄下來呢？這將是很寶貴的歷史資料，如果你不講，我們後生一輩都不知道原來日本鬼佔領香港時，還有秘密大營救這麼一段驚天動地的事蹟呢！」

他說：「對啊，這一段歷史現在知道的人不多了，值得讓人知道的，至於我，不過是在當時出了點力，算不了什麼的。我過去曾把自己的經歷寫成一首五言長詩，廣角鏡出過書的，你看過不曾？」

我連忙說：「我沒看過。」

他看看我給他的名片，說道：「你是在三聯書店做事，我的辦公室也在中環，離三聯書店很近，明日我叫人送一本到三聯給你吧。」

次日，我果然收到了他的一冊五言長詩《香港工作六十年》，全詩分二十四段，從出生一直寫到當前，其經歷相當曲折離奇。詩是客家話的順口溜，他不是文人，能寫出這樣的一首長詩，已是難能可貴了。

我看完之後，去找當時三聯書店的總經理董秀玉商量，希望能在三聯出版一本口述歷史。董秀玉覺得這樣的長詩太過單薄，怕沒有什麼銷路。我靈機一動，就建議：「不如讓我去找他談談，叫他把經歷口述出來，我用錄音機錄下來，整理出一部口述歷史，這不是很有意義嗎？」她說：「你可以去試試看，先別作任何承諾，等搞出稿子後再說吧。」

於是我掛電話找安伯，約他飲茶，出盡渾身解數，說服他搞口述歷史。我說：「你講，我負責用錄音機記錄下來，整理成文字，然後交給你看，我保證不加不減一句，使文稿保持原汁原味，這樣忠實記錄，你看行嗎？」

他說：「那可要花你很多時間，我一次講不了那麼多，怎麼辦？」

我說：「我們每個禮拜錄一次音，你講一個下午，兩個鐘頭，等下一個禮拜我們見面時，你繼續講。我會把前一次的文稿交給你修改，這樣大家都不會累了。」

他同意我這建議，商定從下次見面開始進行這工作，他叫我到他在亞洲公司的辦公室，我們就這樣開始了口述歷史的錄音。

每個禮拜我把整理好的文稿帶去交給他，他則把上一周的文稿修正後交回給我，然後我們又進行新的一次錄音。最初有幾次我需要提醒他上一次講到什麼地方，他才記得接着談下去，不過大多數時間，尤其後來他習慣了，我一來他就能很有條理地續談經歷，不用我提醒，他雖然年紀老，但頭腦十分清醒，一點也不含糊，記憶往事，連地名人名都十分詳盡。

最初幾次我還是有點拘束，因為他到底是父執輩，我講話都很小心，畢恭畢敬。但他平易近人，沒有一點架子，對我很親切，逢人就介紹說：「呢個係我嘅世侄。」就真當我是自己子侄一樣。用不了多久，我們就成了忘年之交，無話不談，他甚至連自己的私生活，也敢坦然對我講呢。

我們大概花了半年的光景，終於完成了他的口述歷史回憶錄，《香港商報》的張初見獵心喜，要求讓報紙先連載然後才出書，他同安伯商量，安伯同意了，於是《梅州大俠回憶錄》就在《香港商報》上連載發表，為什麼張初用這樣的名稱呢？因為「梅州大俠」這個名稱是柳亞子給安伯起的稱號。這部口述歷史連載後，在社會上引起關注，張初又約我在安伯回憶錄連載完後，為他在《香港商報》編寫一個關於東江縱隊香港大營救的連載，我是根據史料編寫的，並非虛構，只是盡量把情節寫得緊湊和有戲劇性罷了。

講到東江縱隊，在文革浩劫中，曾被四人幫一夥定了死刑，說是什麼漢奸特務隊伍，其成員備受逼害。這支在抗日戰爭中堅持鬥爭的革命隊伍，曾立下不少豐功偉績，決不是任何人可以抹煞的。東江縱隊是由惠寶人民抗日游擊隊和東莞壯丁模範團合併組成的，其成員是華僑子弟海員工人知識分子學生和農民，都是些優秀青年，抱着抗日愛國的激情，鑄成這支抗日鐵流。一九四三年二月二日正式成立東江縱隊，成為接受共產黨領導的武裝部隊。他們活動於惠陽東莞寶安海豐陸豐博羅增城龍門一帶，還曾潛入香港九龍市區中心，作城市游擊戰，同日本佔領者進行激烈的鬥爭，他們還控制了大亞灣、大鵬灣和珠江口，截擊敵人運輸，對日寇打擊甚大。根據統計，東縱不只在大營救中掩護了很多文化人逃出日寇的魔掌，連國民黨某個將軍的夫人也是他們營救出香港的，他們還曾多次營救被俘的外國人，計有英國人二十個，美國飛行駕駛員八個，印度人五十四個，丹麥人三個，挪威人兩個，俄國人一個，菲律賓人一個，共計有八十九人。其中不少人是從日本軍手中逃出來的外國人，經東縱幫忙護送進入內地，也有參加東縱工作的，甚至香港警司夫婦從赤柱集中營逃出來，也是由東縱營救送回內地去的。其中在大亞灣救起的五個美國飛行員，他們是在同日軍作戰時被擊落的，中國的游擊隊把他們救起，他們在東縱生活了一段日子，然後被送回內地去，分手時這些美國飛機師眼睛都潤濕了，在共同對敵的日子裡，中美兩國的戰士曾有過珍貴的友誼。

記得嚴浩導拍了一部叫《天菩薩》的電影，嚴浩請我們一群朋友吃飯聊天，小思曾提出過一個頂有意思的主意，我記得是這樣的：「香港在第二次世界大戰時，日本軍隊佔領了香港，東江縱隊花了很大力量，將滯留在香港的文化人和進步人士營救出來，裡面有不少可歌可泣的故事，大可拍一部有意義的電影。」

安伯的回憶錄搞出來後，董秀玉看了，覺得有點意思，就同意在三聯出書。我請陳迹拍了一張香港的照片做封面，題目則用了《梅州大俠香港六十年》，因為書中把他的長詩和回憶錄一起印出來了，安伯還請梁上苑先生寫序言和訪問記，選登了一些照片和題字。為這本回憶錄畫插圖的是艾一倫，畫得頗為傳神。我對能完成這本書相當滿意，我覺得這是香港歷史不可或缺的一個部分，這口述歷史比某些人編寫的歷史書更為真實更有參考價值。

我在離港前曾向安伯道別，他請我和張初兩個一起午飯，那天，我穿了一件新買的紅色T恤，張初見了捂着嘴笑笑，安伯問他：「你笑什麼？他穿這件紅T恤顯得更年輕了。」我說：「我還年輕？都要六十歲了，退休啦！」安伯道：「你跟我一比，就很年輕啦。」張初開玩笑道：「我笑，是因為他今日這樣瀟灑，可以娶二奶啦！」我啐道：「死不正經，我才不會娶二奶呢，你的嘴真是缺德！」安伯笑道：「這也沒什麼，我就討過幾個老婆嘛。」因為他過繼給另一房，按照鄉下習俗，他就得為那房討一個老婆，故有此一說。這是我見安伯的最後一面，到我再次回香港探親時，想不到安伯已經謝世，他患有嚴重的糖尿病，據說後期還鋸掉了腳，行動不便，他這樣一個好活動的人，一定很辛苦了。其實

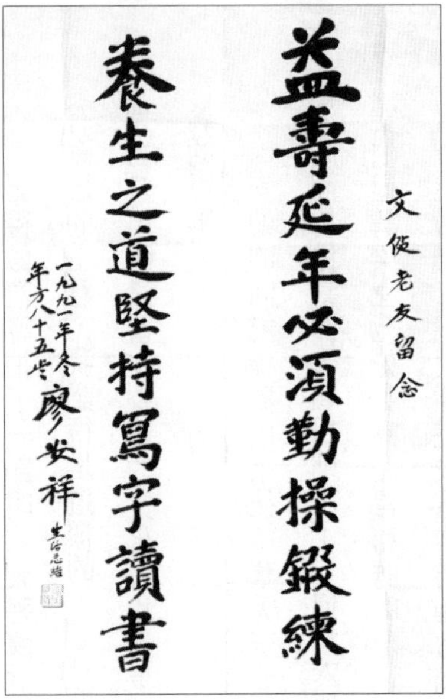

廖安祥題字

安伯活了這麼大年紀，是很懂得養生之道的，他每天都練毛筆大字，字也寫得不錯，曾寫了一副對聯贈我。這對聯是：

益壽延年必須勤操鍛練
養生之道堅持寫字讀書

他告訴我，這是他八十多歲的「生活總結」，他可是真的實踐了這兩句話的，每天寫字讀書，可我就沒有他那樣有恆心。安伯整天笑嘻嘻的，他一生助人為樂，幾十年中為了革命，視金錢如糞土，賺到大筆錢也捐獻出來，很少為自己打算，這樣的共產黨員是值得人尊敬的，能幾十年如一日地走過來，真不簡單。再看今日中國的貪官污吏，根本配不上叫革命者，而是革命的蛀蟲，是革命的對象，前輩的事業都被這些敗家子敗光啦。

由於結識安伯，為他出回憶錄，從而結識了為他寫序的梁上苑先生。梁先生曾在香港長期工作，任香港新華社副社長達七年之久，他在文革時期香港發生「反英抗暴」之時，因兒女要上山下鄉，趁休假回北京探望，結果在返港的火車上，突然被四人幫「秘密逮捕」，既無法律手續，也不經審訊，就被四人幫關進秦城監獄達四年之久，後來還是由於周恩來干預，才被放出來。退休之後他曾來港，因而我有機會得晤，還同我去飲茶談心。

梁先生是我父母的朋友，我自然是後輩，但他對我並無架子，談天說地，十分風趣，他只把自己當作一個作者，而把我當作《讀者良友》的主編。當他最後知道我的家庭背景，對我就更加親切了。他對我說：「原來你是他們的兒子，我同你父母相識很久了，尤其是你媽媽在生時我常有來往，她去世時我被關在秦城監獄裡面呢。」

梁先生戴一副頗深的近視眼鏡，談吐十分斯文，是個典型的書生，學問也十分廣博。

我問他在秦城監獄的情況，他說：「我也不知道他們為什麼要把我關進秦城監獄，在監獄裡我是被單關的，見不到同獄的人，是由軍隊把守。我被關進去後，直到四年後放出來，從頭到尾他們都沒有審問過我，總共只簡單地問過三次話，至今我仍不清楚為什麼要把我關起來，真是莫名其妙。」

梁先生曾為《讀者良友》寫過幾篇文章，如《鼻煙壺與內畫——鼻煙壺收藏家梁行知訪問記》、《秘密大營救的艱險歷程——與梅州大俠廖安祥的對話》等，從這些文章可以看出他一絲不苟待人做事的風格，凡是要他過目的稿件，他都一一細心校正，某頁某行第幾個字應改正為什麼字他都一一列表注明清楚，十分認真。在我遇到的作者當中，除了楊絳先生也是如此認真外，我從未遇見過有作者如此仔細校閱稿件的，真是令人敬佩。他回北京後，我們有一段時間還保持通信，直到我離港赴加為止。

另一位老人也是我敬佩的大俠，那就是潘靜安先生，他就是秘密大營救中的「潘柱」。

記得最初認識他，是在一九七二年的一個冬季日子，我爸爸帶了我坐車到中國銀行接潘公，一起到淺水灣。我見他的第一個印象，是一個慈眉善目的光頭老者，雖然他拄着手杖走路，但仍十分健朗。我們在海灘散了一會兒步，就到淺水灣酒店去飲茶。爸爸對我說：「你還不到四十五歲，要吃什麼都可以，我年紀大了，就不能吃那麼多肥甘的食物了。一個人在四十五歲之前，身體是向上發展的，到四十五歲之後就開始走下坡路了。」

潘公笑道：「醫生的講法有道理，不過講到養生之道，我卻有不同的辦法，我的養生之道是每日吃一隻雞蛋，有人說雞蛋黃的膽固醇很高，我卻不在意，每天一雞蛋，我幾十年如一日，沒有停過，你看我活到這樣老也沒有被膽固醇打倒嘛。」

我對他這養生之道感到驚奇，但見他身體健朗，紅粉花飛，看不出他年紀那麼大竟如此健康，確實使人奇怪。我爸爸笑他：「你是特殊材料製造的，所以與眾不同呀！」

回家後，我問爸爸這位潘公是何方神聖，他告訴我，潘公是中國銀行的總督察稽核，是個老共產黨員。我是後來才知道，原來他就是「秘密大營救」中的大俠潘柱。

寶光照相館展出的裸照

我這個小人物，當然不可能經常見到他，可是他的記憶力很好，雖然他只跟我見過一次面，就記住了我的名字，以後每次見面就能叫得出我的名字，他對我十分親切，沒有一點架子。

記得有一次他到我家，看爸爸拍的幻燈片，他對我說：「你知道你外公也是個攝影名家嗎？他不只是收葬黃花崗七十二烈士了不起的人物，還是個很前衛的攝影家呢！記得早年他開寶光照相館，在櫥窗展出一幅放大的裸體藝術照片，在那年代人的思想還很保守，不像今時今日那麼開放，他這幅裸照一擺出來，真是全港轟動，我也曾專程走去看過，的確拍得很好，你說他的思想不是很開放很前衛嗎？」

我說：「我那時還未出世呢，記得我九姨告訴過我，那張光屁股照片是我九姨的裸照，阿公問九姨肯不肯做模特兒，她說無所謂，所以就拍了那張照片。」

潘公說：「這就很難得啦，那是香港有史以來第一張人體藝術攝影照片，可謂石破天驚之作，夠晒大膽的，我就十分欣賞，十分佩服他為人的膽識。」

又有一次，潘公請我們夫妻到中國銀行頂樓晚飯，他還請了前中華中學的黃祖芬校長和他的一個兄弟，只欠黃苗子沒能參加，因為苗子兄當時在北京，不在香港。

那晚，潘公對我們說：「香港在歷史上有兩個人值得大書特書的，一個是潘冷殘，一個是黃冷觀，號稱『香江二冷』。冷殘先生是革命的先驅者，在革命時期敢出生入死，收葬黃花崗七十二烈士，革命成功後卻功成身退，辦孤兒院，晚年隱居香港，雖潛心佛學，仍專心從事藝術，無論在國畫或攝影都很有成就。黃冷觀先生從事教育與文藝，無論在辦學方面或文藝寫作，都很有成就。我今日約了二冷兩家的後人在此一聚，有一個希望，就是要你們這些後人，應該趁很多當時的人還健在，多搜集材料，為『香江二冷』作個傳記，以傳後世，否則再過幾年，所有老人都死掉了，就無從蒐集資料啦。現在的年輕人根本不知道香港的歷史，當然也不知道有『香江二冷』這樣的奇人奇事，這是你們這些後人的責任啊！」

我爸爸病倒垂危之際，潘公特地拄着手杖到我家探望他。他把我拉到一邊，語重深長地對我說：「文健，你要記住，你家裡掛着的那些冷殘的畫，是國寶文物，不可輕視。別的東西你可以不要，那些畫你一定要保管好。如果你兄弟姐妹要分遺產，你什麼都不要同他們爭，什麼都可以讓他們，但你外公的畫就不要客氣，一定要爭！記住，這可不是開玩笑的事，若是有人罵你，你就說是我潘靜安這樣吩咐你的好了！」

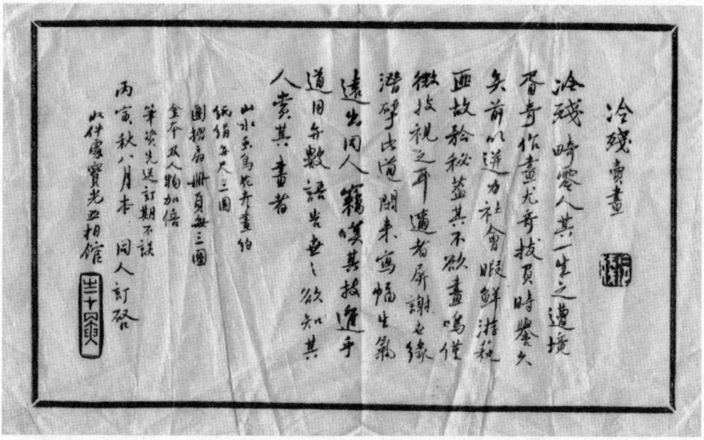

冷殘賣畫

潘公就是這樣一個豪爽的人，想到什麼就直說什麼，他把我當自己的子侄，毫不客氣，也無所避忌，直來直往。在我心目中，他始終是個大俠，是個敢於出生入死為革命，處處為別人為國家着想的大俠潘柱，真是個性情中人。

我卻沒有照他的囑咐為外公寫傳，因為我知道外公的畫友黃般若的兒子黃大德先生正在全力以赴研究外公，所以我盡力為他提供所有資料，讓他去完成這工程浩瀚的工作。他果有所成，一巨冊的《魂繫黃花》，可以說是到目前為止研究我外公潘達微最完整的學術性著作。至於黃冷觀先生的事蹟，當然應由其後人去寫，近日在報上看到黃苗子兄已百歲仙逝，不知是否有留下有關著述。記得有次苗子兄到香港曾暢談，我曾把潘公的囑咐轉告他，苗子兄還特地寫了「流水今日明月前身」一幅字贈我。

近年我不知從何處掏到一本影印的《黃冷觀先生紀念冊》，其中有馬小進寫的《黃冷觀先生傳》，另有歿文、輓聯，及《昆侖室遺稿》和《黃冷觀先生著作一斑》，羅列其著作名稱凡六十種。我本想寄去給苗子兄的，可惜已經來不及了，這全怪我辦事拖拉！

冷眼熱腸觀世界　暮雲香海說奇人

讀《黃冷觀先生紀念冊》

我第一次聽說黃冷觀先生的名字，是在八十年代的一個晚上，大俠潘柱（潘靜安先生）請我夫婦和黃祖芬先生夫婦及其弟黃祖民先生，到中環中國銀行十三樓晚宴。席間潘大俠曾對我們說了這樣一番話：

「香港在歷史上有兩個人值得大書特書的，一個是潘冷殘，一個是黃冷觀，號稱『香江二冷』，你們是『二冷』的後人。潘冷殘先生是革命的先驅者，在民主革命時期敢於出生入死，收葬黃花崗七十二烈士，革命成功後卻功成身退，辦孤兒院，晚年隱居香港，雖潛心佛學，仍專心藝術，無論在國畫或攝影，都很有成就。黃冷觀先生也是革命先驅者，革命成功後，不求官祿，從事教育與文藝，無論在辦學方面或文藝寫作，都很有成就。我今日約了你們『二冷』兩家的後人在此一聚，有一個希望，就是要你們這些後人，應該趁很多當時的人如今還健在，多收集材料，為『香江二冷』做個傳記，以傳後世，否則再過幾年，所有老人都死掉了，就無從蒐集資料啦。現在的年輕人根本不知道香港的歷史，當然也不知道有『香江二冷』這樣的奇人奇事，這是你們這些後人的責任啊！」

潘冷殘是我的外公潘達微，雖然我出生時他早已去世，但他的思想對我有很深的影響，作為他的後人，自然有責任把他的生平寫出來，可是我知道我的好友黃大德先生正在從事對我外公的研究，他是著名畫家黃般若的兒子，而黃般若自幼跟隨其叔畫家黃少梅，常在潘達微左右活動，甚至跟隨他們一起扮過乞丐到四鄉行乞，體驗生活。我外公同他是亦師亦友的關係，由他的後人來研究我外公，一定會比我更客觀更實在，故此我把這責任推了給他，只盡力支持他，為他提供資料，由他編寫可謂得人，我相信他比我更有能耐寫好這傳記。他終於寫出了厚厚一巨冊圖文並茂的《魂繫黃花》（廣東人民出版社二〇〇一年出版。），那可是至今日止研究我外公最齊全完備的一部著作。

至於黃冷觀先生的後人，都是能文之士，有沒有為他寫出傳記，我不得而知。黃祖芬校長我是相當熟悉的，在七十年代我就同他打交道，因為他那時經常為暨南大學購買外文書，我爸爸也曾託他捐贈了一批書，爸爸把這責任交我來辦，故此我同黃校長就經常有來往了。他是個很穩重的老人家，謙謙君子。在他們黃家兄弟中，我最熟悉的是黃苗子兄，那次晚宴他沒在香港，故沒有參加。至於黃祖民先生，雖然那晚有參加宴會，他卻默然沒有講過一句話，因我同他以前或以後都沒有交往，故不知他有沒有寫他父親的傳記了。

說到苗子兄，我在京華，是范用先生介紹認識他的，我們很談得來，一直有來往。記得有一次他

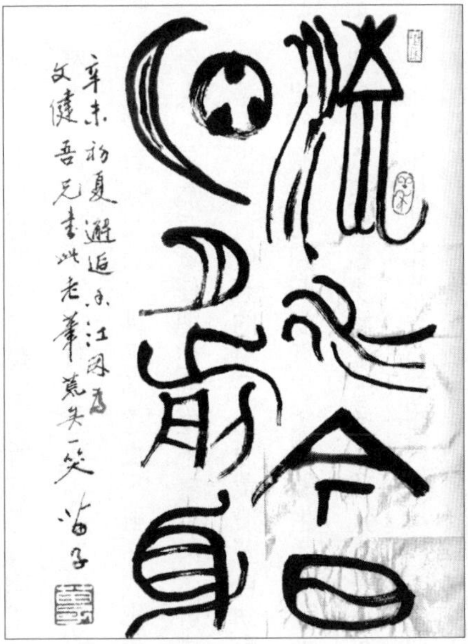

苗子送我的字，題有「流水今日明月前身」八個字

來香港，那天他得了痛風，走路腳痛得一拐一拐，下午我陪同他一起到灣仔天地圖書公司去參加一個文化人的聚會，一路上我扶着他，慢慢走到天地，正要走下樓梯時，碰見了陳凡先生。陳先生瞪大雙眼，對他大喝一聲：「苗子，你扮乜嘢老呀？行路都要人扶！」苗子相當尷尬，苦笑不語，我忍不住回了他一句：「他患痛風，行路好辛苦，我扶扶佢唔得咩？」也許我講話的語氣很沖，陳先生狠狠地瞪了我一眼，哼了一聲，越過我們走下樓梯，我和苗子兄無奈地相視而苦笑。我最後一次見苗子兄，是他和郁風姐去澳洲前到三聯書店找我聊天，我曾把那晚潘靜安先生的話如實轉告了他們，苗子兄只是笑笑，沒有說什麼，我不知他對寫自己父親傳記一事有什麼打算，反正他沒有表示寫還是不寫。第二天他卻寫了一幅字贈我：「流水今日明月前身」八個字，並題「辛未初夏邂逅香江因為文健吾兄書此老筆

荒矣一笑　苗子」數字。這是他們去澳洲前的事了，我們還曾通過一兩回信，後來聽說他們又從澳洲回了北京。我移民加拿大後，曾覓得一本《黃冷觀先生紀念冊》，本想寄給他們，可是因為我太過疏懶，拖拖拉拉，如今苗子兄和郁風姐都已歸道山，我真是後悔也來不及了。回想當年我們聊天甚樂，歷歷如在目前，不覺悵然。

「香江二冷」都是民主革命的鬥士，他們有一個共同點，就是為革命不怕犧牲，不怕殺頭，不怕坐牢，敢言敢行，很有膽識；革命成功後，卻功成身退，不追求官祿，澹泊明志，隱居香港，寧願回歸平淡的生活，而去從事文藝和教育，熱衷於社會改革。我曾試圖在文章史料上尋找有關二冷之間交往的具體情況，卻發現不到什麼記載，不過可以肯定的是，他們兩人在同一時期都生活在香港，而且又是同盟會的革命同志，必定會有來往的，何況他們被人稱為「香江二冷」，相信「二冷」之間斷不會沒有交集的。我找到他們有所交集的唯一根據，是一幅潘冷殘畫松竹梅的國畫《歲寒圖》，此畫是他專為黃冷觀畫的，這足以證明他們應是志同道合的好友。題曰：「冷公愛我畫，不嫌筆墨枯，我曹都嗜冷，為作歲寒圖。丁卯秋續呈冷觀仁兄方家以博一笑。」署名冷殘居士。由此畫與題詩可見他們都是「嗜冷」之士，有所同好，自然是惺惺相惜的。

上面所提到的那本《黃觀冷先生紀念冊》，我已記不清是怎樣弄到手的，這本小冊子雖然只有二十八頁，內容卻相當豐富。近日拜讀許禮平兄的巨著《舊日風雲》，其中有相當份量的篇幅是談到黃冷觀一家人的往事，我閱後發覺，其中並未提及這本紀念冊小冊子，故此我大膽冒昧，在此作一些

左圖：潘冷殘為黃冷觀作的畫

右圖：潘冷殘畫《擬元人法：歲寒圖》

補充。《舊日風雲》中提及，在冷觀先生過世十年後，一九四八年黃天石（傑克）曾著有《黃冷觀先生傳》，可惜我沒有讀過。但在這本紀念冊卻錄有馬小進寫的一篇《黃冷觀先生傳》，想來應是黃先生去世後當時之作吧，紀念冊還錄有李孝彝、徐少符等人的《誄文》，鄧爾疋等人的《挽詩》和很多《挽聯》，另外，也是最值得注意的，是載有黃冷觀先生的《昆侖室遺稿》，內有詩詞共十六首。最後有《黃冷觀先生著作一斑》，列舉六十本作品的名目，都是頗有參考價值的。

馬小進在《黃冷觀先生傳》的最後一段，對「香江二冷」有一段評議，足見他與「二冷」交情至深，對他二人的評價頗為中肯：

「自余所及見，吾黨蓄德能文之士，砥行立節，不以浮名苟得為務，終始若一者，厥惟二冷，曰潘冷殘，曰黃冷觀。冷殘以畫鳴其胸中不平之氣，晚年逃於禪；若冷觀則以文鳴其胸中不平之氣，而晚年隱於儒。所趨雖殊，然肝膽照人，有如白雪，冰心一片，常在玉壺，是皆能善保其冷也。二子其名為冷，惟吾嘗讀冷殘之《天荒》，冷觀之《野火》，熱血熱淚，時從字裡行間流出，忽斷忽續，忽急忽緩，而有以知其憂世憫民之志，固未嘗一日去諸懷。」這段文字對「二冷」的平生抱負，可謂的評。

他更說：「此二冷之所以為冷歟，如冷觀者，則又熱其腸而冷其眼也。二冷皆為吾之知交，冷殘歿後，吾嘗為文敘其行誼，持稿就正於冷觀，冷觀笑語余曰，吾冷何如彼冷，他日吾或先子而逝，子其亦能勿忘吾冷乎。」從這段文字可見，「二冷」生前應是好友，而且是文人相重的，否則馬小進就不會在冷殘去世後，為他寫文章敘其行誼，拿稿子去向冷觀請教了。而這篇黃先生的傳記，是馬小進承諾

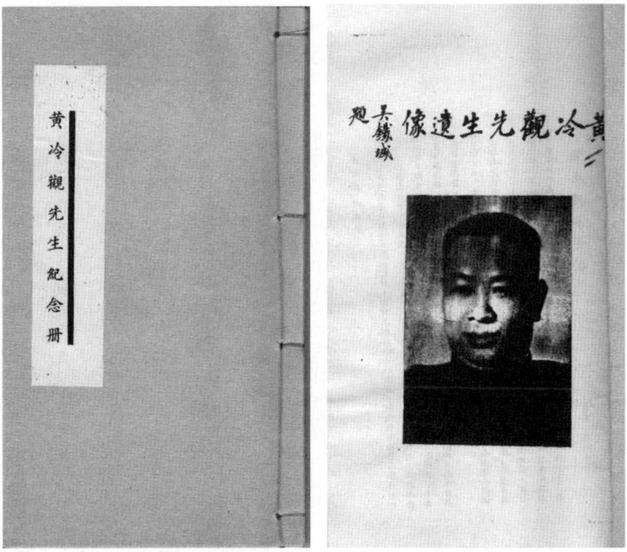

《黃冷觀先生紀念冊》的封面及內頁

過「不忘吾冷」而寫的。

黃冷觀先生早年參加同盟會，在中山家鄉曾與李憐庵、鄭岸父創辦《香山旬報》，鼓吹革命不遺餘力，一九一二年曾任該報編輯及發行人。在辛亥革命成功後，同黨文人紛紛表功於祿，爭着做官，而他卻稟性耿介，澹泊明志，筆耕自養，少有宦情。孫中山先生曾委任他作參議，靖國聯軍更禮聘他為顧問，他都只是遙領虛銜而已。只有一次，是在民國十三年，北伐軍興，曾因故人粵省主席吳鐵城之邀，投筆從戎，為其決策籌款，若有所為，不過事畢迅即返回香江，息影蓬廬，未嘗與酬勳之列。

袁世凱竊國稱帝，他在《香山旬報》加以聲討，反對帝制，言論極為激烈，袁世凱的走狗龍濟光下令把《香山旬報》封了，他就把報紙改名為《岐江日報》，繼續以更加激烈的言論，抨擊帝制，最後被龍濟光誘捕，關進監獄裡，繫獄經年。在獄中他泰然自若，仍著書不輟，著有《十年舊夢》、《廿年心影錄》、《軍獄瑣記》三書，「皆先生於鐵窗土牢間嘔心瀝血而成者」。從一九一三年九月一直關了三年，到龍濟光垮台逃跑後，一九一六年三月才得釋出獄，黑獄並沒有摧毀他的革命鬥志，但卻使他得了風濕病。他一出獄，即赴香江在報館工作，期間曾短暫回故鄉辦《民華報》，之後一直在香港主持《大光報》，並兼任《香港晨報》筆政，同時經常在《華字日報》、《循環日報》、《中華民報》、《中和日報》、《超然報》等報章發表社論文章，「批評政治之得失，經濟之利病，社會之臧否，國際之離合，無不特具卓識」。

其後他把精力放在辦教育上面，創辦中華中學，以樹人為業，最初辦學時，適逢省港大罷工，香港變成臭港，大批港人回內地去了，入學的人數只有三十餘人，但先生並不氣餒，未及三載，學校已超過三四百學子了，在他去世時，已桃李滿天下矣。先生曾說：「教之為道無他，曰真曰慎曰勤而已。」他自己一生也是秉承着「真」「慎」「勤」這三個字做人的。

先生年輕時「餘事為詩，古體多豪邁，近太白東坡；其後多作律絕，早年綺麗，瓣香李溫，或偶法定庵，晚歲覃思精微，以深遠閒澹為意，則復頗師聖俞矣。」據說他「少日所為樂府歌謠，疊經喪亂，稿已無存」，但在紀念冊中仍錄有十六首詩詞，頗為珍貴。讀後覺得冷觀先生在詩詞造詣高深，的確令人驚絕，如今讀來，就像他是為我們今日而寫的。故我寧願被罵是文抄公，也要把它們錄下，與讀者共賞。

傷士篇

君不見秦王挾書偶語皆棄市，民智摧夷士氣死，又不見漢王溺冠箕踞輕儒生，椎埋胥吏爭邀名。芟鋤優侮尚未已，文章制舉消豪情，聖人不作春秋廢，清議猶能存士類，縱論時事翻波瀾，慷慨悲歌任狂肆。專制之焰方炎炎，羅網箝塞紛磨研，夏侯被誅孔融死，牢囚刀鋸相牽連，元胡僭據制度闕，視儒竟等倡與乞。大道將淪小雅亡，夷惠不作廉恥沒。吁嗟夫秦漢之迹羌云遙，適如胡羯張其驕，會看奇士倚長策，劍光如電摩雲霄。

滿江紅　讀指南後錄

朔北秋深，天盡處暮雲凝碧，回首望漢家陵闕，頓成今昔。悵觸當年無限事，垂壺冰淚都成赤。仗昆奴古劍定狂瀾，濤千尺。　空磨滅，江郎筆，羌悽絕，桓伊笛，竟詠歌無盡，牢愁何極。遺庶已無亡國恨，河山都作傷心色。問何時重整魯陽戈，揮殘日。

讀宋辛忠南渡錄有感

紫蓋青衣萬里過，流離轉徙可如何，雨迷故國山河異，淚灑冰天遺恨多，蠹簡半篇神話史，新詞兩闋懊儂歌，年來幾許興亡感，一樣傷心付逝波。

續題南渡錄

五國城深鎖暮煙，風饕雪虐自年年，香埋塞草燕支冷，月黯胡天戰血鮮，空有玉環扶二聖，竟無長策馭遙邊，拼將亡國千行淚，灑向中原一惘然。

己酉元旦

斗轉星迴歲又移，醉心憲政竟何期，愚民秘計工箝塞，巢幕餘生尚共嬉，曆日喜猶存甲子，江山誰復辨華夷，不堪回首西瀛望，海國新翻獨立旗。

忍將新語祝更新，兩字平安莫認真，豺虎苛嚴驚稗政，馬牛呵叱況強鄰，淪胥待拯伊誰責，憂樂關懷大有人，會向崑崙最高處，高歌喚起自由神。

吳芝瑛女史手書楞嚴經石薦導秋競雄

天意真難問，古今來英雄事業，劫灰餘燼。東亞女權方初步，又已摧凌殆盡，空剩得同仇淚隕。浙水皖江春黯淡，莽前途成敗何須論，留紀念，蒼涯印。　楞嚴妙諦當深認，視他年名遍，自由鐘振。菲亞批茶兒女耳，愧煞南朝金粉。願記取而今遺恨，忍使鉛華消俠氣，整山河也是裙釵分。新亭血，何時泯。

孤劍行

鬱鬱復蒼蒼，豐城煥奇氣，沉埋靡所遇，揚輝亦多事，會當飛去凌秋煙，漫天風雪寒無邊。淬光礪魄天河前，神采煥發仙乎仙。飛狐城頭鬼夜泣，朔北餓狼作人立。神京風物已蓬蒿，寒蛩夜咽西風急，昨宵寶鋏蛟鼉鳴，脫鞘擲地金石聲，誓掃中原靖胡虜，豈能長此埋精英。東南此日方多故，大好山河莫輕負，歸來再斬月氏頭，休令腥膻竟終古。

滿江紅　初春感事

直北關山，問今日人間何世，空極目胡塵莽莽，浮雲虛蔽。狼狠早留屠戮恨，猴冠空襲神明制，算犬羊終古祇如斯，真無計。　知誰把，長纓繫，更誰與，橫磨礪，正男兒髀肉，蹉跎年歲。春至倍增家國恨，酒闌日搵英雄淚，願諸君努力斬樓蘭，與黃裔。

獄中讀何君黑獄記

三年醉夢付春明，志士如今半死生，鬼趣新圖羅剎國，人間地獄尉佗城。鳶飛竟召蒼鷹妒，兔死先知走狗烹，慘淡一篇犴狴史，公仇私恨兩難平。

獄中遠眺

滿城風物認依稀，煙火人家入望微，眼界於今小東粵，寇氛何日靖邦畿，雲含雨意翻新潤，山擁嵐光醉夕輝，自顧不如林際鳥，歸來猶向故巢飛。

和太息韻

酒杯十日醉平原，磨劍天涯解報恩，未肯風塵埋白骨，要從湯火拯黎元，漢宮禾黍悲無地，秦代桃花尚有源，臘鼓催殘驚歲晚，幾回翹首悵詩魂。

讀文文山正氣歌

兩間正氣久縱橫，犴狴孤臣有哭聲，宋祚已隨滄海去，詩懷猶逐嶺雲平，悲歌不入金樓子，墨瀋長留玉帶生，珍重開篇百回讀，心香一瓣願抒誠。

元旦感懷

圜扉坐困敢言才，又報春光一線來，尚有詩歌供著筆，更無醽醁漫含杯，催人歲月三冬盡，如此河山百事哀，終古英雄半淪落，倩誰隻手把天回。

天理悠悠未易知，風雲變幻亦神奇，人間未改軒轅曆，海內猶談元佑碑，學道願為關外尹，登仙卻笑郢中兒，國旗欲繡空惆悵，血淚模糊五色旂。

丁丑端節後口占

已過端節景猶清，半日濃陰半日晴，急雨打窗沾繡幕，狂颷捲葉撼書城，欲眠愁聽罵街婦，久病喑同入定僧，天下是非休管得，池塘深處徧蛙鳴。

久病新瘥

我昔為飢驅，弱冠事文墨，碌碌三十年，於己無所得，徒為衣食謀，而作羽毛飾。自以精神健，旦夕無歇息。汲汲祇顧影，佳節廢登陟，方喜力能任，病已在胸臆。一病忽兼旬，自視有掊色，處方得良醫，深具回天力。即今已健飯，不為二豎賊，安能日高臥，仰視但默默。揮毫且作書，塗鴉且寧恤，翹首且高吟。聲律非所識，此故以自娛，敝帚常珍惜。定知腰腳健，薰風滿南園，雋味愛園蔬，驅車臨郭北。

供菊

新得黃花供短瓶，伴教奇石喜雙清，病中於此得佳趣，一枕幽香午夢醒。

最後三首詩是黃冷觀先生病中之作，《供菊》一首則乃是最後之遺稿也，前此者當是先生舊作，應是繫獄時之作吧？這些詩詞，字字有血有淚，真情流露，在一個世紀前先生所寫，句句仍切中今日中國之弊端，如「專制之焰方炎炎，羅網箝塞紛磨研，夏侯被誅孔融死，牢囚刀鋸相牽連，元胡僭據制度闕，視儒竟等倡與乞。大道將淪小雅亡，夷惠不作廉恥沒」，彷如描寫文化大革命臭老九的境況呢！「醉心憲政竟何期，愚民秘計工箝塞」，可見愚民政策本身是極端反動和愚蠢的，無論是如何「秘計工箝塞」，「刀鋸相牽連」，都不可能堵住人民的口，更不可能滅絕人民的思想的。可嘆的是「漢宮禾黍悲無地，秦代桃花尚有源」，「秦漢之迹羌云遙」，反思我們的國家將會走向何處去呢？黃冷觀先生在一百年前提出的問題，擲地作金石聲，至今仍值得我們深思。

先生好讀書，是個典型的「讀書無禁區」的讀書人，「生平無他嗜好，而惟怡寄典墳，雖牽以物役，孜孜無怠」，凡能弄到手的書，中外古今左右上下全都看，「治學甚勤，博貫載籍，九流百家之言，古今中外之說，有得便讀，讀必慎思，推求閫奧，欣然忘食，故能發為文章，事信而不誕，義直而不回，情深而不詭，體約而不蕪，其旨遠，其辭文也。」

先生著作等身，卻無著述傳世，據說曾將在報上發表之文字，剪貼成百多本，可惜的是在香港淪陷時，家人將這些著作埋在學校操場下面，戰後遷校，原址改建，這些遺稿蕩然無存，實為可惜。許禮平兄曾問過苗子兄，據說「所以文學方面，就連一點令人可以彷彿想像的資料都沒有。」

前文說過，先生在獄中曾著有三書，而其後撰述小說，不下三百，為世所稱，其中傳遊俠者十之四，言情者十之二，此外都為社會小說與閭里軼聞，九一八事變後，先生文風為之一變，如《野火》等篇，壯懷激烈，同仇愛國，情見乎詞。據說先生之說部喜用文言，但亦嘗撰新體小說，凡數十種。

世人多以說部為先生之所長，舊學為先生之所能，其實他在政治、經濟、哲學、社會學及國際問題等方面，亦多所著述，並著有現代思潮批判一書，十餘萬言，對現代哲學思想有頗精到的分析，若數家珍，為讀者稱善。

在紀念冊中有《黃冷觀先生著作一斑》，列有著作凡六十種：

《新思潮之批判》　《檮杌新史》　《青萍芟恨記》
《十年舊夢》　《甜三別傳》　《幽蘭懷馨記》
《廿年心影錄》　《蒼溟俠影》　《海角聽潮記》
《軍獄瑣記》　《香海濤聲》　《野火》
《紅樓紫塞記》　《老圃秋容》　《超人》
《劍庵稗牘》　《屠沽別傳》　《島上》
《大漠埋心記》　《里巷偉人傳》　《塗炭》
《昆侖室說薈》　《畸人獨行傳》　《頹廢》
《昆侖室塵談》　《大俠青芙蓉》　《貢獻》
《輶軒鐸語》　《人海犀光錄》　《愛與仇》
《撫劍錄》　《蓬門香草錄》　《父母心》

《情坎記》 《詩人綠萍》 《黑水情瀾》
《鴛鴦槍》 《今夫人傳》 《狼煙鵑淚》
《怯懦者》 《英雄三郎》 《一週之別》
《微塵毒彈》 《羅曼夫人》 《獄中之罵者》
《戰場雁侶》 《素馨夫人》 《懸崖的月影》
《愛國女兒》 《不是英雄》 《幸福的裡面》
《桃花山莊》 《成功之路》 《太平山之秋》
《在戰場上》 《嬰堂之女》 《可憐的富豪》
《牧人與犬》 《紅棉開後》 《人類的恩物》
《白狼河北》 《人禽之判》 《李大嬸的人生觀》
《黃海之血》

在紀念冊中，雖然只列出六十餘種著作名錄，實未能把先生著述盡錄，只是其作品之一小部分而已，先生一生主要是從事革命工作，致力於教育事業，文章不過是餘事。我不過見許文所不載者，摘這本紀念冊的資料，作點補充而已。

碧血黃花說冷殘

記我的外祖父潘達微

我家有三個和尚，我也是其中一個。

我外公潘達微晚年篤信佛教，一九二一年還真的帶了一家人，跑到杭州，皈依常寂寺微軍和尚，取號「妙化」，雖然沒有剃光頭，還在俗家生活，在杭州還闔家照相紀念。外面有的人稱他作「革命佛陀」，但家裡人在背後都稱他為「老和尚」。

我二舅父名叫潘世彥，也叫潘和，他是不信佛的，但他是「老和尚」的兒子，而且名和，別人叫他和哥，我爸爸也叫他做「潘老和」，他也就對我自稱為「大和尚」了。

我出生時沒有頭髮，是個光頭，加上臍帶纏頸難產，出生那天又是二月十九觀音誕，故此二舅父就說我是個天生的「和尚仔」，即是「小和尚」也。

余生也晚，我出生時「老和尚」早已去世，我這個「小和尚」未曾見過「老和尚」，但在我生命

外公潘達微（左）及外婆陳偉莊（右）

走過的道路上，經常受到「老和尚」的思想影響。我婆婆陳偉莊（我們廣東人稱外婆為婆婆）最疼愛我，因為我是她生前唯一的男孫，她曾講過不少外公的事蹟給我聽，故我雖然未見過外公，卻深受這個「革命佛陀」人格思想的影響。媽媽曾不只一次對我們姐弟講過：「我們身上流着的血，承傳着你外公的革命血統，我們的家庭是有革命傳統的，故此我們也要像你們外公那樣去追求革命的真理，為國家人民爭取民主自由平等，不能落人後。」

清光緒庚辰十二月十六日（一八八一年一月十五日），在廣州沙河棠東村一個退休的滿清武官潘文卿的家裡，一個男嬰哇哇落地來到人間，這男孩就是我的外公潘達微。潘家一共有七個子女，我外公是老五。

據他在《覺盧自懺書畫錄》中曾說：「幼年隨父扶鸞，父命余試為之，余乩在沙面上作一牡丹花狀，父喜曰：『此子能作富貴圖，其吉兆耶，好自為之。』斯言也，偶一感觸，亦頗自負，至今猶印余腦不去。今余鬢青青，又中年矣，富貴未見其至，而壯心已消磨殆盡。即富貴果能逼人，余亦將澹薄置之，況其未必耶。余負吾父心矣，思之泫然。雖然余誠負吾父，惟轉幸其猶未負己也。」

事實上，外公一生經手的錢財，為革命籌款數以萬千計，但他並沒有富貴過，終其一生不過是個窮畫家罷了。他也曾說：「我生之初，自罹於羅。我生之後，逢此百憂。余有生以來一飲一啄一舉一動，其中皆含無限酸辛也。……幼而孤苦，長而失學，展轉依人求活。……吾失學子也，弱冠以來，為飢所驅，從事繪事，以謀溫飽。」

我很年幼時，曾見過外公的母親，叫她「三太婆」。我還曾在她去世時，見過她入殮。她是個滿頭白髮的慈祥老太婆。為什麼叫她三太婆？我想因為她不是正室，排第三，故稱三太。由此可見外公不是嫡出，庶子在封建禮教的家庭裡的地位自然不高，備受歧視。三太婆葬在香港咖啡園，我在抗日戰爭結束後回到香港，在嶺南小學讀書時，還曾參加過三太婆遷葬的事宜，開棺拾骨，印象頗深。

外公年幼時，體弱多病，他父親是個武官，本來希望兒子習武，可是看出他不是習武之材，轉而要他到外鄉去學習經商，根本就沒有讓他去讀書，可是他只喜歡讀書和繪畫，對於做生意並無興趣，不到半年就回到家中。他曾病了兩年，不離病榻，在病中他不斷讀書畫畫，無師自通地掌握了繪畫國畫的基礎技巧，婆婆曾說：「他所畫的畫不師從任何門派，自成一格。等到他病癒後，曾從清末畫家吳英萼學畫，畫技才有所進步。過去曾有人說，指他曾師從隔山居廉，這說法是錯的，他並不出自居

外公潘達微和外婆陳偉莊合照

門，不過他的好友陳樹人倒真是居廉的入室弟子，而且是居廉的侄婿呢。」

外公很年輕就結婚，娶我婆婆陳偉莊為妻，年輕夫婦很恩愛。由於他年輕時多病，大概十三歲在求醫時結識了孫中山，受孫中山的思想影響很深。在病中他深思國家多難，立下「一雪國恥，匡時濟世」之志，抱「我不入地獄誰入地獄」之旨，投身革命。他當時只有十九歲，和通家好友史堅如於一八九九年參加了孫中山的革命組織興中會，成了早期的革命黨員之一。

婆婆曾對我談過：「我同他很年輕就結婚，我支持他的理想。當時是滿清時代，搞革命是要殺頭的，你阿公不顧他父親的反對，決定離開那個大家庭，帶了我離家出走，兩個人自立門戶，在廣州河南龍導尾賃了間屋居住。那時還未有同盟會，革命黨叫興中會，每逢孫中山來到廣州，總會同陳少白等幾個人，在我們的家開會，他們在房間裡關起門開會，我就在外面客廳繡花，為他們把風。那時他是同通家好友史堅如一起參加興中會的，他們把自己的家產都拿出來支持革命，一心要推翻腐敗的滿清政府，後來他的好友史堅如為革命犧牲，他對革命就更加堅決了。孫中山因為你阿公是世家子弟，吩咐他不要暴露自己是革命黨人的身份，以便利用家庭的關係同社會各界甚至朝廷要員保持聯繫，有利於為革命黨收集情報，所以我們一直都是搞地下秘密工作，外面的人不知道我們是革命黨。最初我只是同情和支持你阿公他們，後來我也參加了革命，我那時還很年輕，他們給我起了個花名，叫我做『生觀音』，因為我長得漂亮，分派我做一些遞送情報的事，後來分派我做偷運軍火進城的任務。」

這次背叛自己的官僚家庭，離家出走參加革命，可以說是外公的第一次「出家」，他給自己起了個「中國無賴者」的筆名，此無賴者並不是指街頭的小混混，意思是要做一個不依賴家庭，不依賴任何人，獨立自主的中國人，追求人格的獨立，保持做一個自由人的人格尊嚴，這是他追求革命的「出家」。他義無反顧地追隨孫中山，為革命籌款，參與組黨，由於他「負責任，重言諾，不矜功，不言勞，尤其抱定一個只求革命的成功，不求官祿的意念」，故為孫中山特別敬重。

作為革命黨人，在當時的社會中，可以說思想是很激進的。這使我不禁想起俄國的「十二月黨人」，他們雖然出身貴族，但為了追求一個理想，要推翻沙俄制度，獻身革命，不惜犧牲。他們在這點精神上同我國的民主革命先行者很有共同之處。雖然，我對他們的做法不敢苟同，如炸死某個官員的暗殺手法，就大有「恐怖主義」的性質，但在當時來說，在還未喚起民眾，他們也只有用這種手段來對付暴政了，他們那種不怕死敢於犧牲的精神，至今還是使人敬佩景仰的。他們這樣鋌而走險搞革命，到底為的是什麼？當然參加革命的人目的各有不同，有些人搞革命是投革命之機，希望革命成功當上個新權貴；有些人為的是改朝換代，自己取而代之坐天下；但像外公那一批革命者又是怎樣想的呢？外公在一篇以「大覺」筆名寫的題為《任天下事者不必畏風潮》的文章中說：「凡欲獻身社會，以造一群之幸福者，毀譽無所驚，勞怨無所避，甚而成敗利鈍無所計。冥情孤往，以求達我之目的而已。世間一切之變幻，雲煙過眼視之可也。必如此而後可言大智，必如此而後可言大勇，必如此而後可言大俠。」我想在豺狼當道、虎豹橫行的暴政年代，有如此膽識，敢說如此話，敢行如此事，實在不簡單！

一九〇五年，他已是孫中山先生「生平最敬重而信賴的一位同志」，孫中山先生組織同盟會，曾在法國加利東里亞號郵輪上，對他面授機宜，要他在廣東和香港進行同盟會的組黨工作，他不只在廣州和香港成功地組織了同盟會的南方支部，籌得大筆經費，不斷擴大組織。在廣州也利用贊育善社名義創辦畫報，還舉行茶話會，團結了一大群不同派別的畫家，使畫報辦得有聲有色，達到宣傳革命的目的。從辦畫報起的八年，可以說是他從事革命活動最旺盛最巔峰的一段日子，畫報曾被當局查禁，五易其名，仍堅持出版。

最初他在一九〇一年二十歲時，就與黃節、謝英伯等人在廣州河南龍溪首約，創辦「群學書社」，內設中外書刊，供人閱讀，以期勸學勵行，啟迪民智，後來遷至海幢寺，易名為「南武公學」，他在這公學擔任圖畫教員。這時他開始接觸外國的新鮮事物，接觸西方的文化，知道要救國，必須喚醒民眾，提倡民主與科學。他和好友梁培基、麥公敏等人在廣州河南創辦了一間「贊育善社」，以新法為產婦接生，不遺餘力地在廣東引進科學接生的新事物，以醫學救國為己任，這在當時可以說是很前衛的思想。

一九〇五年他受孫中山先生的委託，創辦一份革命黨的刊物，他以贊育善社的名義籌款，創辦了一份名為《拒約旬報》的畫刊，主持筆政。這畫刊從一開始，就很鮮明地豎起反帝愛國的旗幟。他為什麼要辦這份《拒約旬報》呢？其原因是一九〇四年底，美國政府威脅滿清政府簽訂所謂《中美會訂限制來美華工保護寓美華人條約》，在美十萬華人上書滿清政府要求廢約，美國政府悍然拒絕，並威逼滿清政府，再度提出續訂新約，激起了全國各界人民公憤，爆發了反美拒約的愛國運動。在美華人以廣東人居多，廣東自然是這運動最激烈的地區，禁售美貨，高潮迭起。美國第二十七屆總統羅斯福政府一方面恐嚇滿清政府，胡說什麼「中國切須注意，慎勿堅持其意」，一方面派女兒愛麗絲和兵部大臣達輔德來華「遊歷」，實際是觀察我國民眾抵制美貨的情況，向滿清政府施壓，要求鎮壓這次反美拒約運動。

外公心生一計，靈感大概取自民間年畫《三月三老鼠嫁女》，畫了一幅漫畫《龜仔抬美人》（也就是《龜抬美人圖》），畫四隻烏龜抬轎，轎中坐一美人，意思是抬美人轎者是烏龜。畫的上方題有一段廣東話的順口溜：

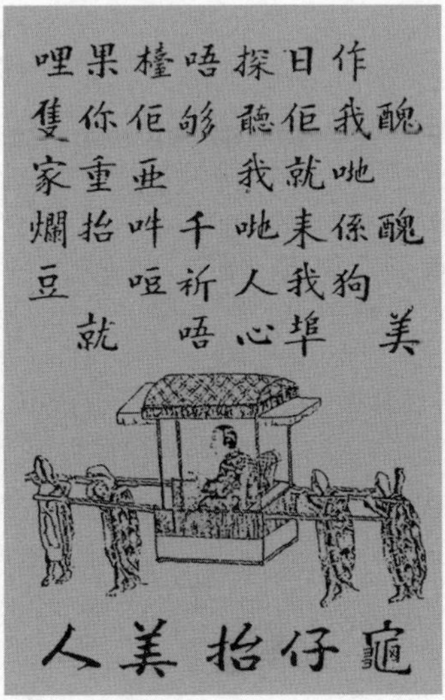

反美漫畫《龜仔抬美人》

醜，醜，醜，美國人作我哋係狗，
第日渠就來我埠，
想探聽我哋人心夠唔夠。
牛豆！（廣東俗話傻瓜之意）
如果你重抬，就係呢隻家爛豆！

這不只是鼓動轎夫拒抬美國人，同時也是警告那些滿清官員和奸商不要為美國人「抬轎」。要知道當時的交通工具並不發達，不像如今有地鐵公車和汽車，得靠坐轎子上街。他把這漫畫交給拒約會的負責人，拒約會把它印成揭帖傳單，遍貼通衢，個個轎夫都不肯為美國人抬轎，這漫畫起了深入人心的宣傳效果，引起清廷恐慌。美國政府要求查禁，清廷更構陷拒約會的負責人，把三個負責人關起來。外公又畫了兩幅漫畫傳單，一幅是四個美人抬一隻大烏龜，一幅是一隻大烏龜坐在轎中沒人抬，同時也配上打油詩：

中國人心齊，
齊把美貨來抵制。
制死花旗鬼，
變成大烏龜，
凡是中國人，
誓不抬烏龜。

這次反美拒約運動持續了一年多，在國內引起了很大的影響，最後滿清政府把關起來的拒約會負責人釋放掉。

鑑於漫畫能起宣傳革命的作用，孫中山先生曾囑咐我外公在廣州辦同盟會的機關刊物，於是他把《拒約旬報》更名為《時事畫報》，作為同盟會的宣傳基地。他覺得一般刊物大多是以知識分子為對象，未能深入到一般民眾，更遑論不識字的勞苦大眾，故而他認為以畫報的形式，既有文字，又有圖畫，既適合識字的人閱讀，又能讓不識字的民眾看圖識義，把刊物辦得平民化大眾化，以達到宣傳革命的效果。正如他一貫執着的觀點「以革命思想入畫」，還刻有一個「以革命思想入畫」的圖章，我婆婆一直保留着這個印章，還曾許諾把這圖章留給我作紀念，可惜在抗戰時期逃難的時候，婆婆病死在河池，這圖章就丟失了，留下來給我作紀念的只有外公的畫箱。外公是很自覺地把文藝和革命活動結合起來，體現了「上感國變，中傷種族，下哀民生」的反帝救國情懷，以達「開民智，喚國魂，新民俗，促革命，救中華」的目的。他以「大覺」的筆名在報章上寫了不少社會評論文章，同時還寫了不少俚曲粵謳，更利用俗文學的通俗形式來宣傳革命。

比如廣東童謠《月光光》本是一首十分流行的童謠，他就把它改編成一首反滿清的革命童謠，在廣州一帶民間廣為流傳，挺有意思的：

月光光，照地塘，
塘中有隻大豺狼。

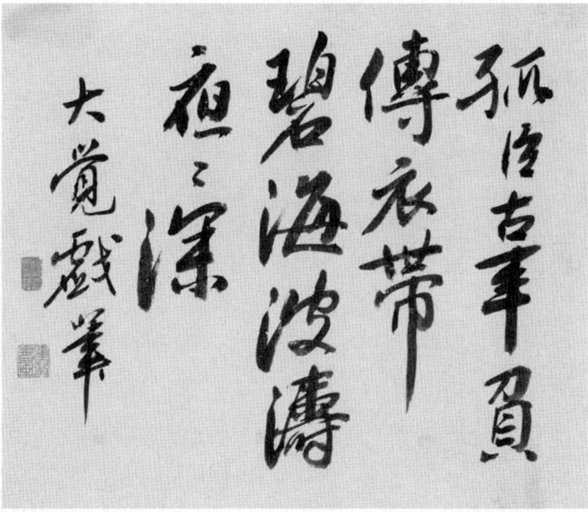

「大覺戲筆」題字

豺狼真惡毒，
專門食人肉：
先食阿爸後食阿叔。
阿媽叫我走，
免進豺狼口，
返歸練拳頭，
他日同阿爸阿叔來報仇！

又如以筆名「鐵蒼」在《平民報》上寫的粵謳《丟了好耐》：

丟了好耐，又試抱上膝頭哥，呢一面琵琶，我實在奈不得渠何。想必種落情根，同我兩個，至使我欲共渠長別，渠亦不肯把我拋疏。呢會歌衫摟起，就不怕人憎我。寧將聲氣，盡地消磨。君呀，你睇當道豺狼常起黨禍。我便做個不平人仔，唱句不平歌。或者民心立醒，把渠狼威挫。平了心頭火，正肯減低弦線，再唱過音韻平和。

外公不便公開自己是革命黨人，就以報刊主筆的身份進行活動，利用其出身的社會關係，廣交朋

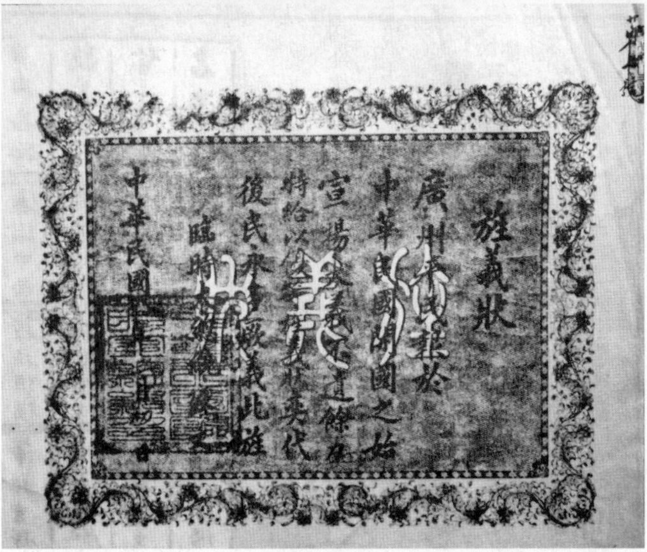

旌義狀

廣州平民報於

中華民國開國之始

宣揚[illegible]義[illegible]遺餘力

特給以[illegible]英代

復民衆[illegible]義此旌

臨時大總統[illegible]

中華民國[illegible]

上圖：外公潘達微在書房寫字

下圖：《平民日報》旌義狀

友，把很多不同畫派的畫家，團結在《時事畫報》。他首先結交了居廉的學生陳樹人，成為終生的好友和同志，又通過他結識了其他居門弟子鄧芬、伍懿莊、高劍父和高奇峰，把他們團結過來，同其他不同畫派的畫家一起，為《時事畫報》做革命的宣傳。由於他能團結各個不同畫派的人，故此畫報辦的相當成功。畫報的主要漫畫家主力有何劍士、鄭侶泉等，作者則有陳樹人、廖子平、黃少梅、馮潤芝、鄧爾雅、蔡哲夫等，甚至他的老師吳英萼和高劍父的老師伍懿莊也參與這支隊伍，在畫報雖不署名也畫上幾筆。畫報出版幾期後發行量就超過近四千，頗為廣大讀者歡迎，甚至深入到軍隊裡面，在新軍起義之役起了重大作用。他在河南開設了很多家店舖，實為革命的據點，如和朱述堂、徐宗漢、高劍父等人開設的守真閣，和陳樹人、高奇峰等人在鳳凰崗辦美術瓷窯所，都是作為策劃起義和製造軍火的基地。三・二九這次起義，我外婆擔任了偷運軍火進城的危險工作，外公也參與了起義的策劃，還負責收集情報和調度，不過上級領導不同意他參與起義的直接行動。

三・二九起義是經過周密的籌劃，聚集了來自全國和世界各地的愛國志士革命菁英，在人力物力都做了充分的準備。可是由於形勢變化莫測和起義計劃一再更改，致使原定計劃未能實行，某些隊伍未能配合行動，只由「選鋒隊」（也就是敢死隊）與清兵展開激戰，正如孫中山先生說的：「是役也，碧血橫飛，浩氣四塞，草木為之含悲，風雲為之變色。」革命先烈以血肉生命，為中國爭取民主自由平等譜寫出一曲悲壯的史詩。

婆婆曾告訴過我：「孫中山先生因為你外公是世家子弟，囑咐他不要暴露革命黨人的身份，利用父輩的關係，以便同社會各界甚至同清廷要員保持聯繫，有利於收集情報工作。你外公蜈蚣百足那麼多爪，以報紙記者的身份交遊廣闊，專做情報工作。我們在河南開了一間陶瓷廠，實際上是在那兒製造軍火，然後偷運進廣州城。炸鳳山一役的炸彈就是我扮新娘出嫁，坐花轎偷運入城的，炸彈就藏在花轎裡面，守城門的士兵見是花轎，一定要看看轎裡是不是真的坐有新娘，我戴着鳳冠蒙着紅紗霞帔，一動不動，他們只望了一眼，就放我們通行。於是我就順利把炸彈偷運進城了。你問我怕不怕？怕，當然怕啦，捉到是要殺頭的，怎會不怕呢？但為了革命，怕也要做的，頂硬上嘛，試過一次，到下次就大膽得多了。三．二九之役，也就是黃花崗那一次，你外公有份參與策劃，我也有份同其他女同志偷運軍火入城，這次我就沒有那麼害怕了，運過好幾次，有時是扮新嫁娘歸寧，也有時又扮貴婦探親訪友，還有一次抱着你媽媽坐在轎裡，屁股下面的座位就裝滿槍枝彈藥，騙過守門的官兵，將軍火運進城裡的秘密地點，準備起義。可惜那次起義由於很多原因失敗了，犧牲了很多同志，收埋同志的屍首就有七十二個，但實際上殉難的同志不止此數的。你外公謹記孫中山先生的指示，起義時他留在河南家中，起義失敗消息傳來，知道死難黨人屍體暴露街頭，他忍不住痛哭失聲，身冒危險，親自以《平民報》記者身份入城觀察。回來後一面立即設法派人到香港向黃興等人報告，一面奔走於九善堂院，還典當了祖屋籌錢，當時善堂已把屍體集中在諮議局前，烈士的屍體被滿清的官兵用鐵鏈捆作一堆堆，任由風吹雨淋，屍體已經浮漲，腐爛生蟲，慘不忍睹，我要他帶上樟腦丸，用作辟穢，還在他的內衣掛上悼念的黑布，以表哀悼。他懇求善堂出面收葬，善董都怕事不敢，他跪在地上哭求，後來說出自己的父親原是廣仁善堂的創始人，再加上他打電話給世交的官員江孔殷（時為廣東清政府鎮壓革命活動的清鄉總辦），江孔殷答應作擔保，方才得善堂同意，又經醫院善堂幫助，讓出一塊淨地，收葬了七十二烈士的遺骸，葬在城外的紅花崗。他冒着淒風苦雨，親自把烈士遺骸收集，送往墓地安葬。他嫌紅花這兩個字太過柔弱，不足以紀念烈士忠魂，特意將紅花改為黃花，黃花崗這個名字是他給起的。他親自把烈士的遺骸葬好後，方才回家。後來保皇黨想趁機興黨獄陷害他，要置他於死地，你外公就寫文章在報紙上記述收葬七十二烈士的經過，揭穿保皇黨的陰謀。那篇文章題目很醒目，叫《諮議局前新鬼錄，黃花崗上黨人碑》。從此那亂葬崗就叫做黃花崗了。清廷鷹犬當然不會罷休，想要抓他，他就同我帶了子女，連夜搬家，仍然留在廣州繼續堅持工作，直到那年的十月武昌起義成功，他才公開自己是革命黨人的身份。」

寫到這裡，想起九姨曾告訴我，她在一九九一年同我四舅母劉玉瓊等應邀回廣州參加辛亥革命八十周年紀念活動和黃大德先生所著的《魂繫黃花》一書的首發式時，有個叫江沛揚的寫了一篇奇怪文章，此人冒認是潘達微的親戚，還說潘達微不便過於拋頭露面，請他的外公郭偉泉出面收屍，由他外公「弄清了烈士身世生平」等等。我們家屬都覺得江沛揚真是個篡改歷史的無恥之徒，更是個連丁點歷史都不懂的蹩腳文人：試想一下，參加起義的有哪些人，連有份參與策劃的潘達微也無法知曉，更不可能全部認識，姓郭的既不是革命黨同志，又沒有參與革命行動，焉能核實烈士的身世生平？雖知烈士的名單都是後來一九一九年至一九二三年才由中國國民黨政府委託朱執信、鄒魯負責徵集

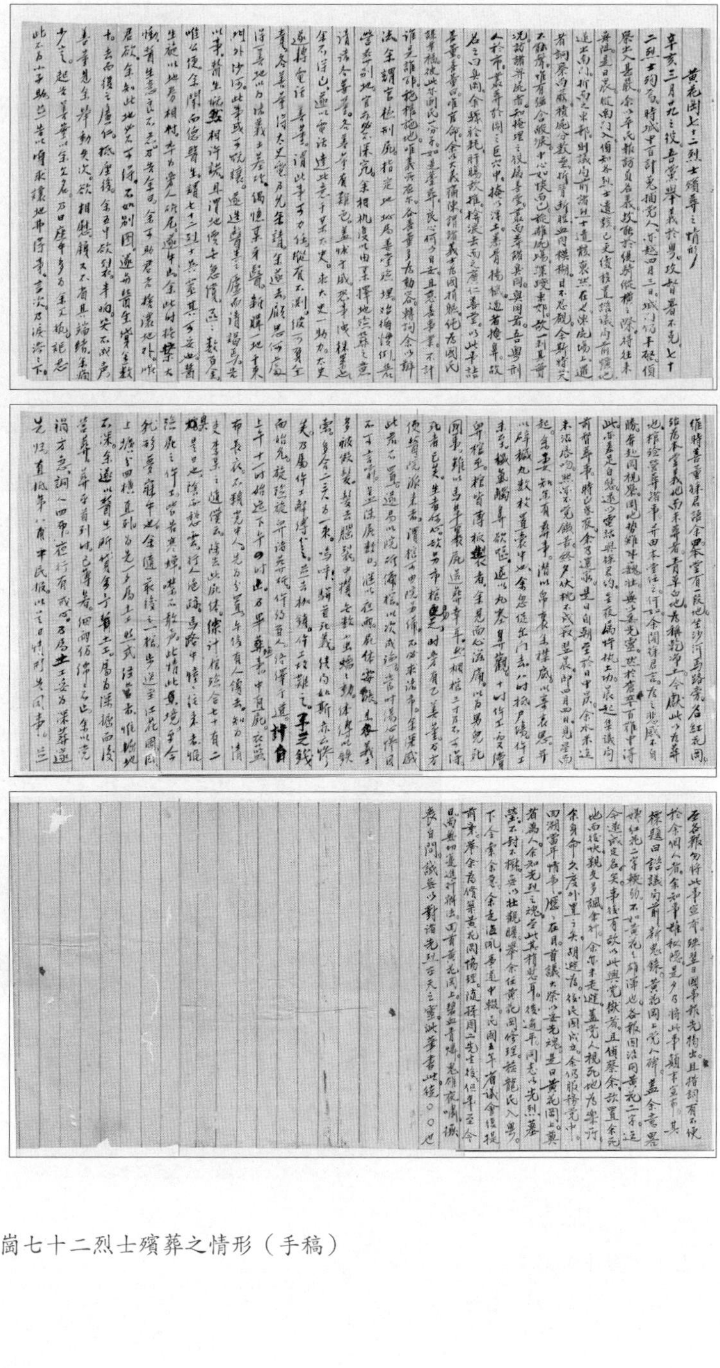

黃花岡七十二烈士殯葬之情形

黃花崗七十二烈士殯葬之情形（手稿）

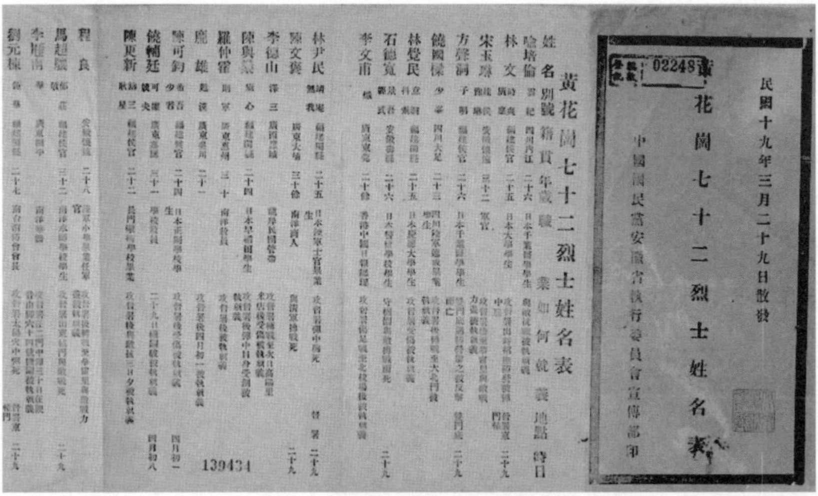

民國十九年三月二十九日散發

黃花崗七十二烈士姓名表

中國國民黨安徽省執行委員會宣傳部印

黃花崗七十二烈士姓名表

姓名 別號 籍貫 年歲 職業 如何就義 地點 時日

喻培倫　林文　宋玉琳　方聲洞　饒國樑　林覺民　石德寬　李文甫　林尹民　羅文襄　李德山　陳與燊　羅仲霍　龐雄　陳可鈞　饒輔廷　陳更新　程良　馬超駿　李雁南　劉元棟

139434

上圖：七十二烈士姓名表

下圖：黃花崗七十二烈士之碑

三二九之役烈士名單及事蹟，再由參議長林森約集胡毅、何克夫、吳玉章、徐維揚等一同進行審查，才公佈了七十二烈士名單，一九三二年十月又有《補錄辛亥三月二十九廣州革命烈士碑》十三人，後再經查證有李祖恩一人，沒有列碑，合共八十六人。這個江沛揚原來是江孔殷的後人，他還曾假借紀念辛亥百年之名，在自己家辦展覽會，不打自招說要紀念他的伯公江孔殷呢！這不是公然篡改歷史，為自己的外公塗脂抹粉，並為自己的伯公江孔殷這個已被鎮壓的老反革命歌功頌德，真不知羞恥為何物，還有什麼醜事不敢做出來？更可笑的是，他的文章居然還被放在「中國廣州」的網頁上。刊登他文章的編輯根本沒有歷史知識，為了獵奇也不核實史料，態度是極其不嚴肅的，同時也說明國內網路的妖魔化已到了什麼程度。堂堂新中國竟發生如此荒謬的事，實在令人氣憤，故而在此嚴正抗議。

外公在一九一一年九月的《平民畫報》上，曾發表有兩幅關於黃花崗的畫，一幅是《焚攻督署》，把革命黨人起義進攻督署的情景定格，表現了「種族義彰，俊傑奮發，討賊義師，爰起百粵，觥觥諸子，氣振風雷，三日血戰，虜膽為摧」（孫中山語）的戰鬥場面，是唯一一幅由一個曾參與策劃這次起義的畫家所作的正面描寫的歷史畫卷，此圖還附有一段文字，客觀地記載此事：「三月廿九晚五點鐘，革黨猝起。有一坐肩輿，率眾直平督署。署門衛兵與相抗，不敵，隨闖左側門，為黨人炸彈轟開，遂入。當入時，有一人身軀雄偉，面貌粗怪，手持兩短槍，向大堂一路直轟，復投炸彈。其餘一面目瘦削者，吹號筒，指揮黨徒直入，至二堂相繼演說，略發種族主義，且言起事之由，言甚激昂。管帶金振邦與戰不敵，被轟死，衛隊死傷亦眾。革黨搜至上房，不見一人，遂縱火，督署燃燒一夜，火猶未熄。張督與家人，事前靈警，先逃去，故不及難。按：革命一事，當以廣義觀之，不必阻於某時某地，其年代湮遠者，如法如美，姑不具論。即近年來土耳其之革命，葡萄牙之革命，墨西哥之革命，皆足惹起世人視線，今日中國而亦有此，能不慨歟！」

另一幅是《黃花崗圖》，描畫烈士安葬後的黃花崗，荒野秋草，冷月孤松，豎立着烈士的墓碑，題有：「七十二墳秋草遍，更無人表漢將軍。此陳元孝先生句也，移題黃花崗覺有餘味，讀者以為如何？」這兩幅畫可以說是黃花崗當時的寫照，今日黃花崗已成為世人景仰的革命聖地，然革命尚未成功，對比昔日之淒清，又當作何感想呢？

外公在辛亥革命成功後，看到不少參加革命的同志，以為自己是有功之臣，爭相競逐官位，生活腐化墮落，爭權奪利，完全不顧人民仍在水深火熱，他深感：「革命軍興，革命黨亡！」同時認為「名為民國，實為官僚國！」他看透了官場的黑暗，不願同流合污，毅然退出政壇。正如我婆婆說的：「當時黨人十分敬重他，推舉他出來當廣東省督，孫先生連庫房鎖匙都交了給他，但是他堅決不肯做官，把鎖匙還給孫先生，推舉胡漢民擔任省督。你外公認為革命的目的，是解救百姓於苦海，並不是為了自己陞官發財，他看不慣官場有些人爭權奪利，貪污腐化，不顧老百姓死活，所以他寧願離開黑暗的官場。」我三姨媽潘劍棱曾說過：「我媽媽說的確是那樣的，由於爸爸推舉胡漢民當省督，所以胡漢民對我們一家關係特別好，當他被蔣介石關禁在湯山時，他任何家人都不准見他，唯獨我在南京政府做

上圖：潘達微畫的《焚攻督署》，描繪了黃花崗之役的情景

下圖：潘達微畫的《黃花崗圖》，是他在《平民畫報》上的第一幅紀念黃花崗烈士的畫作

事，只有我一個人才能去探望他呢。」

我外公曾在《畫報復活感言》中說：「今日政治之革新已去，道德之革新未來。道德非指忠信禮義廉潔種種舊說言之。法律愈密，天性愈失，進化愈高，人道愈苦，強凌弱，眾暴寡，相仇相殺，相欺相詐，皆可謂之公理，然則社會之罪惡，寧有已時！」他還說過，「革命是吾志也，然做官卻非吾之所願。」

他認為社會有很多不合理的現象，需要進行改革，用武力推翻一個政權雖然困難，但要移風易俗改變舊社會的種種因襲，更加困難。他是孫中山三民主義的信徒，更是民生主義的熱烈鼓吹者和實踐者，認為要改革社會，首先得改民智。有些人認為他不是一個積極的革命者，只是一個悲觀的改良主義者，根本不理解他的思想，其實他比很多所謂革命家更注重社會革命的實踐。他曾和黃少梅扮成乞丐，到四鄉行乞，體會乞丐的痛苦，畫出《流民圖》的畫卷，更寫了白話劇《聲聲淚》上演，抨擊社會的黑暗，在當時曾引起很大的轟動。

婆婆曾說過：「《聲聲淚》這齣話劇是你阿公自編自導自演的，為的是揭露那些新官、富商、傳教士、慈善家種種人的虛偽面目。為了寫這齣戲，他還去做過乞兒呢，他認為一定要真正體會到民間的疾苦，才能編出人生的真實，演出才能夠感動人，於是他同畫家好友黃少梅扮成乞兒，穿得周身破爛，真的到四鄉去行乞，一個車站一個車站去乞食，走遍廣州附近的幾個縣，歷盡艱苦，飽嚐辛酸，有時乞不到飯食，他們就同其他乞兒一樣挨肚餓。他們回來後合作畫了一幅畫，叫《流民圖》，就是

潘達微行乞圖

用畫筆畫出流落街頭的老百姓，無家可歸到處流離失所的悲苦。這齣《聲聲淚》演出時十分轟動，我記得在戲裡有一個場面是落大雪，你阿公就叫你二舅父在戲台頂上邊往下撒棉花，當作大雪飄下來，好似真的一樣。結果演出很成功，連當時任警察廳長以嚴厲出名的陳景華看了，都感動得流眼淚，自署為『世界罪人』，題了『天地不仁』四個大字，讚揚這齣戲。後來他不只成了你阿公的好朋友，還認了你媽媽做契女呢。」

外公同陳景華的交往當然並不是始於看《聲聲淚》，早在一九〇九年陳景華被孫中山從暹羅派到香港，在惠記（韋寶珊）洋行任買辦，利用洋行作掩護，為同盟會南方支部收發信件。外公就是他的聯繫人，兩人在那時就認識，但只停留在工作上的接觸，辛亥革命成功後他們的交往反而多了，《聲聲淚》自然是使他們成為深交的契機，但主要是他們兩人在很多方面都有共通點。他們都是早期堅決的革命黨，為了革命不顧一切的人。

民初胡漢民任廣東省督後，陳景華被任命為廣東省警察廳長，授予生殺大權，要他整頓廣東革命後的社會秩序，鎮壓黑社會和土匪。據說其中鎮壓「百二友」這匪幫，外公還曾為他出謀劃策呢。當時「百二友」在廣州籍革命之名為非作歹，到處搶劫，敲詐勒索，無惡不作。民國元年三月二十九日公祭黃花崗烈士，孫中山親自到場主祭，出席人數過萬，「百二友」也表示要參加這公祭。陳景華得知後，十分不安，擔心孫中山的安全，外公就給他出主意，准許「百二友」參加，趁此機會讓他們冒出頭來，好把他們一網打盡。外公帶了一個攝影隊入場拍照片，暗中保護孫中山。在公祭順利進行之後，他請各要人照相，更請「百二友」全體合影留念，那群匪徒不知中計，個個歡天喜地，正其衣冠，眼望鏡頭，一連拍了四五張照片。他和陳景華研究，發現這群匪徒有統一的服飾，就是白短褂藍布褲綠襪子。事後警察廳根據這些照片，按圖索驥把這匪幫一一捕獲，只逃跑了一個，其他全繩之於法。婆婆頗為得意地告訴我說：「由於那『百二友』個個都穿一樣的衫褲，員警把凡是穿着這樣服飾的人都抓回來，對照相片認人，冇得走雞，誤捉的就放他走人，全靠這些相片，故此能將這匪幫一網打盡。」

外公和陳景華這段日子的關係十分密切，他經常到外公家密斟。悲天憫人是外公天生的個性，他尤其對婦女弱小同情，他認為中國女子「人權剝落，儕於非人」，在社會上根本就沒有地位，更何況那些淪為婢女和娼妓的最底層者。外公是個性情中人，對女性在舊社會沒有地位深表同情，早年在廣州曾興辦過一間縯華女校，提倡婦女教育，他二哥在十九歲就去世，留下寡嫂，他讓寡嫂進縯華女校讀書，學會讀書識字，他照顧了這寡嫂一世，後來還讓她進了南洋兄弟煙草公司當收發。他一生提倡女權，不歧視婦女，支持自己的妻子參加革命活動。故而在同陳景華傾偈時，提出希望能設立孤兒院和女子教養院的理想。有一天外公同陳景華一起去警察局看一個名叫麥喜的婢女，這個婢女被主人虐打至殘，陳景華親自查問，只見她遍體傷痕，血跡斑斑，幾無完膚，問話時她已經講不出話，只是不停流淚，她不會講話但並不是個啞巴，而是腦子受創精神失常，惟苦情之根未滅，尚知飲泣。向來以威嚴著稱的陳景華目睹此情狀，感到震驚，也動了悲天憫人之心，當場答應了我外公的請求，以警察廳的名義申請專門撥地在花地建院，還出面為孤兒院和女子教養院籌辦建院經費。外公得到他的支持把孤兒院和女子教養院辦得有聲有色，收容了被虐待的婢女和被迫為娼的少女，以及無家可歸的孤兒，加以教養，使他們能學會一技之長，重返社會，能夠自立，過新的生活。著名的粵劇演員羅品超就是其中的一個從這孤兒院出來的傑出人才。直到六十年代仍有一些過去在孤兒院呆過的人，在清明時節到黃花崗掃墓，專門跑到華僑新村我們家來探訪，表示對外公的感謝，使我十分感動。外公辦孤兒院和女子教養院可以說是不遺餘力，連我婆婆也曾出任過一段時間孤兒院內的幼兒園院長呢。

可惜好景不長，袁世凱篡政，勾結龍濟光，在廣東大肆捕殺革命黨人，由於我外公與陳景華參與倒袁活動，龍濟光借觀音山賞月之名，誘殺了孫中山的軍政左右手陳景華和朱基，同時通緝我外公。外公只好隻身逃到上海，化名陳虹，隱姓埋名在一家姓徐的富戶當「花王」。在外公編的雜誌《微笑》裡，有一篇他寫的紀實小說《冰天鴻淚》，就是描述這次在上海避難經過的。孤兒院和女子教養院也就被龍濟光一夥解散了，院裡的孩子和女子多被那些野獸般的傢伙賣掉，這是外公最傷心的事。好友陳景華的死，更是令他心情十分沉痛。他在上海徐家其實只呆了半年左右，就回到香港，和同志策劃倒袁活動。龍濟光倒台後，他幫忙陳景華的家屬，為陳景華遷葬到香港咖啡園的山巔，並設法恢復孤兒院。一九一七年在《天荒》有一篇外公授意彈指（梁勳武）寫的文章《青衣紅淚記》，對孤兒院和女子教養院的始末經過，敘述甚詳。

他從上海返回香港，就進了南洋兄弟煙草公司任職。在他少年時代曾因不合性情不肯學經商，又有誰會料到他竟會從事商戰呢？由於他在參加革命後，曾擔任發展組織和籌款的工作，經常會同一些富商巨賈打交道，認識到發展民族實業關乎國家前途，故而他在革命的過程，曾從事過很多不同的事業，如搞陶瓷設計，搞廣告宣傳，這些都跟他後來參與商戰很有關係。

早在辦《時事畫報》和《平民報》時，他就很重視廣告的宣傳作用，他為終生好友梁培基醫生的「發冷丸」所做的宣傳廣告，就很有特色。據婆婆告訴我：「他為梁培基的發冷丸做廣告，第一天在報紙上以很大的版面登出『梁培基』三個字，讀者看了就覺得莫名其妙，很奇怪，不明白到底一個醫生為什麼要這樣登廣告；第二天還是大版廣告，加了個『發』字，變成『梁培基發』。要知道『發』字在廣東話意味着『發財』和『發達』的意思，讀者就覺得好笑，這個醫生一定是想發財想瘋了，竟在報上這樣登廣告。第三天又再加一個『冷』字，變成『梁培基發冷』，讀者看了都哈哈大笑，怎麼他打擺子也登廣告呢？到了第四天，又加上個『丸』字，就變成『梁培基發冷丸』了，大家這才明白，原來是賣『梁培基發冷丸』的廣告。先是讓人莫名其妙，繼而令人哈哈大笑，這廣告立即成了市民的趣談，廣告也就深入人心，於是人人都知道這發冷丸，梁培基發冷丸就成了最暢銷的藥品。」

他所以會進南洋兄弟煙草公司任職，是因為他認識簡照南、簡玉階兄弟，同簡照南特別談得來。南洋煙草公司是在一九〇六年反美拒約運動時，人們提出「不用美國貨，不吸美國煙」的高潮中，由簡照南集資十萬銀元興辦的民族實業。英美煙草公司對這民族實業千方百計進行打擊，甚至逼得它破產拍賣，其叔簡銘石不願民族工業被外國資本買去，毅然出錢將它買下來，交由簡家兄弟重新經營，正式改名為南洋兄弟煙草公司。辛亥革命後南洋兄弟煙草公司提出「中國人吸中國煙」的口號，獲各界人士支持，令公司業務得到迅速發展。外公就是在這關鍵時刻進入南洋工作的。他決心要為南洋進行一次大改革，同英美煙草公司作民族資本對抗外國資本的生死搏鬥。

他進南洋最先是擔任廣告美術設計主任，他精心為南洋設計廣告，研究了西方企業的商品策略，他指出「泰西營業者，最注重告白，每年告白費認為支出款之一大宗，故商業之盛獲利之多，向非我中國人所可及，是亦商界上優勝劣敗之一端也。」更提出「商以立國，戰以實業，而所謂以實業戰者，非為一公司而戰，殆為國家而戰」的實業救國高度戰略指標，以革命手段挽回權益，拯救中華，進行商戰。對公司進行大力改革，屢出奇謀，為民族實業爭利益，使營銷蒸蒸日上。他不像一般讀書人自命清高，敢於言利並行大義，且敢於探索營銷方式，以求在實業上使中國自強。他不久就升為工務長，繼而被委任為廠長。十年的經營使南洋香煙雄踞廣東以至華南及華中的市場，公司利潤倍增，盈利從十萬上升到達百萬以上，他更獲公司贈送跑馬地萬松坊五號一層樓作住家。

婆婆曾告訴我：「你阿公不只一次幫助簡家兄弟度過難關，抵抗英美煙草公司收購合併，堅持以民族實業對抗外國勢力。要知道香港是英國人的殖民地，英美煙草公司憑借英國勢力要併購南洋兄弟煙草公司，你阿公就給簡照南出計：『佢有周瑜計，我有過牆梯，佢開一百萬，我討價三百萬，看佢如何，若佢肯買，我地可換個招牌把廠搬回國內重新開廠。』簡照南拍手叫好，一面同對方討價還價，一面放出風聲話要回國內設廠，嚇得對方連忙收手，使對方的陰謀破產。過了幾年英美煙草公司又提出新的收購方案，南洋不須改名，簡氏仍任經理，只收購南洋六成股權，另許諾暗中給簡氏兄弟兩百萬元不入公司賬目的紅利，簡照南來同你阿公商量，你阿公告訴他們：『這些年南洋煙草公司的發展，全是靠以國貨為號召，要記住民氣民心，民族利益和國家利益比金錢更重要。如果公司的股份，讓英美公司坐大頭，無疑是自尋死路。』這樣一講使簡氏兄弟明白了道理，下定決心同英美公司鬥下去了。他們出錢讓你阿公辦了一份《天聲日報》，請同盟會的老同志廖子平、馮百勵主政，大造提倡國貨的輿論，他更利用同報界多年的關係，促使各報達成協議，拒登英美煙草公司的廣告，以示抵制外國貨，振興民族工業，更請胡漢民、蔡元培、梁實秋等名人寫文章，還有隨報附送的畫刊，結果當然大受讀者歡迎。人人都買南洋的煙，即使英美的煙減價也少人問津，業務一落千丈。後來南洋更在上海設廠，你阿公每年都要到上海一趟，有時也帶我一同去，到上海不單是處理煙廠的業務，還有機會同很多上海和北方的畫友切磋藝術。南洋煙的銷路就成為從廣東直至上海都最受人歡迎的香煙了。他搞告白也有獨特的辦法，告白經常同時事配合，又常配以朗朗上口的俚曲小調，使告白新聞化多樣化，花樣很多呢。比如他請了很多畫友為南洋創製案頭日曆，每日都有名家圖畫，成了美術愛好者臨本珍藏；更設計出煙包裡面附送的『公仔紙』（我記得小時候曾設法收集成套的公仔紙，是我童年玩物之珍藏）。他又在南洋舉辦過歷時四五年的南洋煙草公司徵求廣告啟事，評定公佈每年獲獎名單，還編印成集出版，設有百名獎，要求文畫兼備，勸牖國人用國貨為合格，文不拘有韻無韻文言俗語，畫則概用筆墨。這不只起了集思廣益，提倡創意，也從而增加了公司品牌的知名度，同時也進行了一次別開生面的愛國教育，在同英美煙草公司的鬥爭中鞏固了公司的地位，所以有人說你阿公是個商業奇才。」

二舅父也曾告訴我：「你知道江蝦這個人啦，就是江太史江孔殷，這個人很陰毒，他本來是滿清政府的官員，同我的阿爺曾是同僚，故此老和尚在收葬黃花崗七十二烈士時，曾打電話向他求助，他向善堂答應做擔保，確曾幫了老和尚一個忙的。但反正後他沒有官做，曾兩次想謀一個官位，都沒有成功，於是轉向商業方面謀出路，他見英美煙草公司同南洋鬥得火藥味十足，就投向英美煙草公司。英美煙草公司出年薪五十萬請他當總代理，要他設法鬥垮南洋。於是他就使毒計，花錢大量收購南洋出的名牌香煙白金龍和黃金龍，等到這些煙發黴，然後再推出市場，藉此打擊南洋的聲譽。又叫他的兩個兒子仲雅仲穎辦了一份《廣東日報》，大造輿論進行反宣傳，放風聲說南洋是日本資本，南洋煙不是國貨，還造謠編印所謂南洋黑幕的小冊子，敗壞南洋的名譽。更設法買通北洋軍閥下令吊銷南洋的

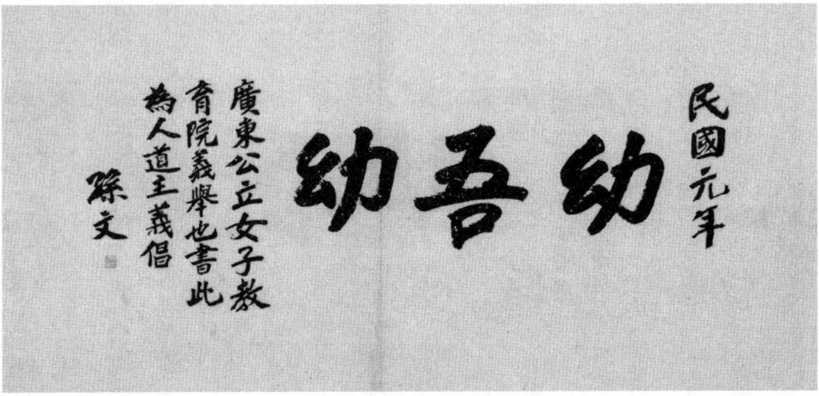
民國元年
幼吾幼
廣東公立女子教
育院義舉也書此
為人道主義倡
孫文

孫中山為孤兒院的題字

牌照。江蝦真是不擇手段無所不用其極。但老和尚還是設盡辦法，一一將他打敗了。最後南洋不止沒有垮掉，業務反而一日比一日好，同時還在上海設廠，擴大業務，一連四年盈利均在四百萬以上，南洋煙成了國煙首席地位。」

爸爸曾對我說過：「我曾給江孔殷看病，他曾經對我誇下海口說：『我掩住半邊嘴，都能鬥贏南洋。』我當時沒有反駁他，他知道我就住在潘先生樓下，頗有來往，就是叫我把這話透露給潘先生，要他知難而退。我把他這話轉告了潘先生，他聽了哈哈大笑，只說了一句：『未分勝負，唔好誇大個口！』其時剛巧西江發生大水災，潘先生就向簡氏兄弟建議，說明南洋是中國的民族工業，應以『錢財取諸社會，應還諸社會』為原則，擔負起進行救災賑濟的責任，而當時粵政府救災不力，南洋兄弟煙草公司就組織人力物力，派船到西江賑災，運糧食衣服被褥去救濟災民。船上打正南洋兄弟煙草公司的旗號，所到之處，大受百姓歡迎，以至西江其他受災地區，乾脆打電報向南洋兄弟煙草公司求救，而不打給粵政府。潘先生還建議簡氏兄弟，在賺取利潤的同時要多做些公益慈善事業，所以在重建孤兒院時，簡氏兄弟捐贈了三萬元建築費，還每年贊助八九千元做經費，另外每銷售一箱煙再捐五元給孤兒院。在孤兒院內高掛的並不是潘先生這個院長的照片，而是掛著陳景華和簡照南的照片，因為沒有這兩位，孤兒院就沒有辦法支撐下去的。潘先生親筆題了『每飯不忘』四字以誌紀念。孫中山先生還為孤兒院題過『幼吾幼』的字，認為孤兒院是提倡人道主義的壯舉呢。另外南洋還撥出部分利潤，做公益慈善，捐建方便醫院留醫部，捐兩萬元給光華醫院做建築費，做了很多對老百姓有益之事，這比在報紙賣上千次告白還頂用，群眾對南洋有好感，產品的銷路就更好了。潘先生在進南洋時就有這樣一句名言：『煙草有毒，金錢有毒。』他這人是很負責任的，為了南洋，真是鞠躬盡瘁，死而後已，對工作他要就不做，要做就一定要做到十足，本來他是不吸煙的，他明知吸煙對身體有害，為了保證產品質量，每一車煙都親自去試一根煙，煙吸多了，使他原來就有的肺結核病越來越嚴重起來。在他晚年肺病嚴重的時候，自知無藥可救，更怕傳染別人，故而膳食碗筷，都單獨自用，朋友訪候，多婉言謝絕。講到江孔殷這個人，本來同潘先生的一家是有過些交情的，在潘先生營葬七十二烈士時，也確曾幫過忙，但在後來的商戰中，他們倆鬥得你死我活，成了死對頭。潘先生去世後，江孔殷送來了一副挽聯：『白梃動全城，君是黨人自有交情盡生死；黃花成昨日，我非健者也曾無意造英雄。』當時頗為人非議，說他不知羞

外公潘達微在廣州

恥，嘲笑他借死人來抬高自己。記得大概是六十年代廣州的《羊城晚報》副刊『花地』曾有一篇很左的文章，說潘先生和江孔殷是一丘之貉，是反對革命的改良主義者，這種講法是很錯誤的，因為潘先生是緊緊追隨孫中山先生的，而江孔殷是反對革命的，根本就不是一樣的主張，在辛亥革命當年，武昌起義成功後，廣州之所以能不經炮火而能反正成功，是根據孫中山先生的主意，由你外公和鄧慕韓出面提出『融和滿漢』的『懷柔政策』，和平解決廣州政權轉讓的主張，這是通過很複雜的鬥爭談判才得來的結果，最後由陳景華作革命黨代表在省諮議局各界代表大會上發言，倡議廣東光復，脫離清政府，擁戴孫中山的革命政權，獲全場一致通過的。在政治鬥爭上必要的妥協並不是改良主義，粵省光復，兵不刃血，就如北平和平解放一樣，毛澤東才可以坐吉普車進北京城嘛，難道一定要血洗廣州一場才叫革命嗎？資產階級革命本身就有其局限性妥協性，當然不可能像共產黨那樣『徹底』，樣樣都要『打倒』，還踩上一隻腳了，難道要把全部滿人殺光才算革命嗎？硬要拿共產黨那套來要求孫中山先生是不公道的。沒有資產階級民主革命這些先行者，會有日後你共產黨的革命嗎？像孫中山先生和潘先生那樣的革命先行者所追求的是要想建立一個自由平等民主的共和國，儘管他們的革命不徹底，他們也說革命尚未成功嘛，你共產黨不也是以要建立一個自由平等民主的新民主主義的共和國為號召，才能讓大家追隨你革命的嗎？如果說資產階級革命不徹底是改良主義，那麼新中國建立後竟不再提自由平等民主了，後來乾脆不提新民主主義，根本就沒有兌現革命時對老百姓的許諾，難道這叫做革命成功了嗎？這豈不叫人更加失望嗎？」

關於江孔殷這個人物，說起來和我家倒是有些淵源，他的後人並沒有因為他和外公在商戰中曾鬥得你死我活，就水火不容，和我家倒是頗有來往的，例如江孔殷的孫女梅綺，是個電影明星，在未當傳道人之前，她是我母親的好友，是我家的常客。我小時侯就經常見她和張瑛來我家的。四十年代末五十年代初，我星期六回家，進門時聽到客廳裡傳來一陣陣快口快舌的講話聲，就知道準是梅綺姨來作客了，她為人很直爽，講起話來伶口俐齒直來直往的，我很喜歡聽她很有風趣的聊天，說她是個「大笑姑婆」。記得五十年中我還有一次在廣州參觀蘇聯展覽館碰見她和她的丈夫黎子玉，我還曾同她爭買一件有飛馬蓋子的綠色玻璃品，當然是她爭贏了，我沒她有錢嘛。又有一次她和我爸爸一起到北京開政協會議，我和大姐帶了還很小的姨甥小兵去會場住處探訪他們，她說沒有什麼東西做禮物，就拿了一盒麵包乾送給小兵，說小孩用來磨牙正好。至於南海十三郎，我也曾在我大姐的契爺薛覺先的家裡見過。至於江孔殷此人，在解放後，這個老牌反革命早在鎮反時被人民政府槍斃掉了。

外公在退出政界之後，潛心藝術，在攝影方面頗有成就。照我所知，外公在創辦《時事畫報》前，就受黎華芳兒子黎一真的影響，那時他已經對西方的攝影技術發生興趣。（按：黎華芳是中國最早的攝影師之一，黎一真繼承父業，同時開了華芳和華華真照相館，在清末的攝影界大名鼎鼎，一九〇六年拍攝的《愉園演說圖》被視為「玲瓏巧手，精工尤推獨步。同年十一月，香港在大會堂舉辦大型的美術賽會，華芳的攝影獲得了金牌，一九一〇年南京舉辦的南洋勸業會上，黎一真的純陰顯光照相法《麟閣先聲》獲得了「超等獎」，我外公許多照片都是他拍的。）早在群學書社時代，他已經開始接觸西方的書報刊物，對攝影的寫實性甚感興趣，故而開始研究攝影術。在創辦《時事畫報》後曾刊登過〈革命女俠秋瑾墓〉〈土耳其革命運動〉〈韓國革命志士安重根〉及一些時事照片，以攝影鼓動革命，據說還特地送了一個相機給好友高奇峰，鼓勵他攝影。在他離開政壇後，在一九二三年更同好友梁培基策劃開設了寶光公司，專事攝影．寶光照相館最初開設於香港中環皇后大道中（即後來中環街市旁余仁生藥館對面），後來才搬到威靈頓街何東行對面，並在廣州新民路口開設一間分店。招牌上「寶光」這兩個字，本來是吳昌碩為他寫的，掛在他家裡佛堂，吳昌碩是絕對不肯為人寫招牌的，後來外公把這兩個字用作照相館的招牌，吳昌碩倒沒有說過一句話，這都是因為他們的交情非同一般。據《魯迅日記》有載曾在廣州特地跑到寶光照過相呢。至於寶光開張時掛出的那張裸體藝術照，那是我的九姨潘劍波的裸照，九姨曾說過：「有一日，爸爸問我願不願意給他做模特兒拍照，我說無所謂，就給他照了。後來他辦寶光照相館，開張時竟把我那張照片放大擺在門口的玻璃櫥窗裡，引起了不少人前來圍觀，大概他們從來未曾見過裸體藝術照片，其實在外國早就有的，他們少見多怪罷了。」（按：那時九姨才八歲，確實外公給她拍過好幾張裸照。不過我想最初展出的那幅不一定就是她的，由於我爸爸也跟著外公學影相，極有可能是以我爸爸醫務所的某個女護士做模特兒。）

我爸爸也是在外公的影響下搞攝影的，他在其回憶錄中曾說過：「我喜歡攝影，從我十七歲擁有第一部攝影機起直至今天，我對攝影的興趣可說是始終不變，算起來，我玩攝影，已有七十年的歷史了。如果論資歷，我謀殺的菲林不算少，可以說得上是個老攝影愛好者，不過，我可從來未有膽量自稱是個攝影家。記得我十七歲那年，我從鄉下到香港才只有一年多點，在灣仔書館讀書，考了第一名。我爸爸很高興，約了他的好友林子虯先生，帶我到跑馬地的愉園午餐。在席上，我父親說要送我一樣東西，林子虯先生建議，送一部攝影機給我做紀念品。我父親一口應承，就買了一部攝影機給我，這是我的第一部攝影機，它在當時是件十分時髦的玩意兒，是一部類似風琴摺疊式的相機，用的是玻璃底片，我的攝影嗜好由是開始。我在大學畢業後，住在跑馬地萬松坊，我住在三樓，四樓住的是潘達微先生，他也很喜歡攝影，是中國早期的攝影名家，我於是跟隨潘先生學習攝影。有一天早晨，我起床後，走到騎樓，向下一望，看見有一個工人，扛着一把長梯，爬上煤氣燈柱去抹煤氣燈，投影在地，有燈影人影梯影，構成一幅很別致的畫面。於是我拿出相機，將這情景拍攝下來。我把照片沖曬出來後，拿給潘先生看，他看了十分讚賞，對我大加鼓勵，並提出他和我一人拿一幅照片，送到日本去參加日本寫真藝術展覽。他的一幅，是拍一群黃包車夫，坐着歇腳抹汗的，我就以這幅抹煤氣燈的，和他那一幅一起，寄到日本去。當時日本沙龍攝影的特色，是時興『鬆』『鬱』『濛』，也即是喜用散焦點鏡，把對象拍得如影如霧，迷迷濛濛，追求一種詩意的境界。可是我和潘先生的兩幅卻完全不是那時興的一套，只是把現實生活的真實記錄下來。我們兩幅也自有我們的境界，畫面上我們追求的是生活的真實和美麗的構圖，而不用又鬆又濛的散焦點鏡拍攝。我當時根本不抱很大希望，心中估計日本攝影界不會喜歡我們這一套的，不過既然潘先生勁頭這麼大，我也就湊湊熱鬧，一起寄出，沒有想到會入選沙龍的。出乎我意料之外，日本攝影學會寄信來說，我們這兩幅攝影作品都入選，在日本展出，大受好評，跟着還寄來了一本印刷精美的入選作品紀念冊，我們兩幅作品也印在其中……不久前廣州的一份雜誌，刊名叫做《風采》，有人著文提及此事，並說我是早期香港攝影家之一。這實在不敢當，說潘先生是攝影名家，這早有公論，但把我譽為攝影家，我就感到不妥當了，因為我並沒有像潘先生的成就，也沒有參與當時攝影界的活動，只是個業餘的攝影愛好者罷了。該文還說，翻查當年報紙史料，潘先生組織的攝影團體景社名單上有我的名字，我回憶所及，並沒有參加過景社的活動，也許潘先生組織景社時把我的名字寫上，也未可知，但實際上我從未參加過景社，只是和潘先生一起在日本參加過影展罷了。」爸爸的這本「紀念冊」我小時曾見過，擺在客廳任人翻看的，

潘達微的攝影作品《心燈》

只是在抗戰時戰火紛飛，這本印得很精美的攝影畫冊，早已失掉，如今事隔大半個世紀，八九十年前的畫冊再也找不到了。不過外公在攝影方面的成就，可以稱得上是我國早期的攝影家，他是景社的重要成員，他不少攝影作品在上海的刊物《良友》、《天鵬》等畫報上面發表，頗獲好評。他並沒有忘記把攝影為革命服務，喜歡以黃花白骨紀念革命先烈，其中一張名為《心燈》的攝影作品，是他最後的攝影之作，一九二九年發表於《非非畫報》，被編者稱為其最得意之作。在北伐時他並沒有忘記把攝影為革命服務，還派出攝影人員拍攝北伐誓師和戰況，發表在他編輯的《微笑》雜誌上呢。

一九二五年他參與了廣州國畫研究會，為該組織的重要成員，他與上海和北方的畫家有了密切的聯絡，如黃賓虹、吳昌碩等都成了他的好友，所以他在編輯《天荒》這本畫刊時，有很多外省的畫家和文人的作品。我曾注意到在這本《天荒》裡面，幾乎囊括了當時海內的重要文人和畫家，作者有柳亞子、陳去病、蘇曼殊、汪精衛、黃賓虹、林琴南、馬小進、孫哲夫、葉玉森、黃晦聞、章太炎、高天梅、太虛、姚華、孫仲瑛、龐樹柏、梁勳武等等，多半都是南社的著名詩人和同盟會的活動家，但沒有高劍父的一字一畫，按理說，外公同他都曾是同盟會的革命同志，一塊搞過守真閣、製造炸彈，應該是關係很密切的，按理不應該不刊登他的畫的。我曾就這事問過二舅父：「為什麼在阿公留下來的藏畫中，只有高奇峰和陳樹人的畫，沒有高劍父的呢？《天荒》裡面也沒有他字畫，到底是什麼緣故？」

二舅父說：「老和尚對藝術本來就持開放的態度，對畫界各門各派是沒有任何偏見的，在編《時事畫報》時，就聯合各門各派的畫家，一起宣傳革命為《時事畫報》畫畫，不分彼此的。他是吳英萼的門生，但他同居門的入室弟子陳樹人卻是生死之交，通過他又團結高劍父和高奇峰，還同他們同在南武教過書，一起搞過守真閣和陶瓷廠。可是在反正之後，他同高劍父的關係就變了，變得很不好，主要原因有三方面：

「第一，這要講到高劍父這名字的來由了，要知道高劍父原名叫高崙。反正前在南武教書時，有個同事叫何劍吾，是個教育家，後來當了校長的，此人本來一家人住在上海，由於瘟疫全家人除了他和庶母宋銘璜外全都死掉，後來他因接受黃節的邀請，就帶了庶母到廣州南武教書。那年適值其父死忌，何劍吾就為父親做法事，親朋戚友和同校的教職員同事都請來參加。誰料到正在打醮唸經之際，突然聽到後面傳來女人呼救聲，大家趕去一看，原來是高崙要強姦何劍吾的母親，何劍吾見狀當場大罵高崙禽獸不如，大家也紛紛指責他的不是。可是高崙竟強詞奪理說：『如今是革命時代，難道想要一個寡婦一世守寡嗎？』老和尚實在看不過眼，就對他說：『不管是什麼時代，但此時此地此景，於情於理於革命，你這樣做都是不對的。』高崙被說的理屈詞窮，惱羞成怒，突然拍桌子說：『我就是要做阿劍的老竇，從現在起，我就改名叫高劍父。』這件醜聞在當時學界和畫界鬧得很轟動，引起很多人不滿和反感，老和尚對於他的所作所為很不以為然，認為他這樣做人格很低下。高劍父確實犯了眾憎，他又愛出風頭，要挽回面子，因此不時同別的畫家結怨，這也怨不得別人，畫壇歷來注重人品更重於畫品的，那時他師從大師兄伍懿莊，連這位老師也被他弄得十分尷尬，在畫界丟盡了面子，於是把他趕去日本學畫。可是高劍父非但不領老師的情，還因此不再想認伍懿莊為老師呢。這段故事，是街知巷聞的。（據我所知，廣州在辛亥革命七十周年紀念時，曾上演過一齣叫〈黃花奇緣〉的粵劇，其中把『我就是要做你阿劍的老竇』的『名句』也照搬上舞台了。當然這齣戲只不過是借此美化高劍父這個所謂嶺南派『宗師』，可是卻恰恰把高劍父的真面目暴露無遺。）

「第二，是高劍父生活腐化墮落，亂搞男女關係，你可以在《天荒》裡面看得到有一篇《寒潭隕玉記》，那是悼念兩個自殺的北伐女子隊員黃扶庸（秋心）和鄧慕芬（秋零）的。因為這些曾參加革命的北伐女子隊隊員都是同盟會的同志，反正後抱着為革命馬革裹屍的決心參加北伐，可是卻被那些自認為是革命元老的人當作玩物，把她們當成隨軍娼妓，任意玩弄。這些官員生活腐化，花天酒地，過着紙醉金迷的生活，北伐女子隊到了南京後，男女關係就搞得很不正常，單是鄒魯就搞了兩個人結成所謂夫妻關係，有婚約而不履行者更有一人；當年高劍父要強姦的宋銘璜也是北伐女子隊員，最後也逼於無奈嫁了給高劍父。這些女子隊員理想破滅，不是逼於無奈嫁與這些高官要員，就是被玩弄後遭拋棄，被遺忘，很多人失望到極點。北伐女子隊隊員不少人當時已淪落為奴為婢，甚至流落到香港淪為娼妓。在肇慶飛水潭自殺的黃扶庸和鄧慕芬兩個北伐女子隊員，當年老和尚辦孤兒院，她們曾在女子教養院工作過，後來她們才參加北伐的，而負責選派留學生的鄒魯曾追求黃扶庸不遂，懷恨在心，扣下了她出國到日本留學的護照，使她無法成行。黃扶庸和鄧慕芬感到對革命幻滅，加上失業，無家可歸，在絕望之餘，相約到飛水潭自殺，乃是對當時政局的一種抗議。廣東北伐女子隊的種種遭遇，令老和尚十分傷心，對鄒魯高劍父這些所謂革命元老道德敗壞，亂搞男女關係，玩弄婦女，更是深惡痛絕，不願與之為伍。

「第三，到了一九二一年以後，老和尚同他的矛盾越來越深，高劍父在陳炯明支持下當上廣東省省立第一甲種工業學校校長，由於他腐化墮落，將建校的經費貪污中飽，不好好建設學校，至今學生發起罷課請願，要求省府撤換校長。本來這是十分合理的要求，時任省教育委員長的陳獨秀曾接見學生表示支持。高劍父以金錢收買美術科蕭永全等十多個他的親信學生破壞學生運動，堅持不肯下台，當幾百個學生團結一致，揭穿這十多個高派學生的陰謀後，高劍父惱羞成怒，竟然拔出短劍，將三個前來責問的學生代表刺至重傷，還拔出手槍威脅學生。連日報紙紛紛報導甲工驅高運動，甲工學生致函報界揭露高劍父是『為政黨做留聲機器之人，借提倡新文化為敲門磚，以鼓吹新主義出風頭，自欺欺人，自殺殺人。』在廣大學生堅持和社會輿論壓力下，高劍父最後被迫辭職。老和尚對高劍父這次反動行徑，十分生氣，公然宣佈同他絕交，故此在《天荒》裡是絕不可能會刊登他一字一畫的。」（按：有關高劍父破壞學運刺傷學生代表的事，詳細的資料可以查看廣東人民出版社一九八四年出版的《阮嘯仙文集》。）

在二舅父留下給我的外公的藏畫中，我發現有好幾幅陳樹人和高奇峰的畫，還有他們三人合作的畫，我曾問二舅父：「阿公又不是嶺南畫派，何以有這些嶺南畫派畫家的畫，還同他們合作畫畫呢？」

二舅父說：「老和尚在生時，根本就沒有什麼嶺南畫派這個名稱的，那是解放後某些後來的人搞宗派主義才硬給按上去的，什麼嶺南畫派，實在是笑話，盡往自己面上貼金罷了，是很無聊的。就是二十年代發生那次關於國畫的大爭論，也沒有嶺南畫派這種稱呼的，當時的人只把二高一陳稱為嶺南三傑，因為他們三個人都是出自居門，是居廉的學生，後來他們都到日本留過學，學日本畫法，畫風受日本畫的影響。其實老和尚早年同他們一起辦學辦報，也一起幹過革命，常有互相酬贈詩畫的。反正後大家在藝術觀點上出現分歧，本來藝術觀點上有所不同沒有什麼大不了的，他同陳樹人就照常往來密切，陳樹人每次到香港，必到我家住上一陣，因為他們兩個在政見上是一致的，故而是生死不渝的死黨。外面的人不了解，以為老和尚因為他同二高搞新派畫就和他們不睦，這完全是誤解，根本不知道他同陳樹人的關係非同一般。陳樹人我們叫他男十一伯，叫他太太做女十一伯，有次老和尚去了上海，聽說陳樹人要來香港，就吩咐家裡人一定要好好招待十一伯。陳樹人每次來我家，總是同老和尚關起門來沒完沒了地傾偈，我們一家同他一家是十分親密的，我差點成了他的女婿，你三姨媽也差點嫁給他的兒子呢，不過都有緣無份。老和尚同高奇峰的關係也很不錯的，在《時事畫報》時他就很喜歡高奇峰，鼓勵他畫畫，還曾送了一個照相機給他，鼓勵他研究攝影，他們一直都有來往，也有合作國畫。老和尚對高奇峰和陳樹人和對高劍父是完全不同的。

「講起來二高一陳雖同一師門，陳樹人還是居巢的女婿呢，其實他們是有所不同的？硬把他們三個湊成一派，實在有點荒誕不經，其實他們三個所走的道路也並不完全相同的，互相矛盾也頗深。陳樹人就曾寫過一首一百韻的詩給高劍父，實質含有對高劍父的批評，後來在寫的一篇《三高畫集序》中就明確對嶺南派之說持否定的態度了。陳樹人對高劍父一生人就是經營自己的名利，是心中有數的，只是礙於同門關係，有些話不便直說罷了。高奇峰和高劍父的矛盾就深得多，這點無論是新派還是舊派的畫家都看得出來，他們兩兄弟自回廣州後就沒有什麼來往了，他們之所以發展成這樣不可調和的矛盾，是高劍父反對高奇峰同張坤儀交往導致的。其實二高一陳都有政治後台的，陳樹人本身就在國民政府任高官，高劍父的後台是陳炯明，高奇峰是汪精衛，陳炯明叛變革命，垮台得早，汪精衛當時在國民政府的地位高，他的老婆陳璧君曾跟高奇峰學過畫，汪精衛也對高奇峰執弟子禮，對他頗多關照，而事實上高奇峰天分比較高，雖曾從高劍父學畫，但他也從很多不同畫派的畫家學畫，取各家之長而不固步自封，他的畫名也比高劍父高，這使高劍父很不服氣的。再加上當年搞德國柏林展覽會，高劍父認為政府一定會派他出席，誰知政府派高奇峰去而不派他，他更是不服氣了，這只是他兩兄弟名利之爭，但更為主要的原因是因為高奇峰的戀愛問題，成了他們兄弟之間不可調和的矛盾。張坤儀是汪氏家族的人，葉恭綽的表妹，原曾同一個姓俞的人結婚，但婚後不久那男人就離去了，當她認識高奇峰時，高奇峰的妻子也早帶了女兒走掉，於是高張二人一拍即合，相戀並賦同居，而且準備結婚。高劍父卻拿出封建家法，以『長兄作父』的身份反對這婚事，他自己到處風流胡搞，卻反對別人結婚，因此兩兄弟鬧得很僵，從此不再來往。高奇峰同張坤儀本來打算等他從柏林一回來就舉行婚禮，誰料到他才啟程到達上海就病倒，只兩天就去世了。高奇峰本已立有遺囑，還買了一塊墓地，準備將來兩人合葬之用的，但高劍父不同意，並趁張坤儀不在偷偷把高奇峰葬在河南一個墳場，張坤儀在廣州鬥不過他，大吵了一場，高奇峰的弟子趙少昂黃少強等人也很不滿，過了兩年最後還是由汪精衛出面，才把高奇峰遷葬南京，墓碑由林森題字冠以『畫聖』稱號。高劍父對此又大為不滿，他高奇峰是『畫聖』，那把我往哪兒擺呢？直至幾十年後的今日，高奇峰的門人和高劍父的弟子之間仍未能消除這種嫌隙呢。」

那麼到底在二十年代廣東美術界發生爭論又是怎麼一回事呢？外公參與組織的廣東國畫研究會是傳統派，而二高一陳是學習日本畫的自稱折衷派，高劍父更開設了一個春睡畫院授畫，提倡所謂「新國畫」。這新舊兩派關於國畫所謂傳統與折衷之爭，這場爭論我認為不應把它當作門戶之爭，應把它放在大時代的背景中來研究的。究其本質而言，其實乃是東西文化之爭，而東西文化之爭由來已非一日，早在鴉片戰爭後，就在我國知識界當中為找尋國家的出路，引起不斷的爭論，廣東畫界的論爭只是其延續罷了。到了二十世紀，東西文化之爭大致而言有三種意見：

以陳獨秀、李大釗《新青年》一派主張「全盤西化」，一九一九年陳獨秀主張：「若是決計革新，一切都應該採用西洋的新法子，不必拿什麼國粹，什麼國情的鬼話來搗亂。」以全盤西化向中國固有文明進行猛力衝擊，全面否定傳統文化的新文化新思潮由此席捲全國。這種全面否定中國傳統文化的論點，在當時雖然有一定的革命作用，但過於以偏概全；把西方的資產階級文化和十月革命蘇俄的那套馬列主義全盤照搬來中國，是否就能給中國帶來幸福呢？如今看來，是頗值得商榷，這種無視「中國特色」「中國國情」的言論，至少在今日之我國就不合乎國情需要了。他們錯誤地把封建時代的文化等同於傳統文化，無視傳統文化是幾千年人民在與自然界鬥爭和勞動中積累起來的經驗和智慧的結晶，新文化不可能從無中生有，必須繼承傳統文化並在傳統文化的基礎上生長起來的。陳獨秀等的偏激就在於缺乏科學的分析，無法解釋新文化的來源和發展的方向。

梁啟超在一九二〇年則提出吸取西方的研究方法來研究中國自己的文化，「把自己的文化綜合起來」，拿他人之長補自己之短，造出一種新的文化系統，然後再把這種新的文化系統向外擴充，讓全世界得到好處。梁漱溟更提倡人類文化要發生「由西洋態度變為中國態度」的根本改革，全世界都要走「中國的路」，「孔家的路」，未來新文化是「中國文化的復興」。

瞿秋白在一九二三年的主張是：「落後於時代的封建宗法文明和資產階級文明都在淘汰之列，代之而起的只能是，通過世界革命走建設無產階級新文化的道路」。

在美術方面的爭論是由陳獨秀發動的，他在《新青年》提出要「美術革命」，認為要革「清代三王」的命，「要改良中國畫，斷不能不採用洋畫的寫實精神」，在北方引發了劉海粟、徐悲鴻、金城、陳師曾等人的激烈爭論。這爭論很自然在廣東畫界也引發所有畫家思考，中國國畫何去何從，到底要走什麼樣的道路呢？

外公作為一個中國畫家，並不排斥西方藝術，對西方畫學也曾作過深入研究。他曾任圖畫教員，還創辦過續華女子習藝院，編寫過一本《小兒滑稽習畫帖》，可以說是中國第一本漫畫教科書，對推動中國漫畫曾起過作用，這本畫帖中就有西方繪畫的透視學原理。一九一〇年他發表的一幅漫畫《富人代表》，成功地把中國傳統筆墨與西方素描技巧結合起來，把人物形象畫得形神俱妙，由此可知，他並不是個思想守舊的人，而是個不斷進行探索，主張並實踐美術育人的開放進取的新民美育家。

到了二十年代美術界的爭論也因何去何從越發激烈，而外公同高劍父之間的個人關係已經發展到「不可共語」的程度，一九二三年廣東傳統派畫家潘致中、趙浩公、黃般若等組織了癸亥合作畫社，提出「立國於世界之上，必有一國之特性，永久以相維繫，而後其國始能以常存。圖畫關係一國之文化，與山川人物，歷史風俗，同為表示一國之特性之徵。觀於日美國之文化興盛，而國勢日強，印度之美術衰落，而國土就滅，未嘗不嘆發揚國光實為今日之要務也」的主張，次年舉行第一回畫展，越年就組織成立國畫研究會，當年《時事畫報》的畫家大都是國畫研究會的成員，由黃般若主編國畫研究會特刊，結集中收入了潘致中、張谷雛、李鳳廷、馮湘碧、冼玉清、黃賓虹、黃般若等人二十篇論文，分別就中國畫學歷史源流；中國畫之特性；世界畫學之趨勢；西方繪畫各種流派的特點；中國畫寫生與西畫寫生之區別與差異；中西畫學之對比研究；畫家應有之人格與修養；畫家自己的繪畫實踐的經驗總結與心得；折衷中西之理論等等問題進行探索。從這些文章可以看出他們對傳統畫確有深刻的研究，並對西方藝術的歷史與發展也十分關注，並不墨守一家之說，而是在求國畫之進步的。

一九二六年發生的「方黃之戰」，可以說是這場爭論發展到最高峰，一連幾個月論戰不休，極為轟動，爭論的問題是多方面的。首先是方人定奉高劍父之命，寫了一篇《新國畫與舊國畫》挑起爭端，黃般若在幾天後進行反駁，也首先聲明是潘達微要他為文反駁的，矛頭直指高劍父，但這場論爭的兩個主角都不出面直接參與，都是在背後發動和指導。

這場論爭的緣起，表面上是劍指新派畫家抄襲與臨摹日本畫。正如黃般若文中所說：「自命嶺南三大家的藝術，純粹是日本得來，不單獨受日本畫的影響，連畫稿多數抄日本畫者，人定君如不信，請你找日本文展的出品畫集，和三越畫集，春舉、芳文，棲鳳畫集，自有不少嶺南三大家的傑作底藍本，呈露在你目前。」但是，論爭的矛頭實際上是針對的是高劍父提出的「理論」和他所宣導的以日本畫來改造中國畫的改革方向。黃般若的文章一開始就一針見血地指出方人定在《新國畫與舊國畫》

文中的要害：「提倡藝術革命，原是值得欽佩的議論，可惜後來專替在日本已成過去的日本畫吹牛，明明是日本畫，人定先生偏偏說是新派畫，還說新派畫是向前進的……新派畫是中華民國的衣冠。可憐藝術還未革命，人定君先走入歧途去了！」

香港著名的畫家任真漢先生的回憶，很概括地說明了這次論戰的經過：「二十年代的方黃筆戰，是涉及高劍父作偽的文壇笑話。當時高劍父遊日本回來，開了一次個人畫展，展出的畫中有一部分有劍父署款，被一些在日本學畫的人認出是日本畫匠的行貨，在東京的銀座街頭店中陳列推銷，每幅定價二元，畫的是夜月下的狸貓，或楓樹上的貓頭鷹，及水村小景等，都是大約尺二三闊，三尺高的絹本或紙本，較多是絹本畫。胡根天老師就指出過，我在香港藝術館看過展出，高劍父畫展就有三幅是這樣的日本畫家作品，並非只是臨摹，而是借人家的畫來寫上劍父二字的畫。為此，黃般若在廣州國華報上，予以揭發，高劍父當然極力否認，但他的文筆不易聽用，乃請做律師的方人定代筆作答，由此展開筆戰。黃般若當時年少氣盛，文字尖酸，而且了解日本畫壇情況，搜羅一些日本畫家的作品圖片，與折衷派自詡創作的畫拍成照片，並列刊在報上，簡直使折衷派沒有反擊的餘地。當時折衷派所持的『創作』根據，一變變成是學張僧繇，說他們的畫不過是比舊派師法明清者更窮朔至六朝，表示折衷派實為復古派。這樣一來，公開的論爭便停止了。」事實上陸丹林和葉恭綽曾出來調停，把高劍父和黃般若約到南園酒家見面，黃般若先到，高劍父一到來，就把手槍啪的一聲放在桌上，黃般若見狀二話不說就起身走人，如此調停也就結束。

方人定後來為了探索此次爭論的真相，到日本留學時還專門在日本各地進行考察，發現黃般若說的全是事實，才知道上了高劍父的當，高劍父確實是抄襲和剽竊日本畫，方人定晚年在其《嶺南派畫歷史》一文中，曾將它們一一列出。另外海內外學者如鄧耀平、劉天樹，日本的古原宏伸及美國的蘇立文、Ralph Croizier 等人都有著作論述探討，在在都證明高劍父把東洋畫風作為中國國畫改革方向是完全錯誤的，而事實上後來高劍父的弟子包括關山月、黎雄才等人，根本早已回歸到傳統中國畫的道路，在民族傳統上進行發展，而非走東洋畫風了，談什麼嶺南畫派呢，早已失去意義了。

就以國畫藝術而言，中國畫傳統強調寫意，意在筆先，而西洋畫強調寫實，在這場爭論中國畫研究會毫無疑問是站立於當代藝術發展的制高點，就審美的特質和藝術的價值觀，都同西方藝術現代主義一致，黃般若在《表現主義與中國繪畫》一文中從精神與自然、主觀與客觀的藝術本質出發，比較了中西繪畫，從而批判了徐悲鴻的「寧要自然不要我」的錯誤觀點。直指自然主義的表現手法之反動，闡述了中國傳統畫符合藝術創作本質的特徵，乃是符合現代美術發展的藝術概念，寫意畫的傳統並非藝術的衰落。即使是寫實的繪畫，也必須有意境有神韻，才是好畫。其實高劍父的老師居廉老早就說過：「歷朝花卉正宗，首舉南田，後之學者，非天資學力具備不可言學，非博覽前賢鉅製，尤不可言工，若徒以狀形肖態見長，無足觀耳。」畫若只具形似而無內涵，是談不上藝術的。徐悲鴻就不贊成所謂「折衷中西」，認為「中西合璧」結果只能是「中西合瓦」。不論哪一種藝術，民族特色才是最重要的，所以傳統的東西不能拋棄，只能在繼承傳統中發展它，中國畫才有生命力的。

廣東畫家都是有反外國文化侵略的傳統，他們當日之所以會如此激烈反對這樣全盤照搬日本畫，把日本畫當作中國畫的革命方向，視這種行徑為日本文化的侵略，體現了他們在內憂外患尖銳複雜的社會矛盾中對國家民族命運存亡的思考。

可是解放後廣東畫壇，以至全國美術界，對二十年代的這場論爭沒有加以重視和研究，我認為究其原因，根本是中國的掌權者根本不懂得也不重視中國美術理論的建設，更是不懂得廣東的美術歷史，解放之初就錯誤地把嶺南畫派視為國民黨的畫派，加以批判，到了六十年代，文化部某個當權的領導忽發主意，叫關山月回廣東搞一個嶺南畫派，在一九六二年美協派人花錢到香港去搞了個嶺南畫派的展覽，動員和組織了好些人寫文章在香港發表，請人大寫吹捧文章，好像全個廣東就只此嶺南畫派一家了，吹捧出這麼個嶺南畫派來，這難道不是自稱高劍父傳人的美協當權者在為自己臉上貼金嗎？到了開放改革後，在八十年代為了政治統戰的需要又重新吹捧嶺南畫派，他們這些人只把藝術當成為政治服務的工具，當歷史是可任意捏造的玩物，所以時至今日，大陸竟然還沒有一本根據客觀史實實事求是地深入研究廣東美術歷史的著作。再加上中國盛行「一言堂」的壞作風，往往是當官的說了算數，一些當領導的官員根本就不懂美術也不去研究歷史，竟然荒唐得在某次全省會議上喊出「要高舉嶺南畫派的旗幟」如此幼稚可笑的口號，好比嶺南畫派是孤立於廣東畫壇之外，脫離於大時代大背景，脫離於整個廣東的龐大畫家隊伍而存在的。難道廣東幾十年來美術的發展就只有一個嶺南畫派，只有幾個嶺南派畫家嗎？難道這符合百花齊放的方針嗎？甚至一些美術刊物的編輯也畏於長官意

南無大慈大悲觀世音菩薩

觀自在菩薩行深般若波羅蜜多時照見五蘊皆空度一切苦厄舍利子色不異空空不異色色即是空空即是色受想行識亦復如是舍利子是諸法空相不生不滅不垢不淨不增不減是故空中無色無受想行識無眼耳鼻舌身意無色聲香味觸法無眼界乃至無意識界無無明亦無無明盡乃至無老死亦無老死盡無苦集滅道無智亦無得以無所得故菩提薩埵依般若波羅蜜多故心無罣礙無罣礙故無有恐怖遠離顛倒夢想究竟涅槃三世諸佛依般若波羅蜜多故得阿耨多羅三藐三菩提故知般若波羅蜜多是大神咒是大明咒是無上咒是無等等咒能除一切苦真實不虛故說般若波羅蜜多咒即說咒曰揭諦揭諦波羅揭諦波羅僧揭諦菩提莎婆訶

丙寅歲敬觀自在菩薩誕日女弟子蒲劍稜薰沐敬書

佛弟子冷殘刺血敬書

潘達微畫的《血寫觀音》

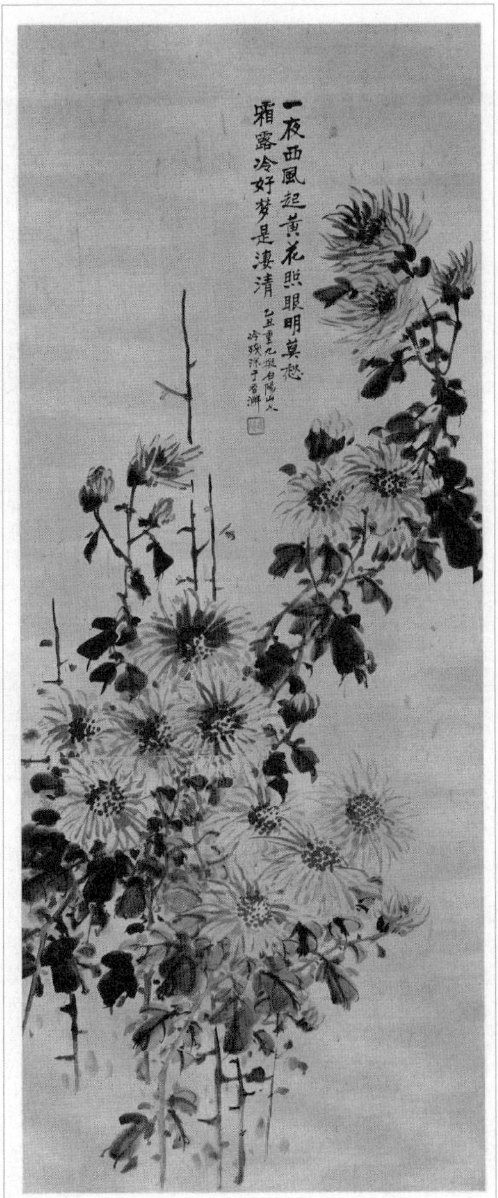

潘達微國畫

志，為保住自己的烏紗帽怕得罪人，不敢涉及敏感的研究課題。在這樣一種不正常的空氣下，又能有多少人敢去對廣東畫史進行認真研究，有的也只是表面而不敢深入，有些更是膚淺可笑，人云亦云，不正之風，不以史料為基礎，不尊重歷史事實，如此下去，廣東美術史的研究又如何能得以發展呢！就說現在國內談及嶺南畫派吧，只提高劍父，其次是陳樹人，還搞出個嶺南畫派的紀念館，卻極少提及或根本不願提高奇峰，好像把高奇峰給遺忘了，每年高奇峰的門人在香港都會為他舉行紀念畫展，可是在廣州就沒有人搞過任何活動。解放幾十年來就沒有正經出版過一本高奇峰的畫集，難道這位「畫聖」不曾存在過嗎？這種種奇怪的宗派主義活動，扭曲歷史的現象，難道是正常的嗎？本質上就是政治作怪，值得我們深思。

外公晚年信佛，清磬紅魚作伴，但他的心仍牽掛着國家民族的命運，曾支持孫中山、廖仲愷的新三民主義政策。外公在前期參加民主革命活動時期，就有「以革命思想入畫」的思想，這種主張他也貫穿在廣告設計漫畫和攝影等多方面。他在國畫方面，雖不能說有很高的成就，甚至可以說缺乏創意，脫不了傳統國畫的窠臼，但他很多作品都是畫黃花蒼松，以寄託對革命烈士的哀思，表現出他個人的人格情操。其中，他一九二七年曾畫黃菊紅棉，以誌廣州公社起義，上題「吾粵兩般千古事，黃花開後又紅花」，更是對這次起義表達的敬意，認為是繼黃花崗起義後又一次壯烈的革命行動，把黃花崗和廣州公社起義並列為民主革命的千古大事。

潘達微國畫

值得一提的是他晚年在香港編輯出版的兩本雜誌，一本是《天荒》，另一本是《微笑》。《天荒》（原欲名為《歲寒》）參與編輯的有王秋湄（苔香）、廖子平（任肩）、梁襄武（彈指）等知名人士。柳亞子（署名柳去疾）為《天荒》題寫七律一首：

地老天荒此盡頭，且憑瑣屑耗窮愁。
研朱滴粉成何用？說鬼談玄苦未休。
誰遣流民圖鄭俠，空教絕技擅僧繇，
煩君畫出神皋景，立馬崑崙一覽收。

外公則有《編天荒志成書有感》兩首絕句：

其一
人事蒼茫百感生，拼將心力付蒿萊，
餘情漫道無歸宿，斷幅零縑費剪裁。
其二
一回撿拾一心酸，恨草啼花半淚痕，

願向情天重抖擻，縱罹憂患不須論。

最有趣的是，一般出版書籍，會印上「版權所有，翻印必究」的字樣，可是這本《天荒》，卻印着「隨喜投報，版權所無，翻印不究」，表現出他一貫的作風，不與世俗苟同，大公無私。

據我父親說，平日外公貌恂恂如常人，表面看似冷峭，內心卻火熱衷腸，晚年生活十分樸素，長年都是穿布衣。二舅父結婚時，他仍穿布長衫出席婚禮，婆婆再三請求他換件禮服，他都不答應，故而婚禮中有人在演說致辭中說他是「移風易俗開新例布衣作新翁」。他是因肺病在一九二九年（民國十八年）七月二十二日晚上八九點鐘在香港跑馬地萬松坊去世的，死時只有五十一歲。據說在他出殯時，不但有很多當時的政要名人追悼，最令人感動的不只是南洋兄弟煙草公司的工人和職員出席，連廣東孤兒院的孤兒，本來要全體來港出席葬禮，後來因來不及，才派一部分代表來送殯，他們都痛哭流涕如喪考妣，真誠的悼念這個同他們命運結合在一起的院長。他出殯當時，跟我媽媽最合得來的四舅父潘國彰，也跟他的父親一樣，是個「造反派」，敢開新例，拒絕按傳統禮數披麻戴孝。婆婆要他持服，他說：「不可以，這是舊禮教中的假面具，其實死生為人類之常，哀傷為天性所發，凡事率真順性為已足，何必以裝此假面具為禮呢？」他就是不肯，其他弟弟都贊同他的看法，婆婆苦勸不已，又哭又罵，硬要他脫下西裝，穿上麻衣，他就是不答應。故此出殯之日，只有二舅父聽從婆婆的話，乖乖披麻戴孝外，其他幾兄弟全都與眾賓無異，西裝皮鞋，臂戴黑紗，昂然與眾賓客同行，真是有其父必有其子啊，連報紙也刊登了這一「新聞」。

外公晚年病重時，曾畫一幅《病梅》，上題四首詩：

殘年底事感酸辛，雪壓霜欺老病身，
料得江南春不再，落花凝淚傍慈雲。

花落花開寂寞春，調羹往事恥重論，
榮枯閱盡真無味，悔向塵中此問津。

天涯掩淚病難支，心血都成畫上脂，
莫問羅浮春夢事，至今重說尚迷離。

玉笛無聲五月過，一花一葉奈愁何，
淒涼欲證前身月，證到前身又怎麼？

這四首詩可以說是他自己一生的寫照，是他的絕命詞，這幅《病梅》是他最後的詩畫。這幅畫我曾見過，當日二舅父把外公留下來的畫交給我時，說這幅《病梅》曾答應過留給九姨作紀念，我看過這畫後，記得曾親手將這幅《病梅》和另一幅高奇峰畫的《馬》，交給了九姨。後來，我向九姨問起這幅畫，她支支吾吾地說失掉了，被人偷走了，我想她一定是把它賣掉了，如果我早知她會賣的話，我會把它買下來的，可惜知道時已經晚了。

我外公年輕時任俠好義，奔走革命，晚年棲心禪悅，感慨萬千。綜觀其一生，的確是多姿多彩，既是個出生入死搞革命的傳奇人物，被人稱為俠士，革命之健者；革命成功後，卻急流勇退，退出政壇，歸於平靜，隱居香港，不與執政者同流合污，爭權奪利，始終保持清節高標，從事藝術和公益事業。人們稱他做「革命鉅子」、「愛國先聲」、「民國偉人」，而由於他生前從事過多種事業，於是又被人譽為「美術大師」、「實業泰斗」、「報界巨子」、「學務先河」等等，他既是畫家、廣告設計家，又是出版家，攝影家，教育家，社會改革家，最後還被譽為「革命佛陀」。

柳亞子悼念他的詩有云：

畫師騎鶴出紅塵，畫筆長留太古春，
莫道黃花崗上事，幾人能葆歲寒身。

柳亞子是外公的好友，了解他一生行事品格，這首詩對他的評價可謂高矣。

毀譽參半的陳景華

記我母親的乾爹陳陸逵

我外祖父潘達微有一個生死之交的好友，他就是毀譽參半的傳奇人物陳景華。陳景華還是我母親的契爺，換句話說，我媽媽是他的乾女兒。我外婆告訴過我，陳景華跟他們夫婦很熟，來往甚密，因見我母親小時十分可愛，常常抱她玩，就認了她做契女。我媽媽和二舅父及三姨媽都曾向我談及此事。《魂繫黃花》一書卻誤作他認我的三姨媽潘劍棱為契女，是錯了。

外公晚年在香港曾編輯出版過兩本雜誌，一本叫《天荒》，另一本叫《微笑》。《微笑》只出了兩期，在第一期中他有一篇署名何解的短評《平民之友陳景華》：

遍地盜賊，無法撫剿，我思陳景華。
乞丐滿市，無人救濟，我思陳景華。

各時期的陳景華和他的墓碑

家家虐婢，慘無人道，我思陳景華。
煙人領照，煙館領牌，我思陳景華。
私娼遍布，旁若無人，我思陳景華。
商閥專權，藉公營私，我思陳景華。
瞽姬賣淫，瞽女受虐，我思陳景華。
軍政中人，汽車衛隊，我思陳景華。
他作民國官仍平民式步行。

陳景華到底是個什麼樣的人物？在他生前，有不少人咒罵他，說他是個殺人不眨眼的殺人王，在他死後，確有很多人懷念他，認為他對廣州治安很有貢獻。人的一生，毀譽確實很難有個準則，名滿天下，謗亦隨之。我外公與陳景華是同盟會的革命同志，他們都是早期加入興中會革命黨的，惺惺相惜，意氣相投，故有「我思陳景華」之嘆，不足為奇也。

陳景華，本名陳陸逵，自署無恙生，生於一八六五年，廣東香山縣南屏鄉人，十四中舉，於一八九五年春入京會試。當時各省紛紛上書反對清廷簽訂《馬關條約》，其中廣東舉人的呈文就有兩份，一是由他起草並領頭遞交有二百八十九人簽名的《廣東舉人陳景華等呈文》，另一是有八十一人簽名的《廣東舉人梁啟超等呈文》，都是指責《馬關條約》喪權辱國，作為士大夫中人在當時敢於發動帶頭反對滿清政府賣國行為，確實是很有膽識之舉。

他以科舉出身，因表現精明強悍，在清末官授廣西省桂平知縣，他初到任所，幕僚紛紛向他出主意，說監獄有人滿之患，非清理不可。清末縣官是兼管民刑訴訟的，陳景華聽了很表贊同，立即清理案牘，下一道命令竟將所有囚犯全部處決，這就是廣泛流傳的「陳景華清監」一說的由來，他也就因此得了個「殺人王」的外號。

當時任兩廣總督的岑春煊（廣西西林人），也是以嚴酷出名的，陳景華清監一事雖然頗為人非議，但岑春煊反而十分欣賞，認為他是個不可多得的幹員，力排眾議，加以迴護。後來岑春煊在廣西要招撫一個惡名昭彰的巨匪陸顯（阿發），用封官許願招降，已經談好條件，陳景華竟不肯賣賬，出其不意一舉將此罪大惡極的巨匪擒獲，並馬上就地正法，此事大快人心，卻得罪了岑春煊，將他革職查處，解往廣東審辦。

從廣西押解到廣東的途中，由於陳景華畢竟是個犯官，不同於一般的犯人，解差自然客氣得多。陳景華同解差日夕相處，更慷慨解囊，拿出錢來買好酒好肉招呼解差，一同大吃大喝。酒酣耳熱之際，他對解差坦認自己酒品不好，喝多了會跟人吵架打架，若他真的喝醉了，倒不如讓他好好上床睡上一覺，免得失態給他們惹麻煩。解差深以為然，就讓他上床下帳倒頭睡去。陳景華不久就大打呼嚕，還把長長的辮子從帳子拖到地板上，解差見他真的醉倒睡去，也就在床口躺下歇息。誰知到了第二天天亮，久久不見陳景華起床，揭開帳子一看，大吃一驚，不禁傻了眼，原來拖在帳外的辮子，早已剪斷，壓在枕頭下，人呢？昨夜早從後窗逃走了。

陳景華擺脫了解差，連夜逃往梧州，再從廣西逃回廣東佛山，幾經波折，逃到廣州搭船到香港，再坐海輪直奔美國檀香山。當時檀香山的華僑大多是他同鄉的香山人，而孫中山的胞兄孫眉（字壽屏）在茂宜經營農場，在當地頗有名望，有「茂宜王」之稱，孫中山成立興中會於檀香山，茂宜實為革命黨海外之第一基地。陳景華到了檀香山，投奔茂宜，結識了孫中山，接受孫中山革命思想的影響。他回想當日在清政府做官，深深體會到官場的黑暗腐敗，朝廷昏庸，權貴當道，國弱無能，要使國家富強，就非革命不可，於是決心追隨孫中山毅然參加了革命黨。就當時而言，革命尚在萌芽階段，士大夫對於革命是視若畏途，望而卻步的，陳景華以一個清朝官員身份竟然加入興中會，實屬罕見，據了解比他更早第一個參加革命的滿清官員是徐錫麟（字伯蓀，別號光漢子，一八七三——一九〇七）曾任安徽武備學堂副總辦、警察學堂監督兼巡警處會辦，與秋瑾相約密謀起義，一九〇七年七月六日起義失敗，當晚英勇就義。陳景華當是參加革命的滿清官員第二人，比蔡元培（一八六八——一九四〇）更早，蔡元培是一九〇五年參加同盟會的。

陳景華加入興中會後，接受孫中山指導，經常來往於香港及南洋一帶活動，在香港他曾一度在南洋煙草公司當過工頭。一九〇三年他被派前往泰國曼谷發展組織，一九〇七年孫中山和汪精衛經越南到達曼谷，在曼谷成立同盟會分會，陳景華擔任分會書記。一九〇八年他在曼谷與蕭佛成創辦《美南日報》（後改為《湄南日報》）和《華暹日報》（後更名為《華暹新報》），是同盟會在海外的重要機關報，他在報館擔任主筆，文筆犀利，曾與康有為的保皇派展開論戰，令保皇派啞口無言，大煞保皇派的氣焰。

一九〇九年因他曾在香港南洋煙草公司做過一段時間的工頭，孫中山先生派他返回香港，在惠記（韋寶珊）洋行任買辦，實際是利用洋行作掩護，為同盟會南方支部收發郵件，其間他曾設法營救謀炸水師提督李准未成而繫獄的劉思復。

一九一一年辛亥革命在武漢取得成功，陳景華在廣東策動響應，隨後以黨代表身份到廣州，在省諮議局各界代表大會上發言，根據孫中山的指示，倡議廣東光復，脫離清政府，擁戴孫中山的革命政權，獲全場一致通過。

國民政府成立，胡漢民出任廣東省督，即委任陳景華當民政部長兼警察廳長，陳景華從一九一一年至一九一三年一共做了二十一個月，頗有作為，實行鐵腕治亂，改革舊的警察制度，引進西方比較先進的警察制度和管理方法，為民初當時最完善的新警政，同時他還組織警察守衛西沙群島。

他上任那天，不帶隨從衛兵，不搞任何慶祝排場，單身一人，步行到任。

到任第一步，就是將過去清政府舊道署的檔案卷牘冊籍，全部付諸一炬，見者莫不驚奇詫異，他說：「不如此不足以除舊布新。」

第二步下令收繳所有出勤巡警佩戴的舊式手槍和子彈，改為佩戴鈍不可切物的象徵式的警劍，這樣一來連一般市民也不能理解，認為警察怕死，毫無作用，擺個樣罷了，諷之為「電燈杉」「神主牌」，為非作歹的匪徒更是肆無忌憚，益加猖狂，一天竟有發生二十宗劫案的紀錄，大家都無法理解陳景華為何如此作為。他要求每一個在街上巡邏的警察，每天都要向他報告街上的情況，發生了劫案，警察無力制止，他不加處分，也不派人追查，只要求把匪徒的相貌年齡、衣飾、特徵和使用什麼武器、受害人的損失等等，如實報告記錄下來，次日在報上描畫案發的狀況，讓市民認識匪徒作案的特徵、活動地區，提高警覺。經過一段日子，他基本已掌握了各方匪徒的內幕，但仍不動聲色。

實際上陳景華是外弛內張，目的是要引蛇出洞，讓匪徒曝露現形。他有計劃地加強警察學校的訓練，將年老體弱的舊警加以勸退，安排生活出路，保障其生計，另選一批年輕力壯的新人入伍，實行軍訓式的操練，更換新的警服。同時向外國商行訂購了一批新式的手槍彈藥，從而以精良裝備武裝警察隊伍。他建立了三個中隊的警察游擊隊，每隊一百人，隊長由警察學校的畢業生擔任，很短時間他就建立了一支新的警察隊伍。

陳景華上下班都是自己在街上步行，從來不帶護衛，不像滿清時代的官員，上街必有執事喝道，也不像民初當時的權貴出入要四人大轎，前後有拿着盒子槍的衛隊守護。他在警察廳內不設廚房，每天早餐午飯，都便衣外出，到茶樓飯館去，生活極端平民化。每天一早，他上班之前，手拿一根士的，頭戴便帽，在街上步行，隨便走進一間茶樓，混進茶樓食客當中，來個一盅兩件，留意傾聽或參與茶客的談論，從而獲得老百姓的各種不同意見。

當時的廣州市並沒有多少大馬路，只有從西濠口到東堤一段而已，其餘多是橫街小巷，每到夜晚，內街就下鐵欄柵，到天亮才打開欄柵讓人通行，陳景華下令拆除所有街閘，改由警察巡夜。他同電燈公司商量，在全市的街道安裝電燈，從此廣州夜晚就燈火通明，這是廣州有設街燈之始。

他把廣州全市劃分為十一個區，實行建立新的戶籍制度，普查登記每戶人口，又下令醫院和產所，登記死亡和出生的每個人的姓名、住址、年齡、性別，連棺材舖他也不放過，這是廣東建立戶籍制度之始。棺材舖的老闆以為政府要抽壽板稅，就聯合起來實行關門罷市，一時搞到全廣州市棺材奇缺，陳景華並不罷手，派出幹員到佛山江門石龍等地購運棺材，解決了廣州的供應難題，他更嚴令棺材舖老闆立即復市，其命令中有句「景華以殺人著，勿謂言之不先也」，嚇得那群棺材舖老闆連忙復市，並按照要求登記申報。他更引進西方的指紋學，購買指紋機和指紋紙，請一位姓陳的學者當教官，專門指導警察學習。凡是涉刑事案的人，不論輕重，都要按下十個指紋，留作案底備查，這可是中國有指紋學之始。

孫中山北上就任臨時大總統，胡漢民也跟同北上，廣東省督由陳炯明繼任。陳炯明解散了很多冠以革命之名實際是地方土匪散兵游勇的民軍，而軍閥龍濟光的「濟軍」不時同陳炯明的「循軍」發生衝突，廣州市面治安更是混亂了。陳炯明實行禁煙禁賭禁娼，陳景華執行不遺餘力。陳景華實行重典嚴刑治亂，陳炯明都督府更給予警察廳特權，不必呈報，即行司法之權，事後備案即可，放手讓他去整治廣州的治安。陳景華已經偵知當時在廣州活動最猖獗的是一個叫「百二友」的匪幫，這匪幫是群嘯聚的土匪，有一百多人，他們認為陳景華當警察廳長也奈何不了他們，不把他放在眼內，公然犯案向警察廳挑戰，連陳景華的便帽也搶走，稱為「射盔」。於是陳景華下令，把凡是穿白短褂藍布褲綠色襪子的人，全部逮捕歸案，因為他已知道這是這群匪幫的服裝。他還要求陸軍派人輔助警察普查戶口，發現可疑人物即行逮捕，結果「百二友」只逃走了一個，此人叫羅沙基，後來在珠江三角洲當「大天二」。

逮到犯人，陳景華必親自審問，如果被他破口大罵者，一定不至於死的，但要是他看着你笑笑，對你說：「你自己照照鏡子，看看你是不是該死？」那你必定會去向閻羅王報到。他審案的判辭就是那麼一句「無惡不作」，很少複審，判後不許上訴。凡罪不至死，判刑三個月以上者，就送到懲教場重新教育。他在南石頭設辦懲教場，將這些罪不至死的犯人重新教育，授以工藝，使他們學成後出來能有謀生糊口的技能，不至再蹈法網。鎮壓了「百二友」後廣州的治安迅告安寧。

前面說過，陳景華曾在香港南洋煙草公司當過工頭，他知道廣州的香煙市場完全控制在英美煙草公司手上，最流行的是低級煙老刀牌（也就是 Pirate 海盜牌，俗稱「派律」）。他認為這樣對中國工商業很不公平，於是想出了一個絕招，每逢槍斃處死犯人時，臨死前必派給死刑犯兩根老刀牌香煙。於是大家都認為老刀牌是打靶煙，誰也不願再買來抽了，轉而買南洋煙草公司的地球牌。英美煙草公司吃了個啞巴虧，就央求英國領事向陳景華交涉，強硬要求停止這種「不友好」的手段。陳景華對英領事說：「英美煙草公司有沒有規定他們的煙是給哪一類人抽的，哪類人不准抽的嗎？我是向他們買煙的顧客，我給誰抽，煙草公司無權干涉。而且，既然這種煙叫派律，派律就是海盜嘛，拿給強盜吸，豈不是實至名歸嗎？這有什麼不對呢？」英領事被他反駁得啞口無言，只好辭窮而退。英美煙草公司的老刀牌在廣州無人願抽，竟銷聲匿跡達十年之久。

陳景華不只有辯才，文筆也很犀利。每逢要出告示，他必親自起草，文字盡量用近似淺白甚至粗俗的白話，務求讓一般老百姓看得明白，如：「須知凡任警察職務，專為保護人民生命財產而設，如反肆騷擾，何貴有此警察！倘再有此不法行為，本廳長惟有執法行之，決不姑息。」剛巧這時有兩個警察知法犯法，一個叫邱松輝的警察在同慶戲院勒索觀眾，另一個姓阮的警察以查煙為名進行打劫，被人告發，陳景華將他們兩個槍斃掉，老百姓看得出他果然獎罰分明，嚴於執法，不講情面。他還在報紙登有一個告示說：「景華對於地方人士，向持平等主義，無論何人，因公來見，均與接見。有所陳請，無不立予辦理。」他果然說到做到，對呈文狀子，隨接隨閱隨批隨覆，立即批辦。對待一般來求見的老百姓，他都親切接見，與之懇談，全無官架子，故而頗得民心。

那時袁世凱當了大總統後還想稱帝，孫中山回到廣東，鐵路專家詹天佑的公司請孫中山飲宴，關說交通部轉請警察廳派人，在宴會期間衛護，並請都督「飭令警廳照辦」。陳景華在《民生日報》（一九一二年五月二十一日）親撰告示答覆：「宴請非公事，警察廳不會照辦，如日後是公事的話，且在本廳管理範圍內，則請函知。」由此可知他的性格為人，辦事確實很有原則，不卑不亢，令孫中山和陳炯明十分佩服。

其實陳景華是個頗有幽默感的人，有一次吃飯發現米飯裡面有很多沙粒，一打聽才知道這是米商當中有一些人將沙粒摻進米內出售。他於是發請帖，將沙基十多間米埠的大老闆請到警察廳吃飯。那群老闆見是警察廳長請客，誰敢缺席？當他們入席時，發現第一道菜是一大碗肥扣肉，就已覺得驚訝，誰知第二道菜上來，又是一大碗肥扣肉，這叫這班肚滿腸肥的大老闆怎樣吃得消？他們都你看着我我看着你，停下筷子，告罪說「吃飽了，謝謝廳長。」這時陳景華突然站起來，從腰間拔出手槍，往桌上一拍，板起面孔，大聲對他們說：「你們有人把沙石混在米裡面出售給老百姓，我們也都照食不誤。現在我不過請你們吃肥扣肉，又不是要你們吃硬沙石，你們竟然推三推四，到底是什麼道理呢？如果你們不把這些肥扣肉食光食淨，那我只有請你們吃蓮子羹了。」蓮子羹就是子彈，這還了得？那群米商嚇得說不出話來，他們有苦說不出，只好攢眉苦臉一塊一塊地把那幾碗肥扣肉吞進肚裡。從此以後他們不敢再在米裡摻沙出售了。陳景華這一招雖然謔而且虐，不過懲治了那些奸商，畢竟是大快人心的事，老百姓可樂了。

我外婆曾給我講過，我外公為了要編寫演出話劇《聲聲淚》，曾和畫家黃少梅兩人扮作乞丐，在四鄉討飯，體驗乞丐生活之苦，回來後他們畫了一幅《流民圖》，外公的話劇《聲聲淚》演出大獲成功。陳景華到劇場看了演出，感動得流了眼淚，他特地為這演出題字「天地不仁」，自己署名為「世界罪人陳景華贈」。他知道我外公不願涉足官場，有心於改革社會，希望辦孤兒院和女子教養院，但苦無地方和資金建院，他們談起來竟一拍即合，陳景華大力支持他這一理想，即以警察廳的名義，把花地的一幅地撥出來建立孤兒院和女子教養院，並把禁煙禁賭禁娼的一些罰款撥出做經費。我外公在

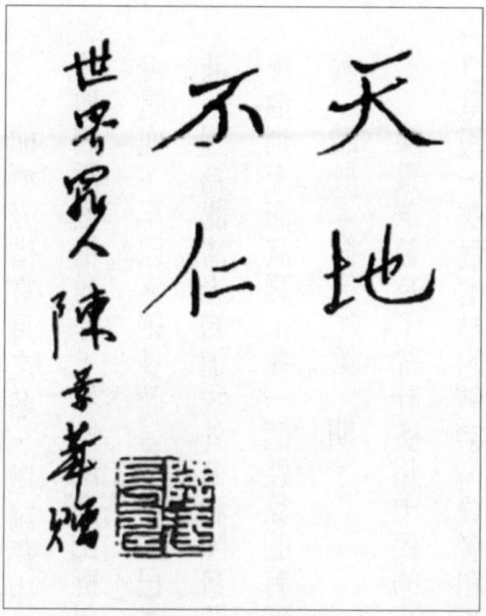

陳景華為《聲聲淚》的題辭

這兩個院收容孤兒和受虐待的婢女與妓女，加以教養，使之有一技之長，重返社會。陳景華見我外公扮乞兒到四鄉乞食，還辦過一份乞丐報，就以警察廳的名義辦乞丐收容所，關懷最底層的民眾。

其時袁世凱陰謀篡國，勾結盤踞廣東的軍閥龍濟光，並以大總統名義任命龍濟光為廣東都督，逼走陳炯明，專門打擊革命黨人，不少廣東的革命幹部被龍濟光暗殺搜捕，作為孫中山的忠實同志，陳景華自然被龍濟光視為眼中釘肉中刺，必欲除之而後快。很多同盟會的同志都勸他走避，無謂作不必要的犧牲。他卻毅然地說：「由我佔據着警察廳的位置，我還可以掩護一部分同志，我跑了，廣東的革命黨便無法可以活動了。」他自己也深知處境危險，自知遲早會被殺害，他每日早起看着鏡子，總是笑嘻嘻地說：「我陳景華還未被人槍斃，真是奇蹟！」可見他對生死已經處之泰然。

龍濟光借賞月之名，邀請孫中山的左右手陳景華和朱基兩人到觀音山的都督署去赴宴，在席間將他們兩個槍殺掉，然後用金山氈包裹屍體，原轎送回他們家去。陳景華的家人打開轎門，只見他渾身是血，早已氣絕多時。孫中山已被迫離開廣州，外公打聽到龍濟光下令通緝他，連夜逃離廣州到香港，因為龍濟光知道我外公和陳景華的關係密切，而且參與倒袁活動，非要逮捕他不可，他只好離開香港到上海避難，在一個姓徐的有錢人家當花王。這在他寫的紀實小說《冰天鴻淚》中有很詳細的記載（載於《微笑》第一期）。

陳景華曾為了統計廣州市民的死亡人數及防止壞人利用棺材走私偷運軍火，限令廣州棺材舖每十日呈報一次賣棺材的數字、買者和死者的姓名地址及葬於何處等資料，以便稽查，棺材舖老闆認為這是「苛政」，發動罷市抗議，陳景華限令十二小時復業，否則查封，永不准開業，警察廳還在外地運回棺木供應，令他們無法反抗，只好乖乖復業。陳景華被暗殺後，這次他們報復的機會來了，拒絕賣棺材給陳景華的家人，最後只好到沙面買一副外國棺材收殮遺體。

後來還是我外公協助其遺屬，將陳景華遷葬於香港咖啡園墳場山巔，在石碑上銘文：「強項之令，猛以濟寬。冤同三字，獄等覆盤。蓋棺論定，毅力維新，哀我國民，喪此良人」，並在《天荒》請人撰寫《青衣紅淚記》，記述陳景華興辦女子教養院和孤兒院的事蹟，從創辦到被解散的經過，還刊登陳景華各個時期的照片和手跡，以示紀念。

陳景華由於參與倒袁活動，被反革命者暗殺於警察廳長任內，他作為一個不屈不撓的革命家，可以蓋棺論定矣，毅力維新是求仁得仁，死後他家徒四壁，一無所有，因為他為官廉潔，從不接受賄賂。他一生儉樸無華，確是個十分平民化的官員。他對廣州市政和治安是有所貢獻的。當然他殺人不少，這在中國這樣一個人治社會，根本談不上法治，他審判犯人的方法實不足為訓，但在當時社會極端混亂的情況下，他以重典治亂，並非為自己升官發財，溯其原心，未嘗不可理解。「強項之令，猛以濟寬」，倒是頗為中肯的評語。他處處為底層百姓着想，倒是個真心為民的人物。這樣一個一心為老百姓辦事的官員，是很少見的，今天那些做官的人，相形之下，只會為權為利，能不感到羞恥嗎？我外公緬懷這樣一個革命同志，故才有「我思陳景華」之嘆，也是可以理解的。

責任編輯 張煒軒
書籍設計 陳嬋君

書名 長相憶：師友回眸
著者 杜漸
出版 三聯書店（香港）有限公司
香港北角英皇道四九九號北角工業大廈二十樓
Joint Publishing (H.K.) Co., Ltd.
20/F., North Point Industrial Building,
499 King's Road, North Point, Hong Kong
香港發行 香港聯合書刊物流有限公司
香港新界大埔汀麗路三十六號三字樓
印刷 中華商務彩色印刷有限公司
香港新界大埔汀麗路三十六號十四字樓
版次 二〇一五年四月香港第一版第一次印刷
規格 特十六開（152×228 mm）四〇〇面
國際書號 ISBN 978-962-04-3685-7